Unsicherheitsreduktion im Vermögensanlagegeschäft
mit Privaten

Europäische Hochschulschriften

Publications Universitaires Européennes
European University Studies

Reihe V
Volks- und Betriebswirtschaft

Série V Series V
Sciences économiques, gestion d'entreprise
Economics and Management

Bd./Vol. 2526

PETER LANG
Frankfurt am Main · Berlin · Bern · Bruxelles · New York · Wien

Peter Stein

Unsicherheitsreduktion im Vermögensanlagegeschäft mit Privaten

Die Institution der stabilen Geschäftsbeziehung als Erfolgsbasis für beratungsorientierte Filialbanken

PETER LANG
Europäischer Verlag der Wissenschaften

Die Deutsche Bibliothek - CIP-Einheitsaufnahme

Stein, Peter:

Unsicherheitsreduktion im Vermögensanlagegeschäft mit Privaten : die Institution der stabilen Geschäftsbeziehung als Erfolgsbasis für beratungsorientierte Filialbanken / Peter Stein. - Frankfurt am Main ; Berlin ; Bern ; Bruxelles ; New York ; Wien : Lang, 1999

(Europäische Hochschulschriften : Reihe 5, Volks- und Betriebswirtschaft ; Bd. 2526)

Zugl.: Tübingen, Univ., Diss., 1999

ISBN 3-631-35524-6

D 21

ISSN 0531-7339

ISBN 3-631-35524-6

Vorwort

Universalbanken mit filialen Vertriebsstrukturen geraten unter zunehmenden Kosten- und Qualitätsdruck. Neue Konkurrenten, moderne Kommunikationstechnologien und verändertes Nachfragerverhalten schaffen eine Wettbewerbssituation, in der das Erreichen von Erfolgen der Vergangenheit immer schwerer fällt und Marktanteile weithin sinken. Die Ausdünnung der Filialsysteme wird Kosten verringern, jedoch keine neuen Ertragsquellen hervorbringen. Eine nachhaltige Trendwende verlangt nach einem Marktauftritt, mit dem die traditionsreichen Universalbanken neues Profil gewinnen und sich besser von der relevanten Konkurrenz abheben können.

Diese Arbeit legt dar, wie Unternehmen der genannten Institutsgruppe durch umfassendes Unsicherheitsmanagement im Bank-Kunde-Verhältnis eine günstigere Wettbewerbsposition erlangen können. Unter weitgehender Anwendung des institutionenökonomischen Instrumentariums wird die Unsicherheit im Anlagegeschäft mit Privatkunden differenziert dargestellt. Es folgen eingehende Analysen der Erfolgspotentiale und der Funktionsweise langfristiger Bank-Kunde-Beziehungen. Schließlich kann gezeigt werden, welche Struktur ein höherwertiges, in der Zukunft konkurrenzfähiges Leistungsangebot im breiten Privatkundengeschäft aufweist, dessen Attraktivität auf konsequent umgesetzter Unsicherheitsreduktion und stabilen Absatzbeziehungen beruht.

Die vorliegende Arbeit wurde von der Wirtschaftswissenschaftlichen Fakultät der Universität Tübingen als Dissertation angenommen. Mein besonderer Dank gilt dem Dekan der Fakultät, Herrn Prof. Dr. Werner Neus, der mir bei der Erstellung der Arbeit als akademischer Lehrer viel Freiraum ließ, den erfolgreichen Abschluß aber durch kritische und immer ermutigende Anregungen sowie durch die Durchführung regelmäßiger Doktorandenseminare maßgeblich beeinflußt hat. Ich danke auch Herrn Prof. Dr. Ralph Berndt für die äußerst zügige Zweitberichterstattung. Schließlich bin ich all jenen für ihr Verständnis dankbar, die mit mir im letzten Jahr gern mehr Zeit verbracht hätten.

Tübingen, im Juli 1999 Peter Stein

Inhaltsverzeichnis

Abbildungsverzeichnis

1. EINLEITENDES

1.1 EINFÜHRUNG IN DIE THEMASTELLUNG

Mit einem Anteil von ungefähr 80 Prozent am Geschäftsvolumen stellt das bankeigene Filialnetz nach wie vor den wichtigsten Vertriebszweig der Kreditinstitute in Deutschland dar. Ohne verstärkte Erschließung weiterer, neuerer Absatzwege erscheint jedoch selbst die Sicherung einer einmal erreichten Marktstellung nicht mehr möglich[1]. Insbesondere die hohen Kosten, die durch den Betrieb eines Filialsystems anfallen, und ein verändertes Nachfragerverhalten lösen immer wieder Diskussionen aus, in denen das Fortbestehen dieses Vetriebsweges in Frage gestellt wird, zumindest bezüglich der Gewichtung im Spektrum denkbarer Alternativen.

Bekanntermaßen sind Strategen aus der Bankenpraxis hier in vielen Fällen längst tätig geworden und haben dem eigenen Institut und den Kunden zusätzlich zum stationären Vertrieb über die Filialen den Direktvertriebsweg eröffnet. So gründete beispielsweise die Commerzbank AG die *comdirekt*, die Deutsche Bank AG, größte deutsche Geschäftsbank, die Direktbank-Tochtergesellschaft *Bank 24* und die Dresdner Bank AG erwarb die *Advance Bank*. Die Unternehmensleitung sieht die Direktbank unter dem eigenen Dach nicht als Konkurrenz, sondern als marktorientierte Ergänzung der Filialen[2]. Diese werden, zwar wohl in veränderter Form und geringerer Anzahl, so doch prinzipiell erhalten bleiben. Als Ort der individuellen Beratung und Betreuung wird der kostenträchtige traditionelle Absatzweg aus Praktikersicht auch weiterhin von großer Bedeutung sein.

Viele Nachfrager sind heutzutage bereit, einfache Bankgeschäfte auch ohne persönlichen Kontakt zu einem Bankangestellten abzuwickeln. Mittlerweile haben fast alle Banken Selbstbedienungsbereiche eingerichtet, in denen Kunden-

---

[1] Vgl. Sieweck (1996), S. 230.

[2] Vgl. o.V. (1996a). Durch die zum 1.1.1999 rückwirkend erfolgte komplette Ausgliederung der Betriebsbereiche Privat- und Geschäftskunden (mitsamt deutschlandweit 1450 Filialen) auf die Bank 24 geht die Deutsche Bank bereits einen Schritt weiter und führt das personengebundene Massengeschäft und das elektronische Direktbankgeschäft in einer selbständigen Retail-Bank zusammen - ganz dem kombinierten Nachfragewunsch der Kundschaft folgend, so wird betont; vgl. o.V. (1999) und o.V. (1998).

terminals (Kontoauszugsdrucker und Geldautomaten) Kunde und Bank eine kostengünstigere und zeitsparende Ausführung eines Großteils aller Standardtransaktionen ermöglichen. Die Automatisierung der Kundenschnittstelle schreitet durch immer leistungsfähigere Multimedia-Terminals fort und führt durch die Nutzung neuer Informations- und Kommunikationstechnologien hin zu einer Virtualisierung des Kundenkontaktes[3]. Das Erteilen von Aufträgen und Anfragen per Telefax, Telefon-Banking und Homebanking am eigenen Personal Computer - im Internet oder im T-Online-System - stoßen auf steigende Akzeptanz und Nachfrage.

Trotzdem bescheinigen Vertreter des deutschen Universalbankensystems diesen neuen Vertriebsmöglichkeiten lediglich ergänzenden Charakter. Die Geschäftsstellen und Bankberater vor Ort gelten nach wie vor als wichtigste Brücke zum Kunden und bleiben das Rückgrat des Geschäfts[4]. Gründe hierfür sind naheliegend und evident: Viele Bankprodukte eignen sich offensichtlich nicht für Automatisierung und Selbstbedienung, insbesondere solche, die erklärungsbedürftig und komplexer Natur sind und häufige Rückfragen des Kunden nach sich ziehen[5]. Eine unüberschaubare Produktvielfalt in allen Finanzdienstleistungsbereichen bricht, über klassische wie neue Medien, in einer Flut von Informationen über den Nachfrager herein. Kaum unterscheidbare Produkte sowohl zwischen den Anbietern als auch bei einem einzelnen Anbieter mit differenziertem Produktsortiment schaffen einen natürlichen Bedarf an persönlicher Beratung, Rücksprache und Betreuung. Neue Beratungsfelder, vor allem die private Altersvorsorge, und die zunehmende Intransparenz im Dschungel von Konditionen und Tarifen sichern die Daseinsberechtigung des persönlichen Vertriebs auch in Zukunft.

Andere Argumentationen setzen direkt am Verhalten der Nachfrager an: So kann zum einen beobachtet werden, daß Privatkunden im beratungslosen Mengengeschäft zwar zunehmend preisbewußt agieren, gerade bei Individual- und Exklusivleistungen aber über ein ausgeprägtes Service- und Beratungsbewußt-

---

[3] Vgl. Picot/Böhme (1996), S. 35.

[4] Vgl. z.B. o.V. (1996b), S. 42. Umfrageergebnisse zeigen eine identische Einschätzung auf der Kundenseite, vgl. Bauernfeind (1997).

[5] Vgl. Picot/Böhme (1996), S. 35.

sein verfügen und entsprechende Anforderungen an den Kundenberater stellen[6]. Zum anderen weisen neben verschiedenen verhaltenswissenschaftlichen Ansätzen der Marketingforschung[7] auch vertriebspsychologische Erkenntnisse darauf hin, daß die Bedeutung des persönlichen Kontaktes zwischen Bankkunde und Bankmitarbeiter weitgehend erhalten bleiben wird.

So unterscheidet das Modell der *Biostrukturanalyse* auf der Basis wissenschaftlicher Untersuchungen drei Kategorien typischer Verhaltensweisen, wobei jeder Mensch zwar von allen dreien geprägt wird, das individuelle Verhalten jedoch von der individuell verschiedenen Dominanz des einen oder anderen Bereichs abhängt[8]. Die Verhaltenstypen werden verkürzt mit rot, blau und grün bezeichnet. Während der rot-dominierte Nachfragertypus Kaufmotive wie Erfolg und Überlegenheit aufweist und - auch spontan - dort nachfragt, wo ihm durch einfallsreiche Präsentation ein Kauferlebnis geboten wird, wird man den „Blauen" mit Verkaufsgags und desgleichen allenfalls vor den Kopf stoßen. Er ist Rationalist, denkt zukunftsorientiert, läßt sich allein von nüchterner Information beeindrucken und von Fakten überzeugen. Der Nachfrager, dessen Kundenprofil - Struktogramm genannt - von *grünen* Verhaltensweisen dominiert wird, handelt erfahrungsorientiert. Seine Kaufmotive sind Sicherheit und Geborgenheit, als Ratsuchender macht er seine Kaufentscheidung, bewußt oder unbewußt, von persönlichem Vertrauen in die Person des Ratgebers abhängig[9]. Der stationäre Vertrieb über ein Geschäftsstellennetz ist die Domäne dieses Grün-Dominierten. Ihm liegt an einer angenehmen, vor allem vertrauten Atmosphäre, in der er die individuelle, persönliche Zuwendung des Bankpersonals sucht und erwartet. Der Bankmitarbeiter wird für jene Nachfragergruppe als vertraute Bezugsperson auch künftig unverzichtbar sein und für die Bank selbst ein Erfolgspotential bleiben.

---

6 Vgl. Amely (1994), S. 482.

7 Eine Übersicht der wesentlichen Theorien zur Erklärung des Konsumentenverhaltens mit Verweisen auf die einschlägige Literatur gibt Polan (1995), S. 54ff.

8 Vgl. Kehr (1996), S. 39.

9 Vgl. Kehr (1996), S. 40.

Zu Beginn der Ausführungen sei hiermit hinreichend belegt, warum das Geschäft mit dem *Personal Banking Customer*[10] im Sinne des personengebundenen Vertriebs über das Filialsystem, das im Mittelpunkt der weiteren Betrachtungen stehen wird, trotz alternativer Vertriebswege und neuer Technologien auch künftig von erheblicher Bedeutung für das Geschäft der Universalbanken mit Privatkunden sein wird[11].

Im Blickpunkt steht hier das Nachfragersegment, das nicht nur für das beratungsfreie, weitgehend standardisierbare Mengengeschäft in Frage kommt (*Retail Banking Customers*), sondern auch für anspruchsvollere Finanzprodukte.
Hinter diesem Kundenkreis, zuvor mit *Personal Banking Customers* bezeichnet, verbirgt sich für die Bank eine Zielgruppe mit einem hohen, wachsenden Ertragspotential. Zwischen den sogenannten Topkunden und der Mengenkundschaft zunächst nur grob abgegrenzt[12], steht dieser Begriff stellvertretend für eine immer größer werdende Zahl von Individuen bzw. Haushalten, die in höhere Wohlstandsregionen hineinwachsen. Eine zunehmende Anzahl von Doppelverdienern und gutsituierten Single-Haushalten, steigende Einkommen einer breiten gesellschaftlichen Mittelschicht und Vermögen aus Erbschaften („Erbengeneration“) sind nur einige Stichworte, die verdeutlichen, daß das Ertragspotential aus ständig zunehmenden Vermögensmassen herrührt, mit denen die

---

10 Im angelsächsischen Sprachgebrauch wird der Privatkundenmarkt i.d.R. durch die Bezeichnungen *Retail Banking Customers*, *Personal Banking Customers* sowie *Private Banking Customers* segmentiert. Letztgenannte entsprechen in Deutschland den typischen Vermögensverwaltungskunden und sogenannten *Topkunden*, im international orientierten Geschäft auch als *High Networth Individuals* bezeichnet. Eine Gegenüberstellung der deutschen und der angelsächsichen Begriffswelt findet sich z.B. bei Klöppelt (1996), S. 202f.

11 Ob dem Wunsch des Kunden nach persönlicher Bedienung durch den Bankmitarbeiter nicht auch auf anderem Wege, z.B. durch einen Bankaußendienst, entsprochen werden könnte, wird im weiteren bewußt nicht thematisiert. Diese naheliegende Frage wird allgemein unter der eigenständigen Problemstellung der Absatzwegewahl diskutiert. Konsequenterweise ist diese der hier anstehenden Betrachtung eines ausgewählten Vertriebsweges voranzustellen. Einige der später zu erarbeitenden Gestaltungsmöglichkeiten des Privatkundengeschäfts haben auch für andere Varianten des persönlichen Vertriebs Gültigkeit, wie der Leser selbst leicht erkennen wird. Zur Absatzwegewahl vgl. z.B. Müller-Hagedorn (1992), S. 14-18, Specht (1998), Sewing (1994), Stracke/Geitner (1992) S. 613ff.

12 Ausführlicher zur Privatkundensegmentierung siehe unter 2.1.2.

besagte, breit gefächerte Zielgruppe auf dem Finanzdienstleistungsmarkt, insbesondere im Vermögensanlagebereich, auftritt.

Zwischen den Finanzdienstleistern selbst haben sich die Grenzen seit den achziger Jahren immer mehr verwischt[13]. So wurde das Produktsortiment der Universalbanken unter dem Schlagwort Allfinanz stetig ausgebaut. Umgesetzt wurde dies durch Kooperationen mit Spezialbanken und Versicherungen[14], auch durch Neugründung von Tochtergesellschaften. Die Konkurrenz auf der Anbieterseite stieg zusätzlich durch das Auftreten von Near-banks, wie zum Beispiel Kreditkartengesellschaften, und Non-banks (Warenhäuser mit hauseigener Bank, absatzfinanzierende Autohersteller bzw. -händler u.a.m.) am Markt.
Die Veränderungen in der Anbieterstruktur sind auch eine Folge der Wandlung des Marktes für Finanzprodukte vom Verkäufer- zum Käufermarkt[15]. Im Verdrängungswettbewerb um die Gunst der privaten Haushalte, deren gesamtes Geldvermögen allein im Jahr 1997 um fast acht Prozent auf circa 5,34 Billionen DM gestiegen ist[16], haben sich die Konkurrenten allesamt Kundenorientierung auf die Fahnen geschrieben. Trotz weitgehend florierender Geschäfte war jedoch der Trend allgemein abnehmender Bankloyalität[17] dadurch nicht zu stoppen.
Empirisch belegbar ist auch, daß die Nachfrager mit der Qualität von Personal und Dienstleistung besonders im Anlagegeschäft der Kreditwirtschaft in mehrfacher Hinsicht nicht zufrieden sind[18]. Die für das Aktivgeschäft unentbehrlichen, in vorzufindender Form bezüglich der erzielbaren Rendite aber wenig attraktiven Einlagengeschäfte - Sichteinlagen, Spareinlagen und Termingelder - machen fast 40 Prozent des privaten Geldvermögens aus[19]. Wird realistischer-

---

[13] Vgl. Epple (1996), S. 16.
[14] Zur Einteilung des deutschen Universalbankensystems bzw. aller am Markt auftretenden Finanzintermediäre siehe z.B. Kolbeck (1995), Sp. 1858ff. bzw. Bitz (1995), S. 12ff. und 22ff.
[15] Vgl. hierzu auch unten S. 53.
[16] Schätzwert, vgl. Deutsche Bundesbank (1998), S. 41.
[17] Zum Begriff Bankloyalität als besondere Form der Kundentreue gegenüber der Hausbank, mit der Kunden den überwiegenden Teil aller Bankgeschäfte abwickeln, vgl. auch unten Abschnitt 4.1.3.
[18] Vgl. Rehkugler et al. (1992), S. 316 u. S. 319-321.
[19] Vgl. o.V. (1996c).

weise unterstellt, daß die erzielte Rendite mit zur Zielerreichung respektive Zufriedenheit der Anleger beiträgt, so erklärt bereits diese Mittelaufteilung, warum viele Anleger mit dem von Banken, Sparkassen und Kreditgenossenschaften hauptsächlich angebotenen Leistungsbündel hinsichtlich Qualität und Inhalt nicht einverstanden sind. Die Beobachtung, daß erklärungsbedürftige Anlageprodukte bei Haushalten in auffallender Weise unterrepräsentiert sind[20], stützt die Vermutung, daß hier Ziel und Anspruch des Nachfragers gegenüber denen des Anbieters weitgehend auf der Strecke bleiben. Das bisherige Ausbleiben einer auf einem Käufermarkt auf breiter Front zu erwartenden Sanktionierung durch die Nachfrager erklärt sich nicht allein aus der Macht der Gewohnheit, sondern auch dadurch, daß im personengebundenen Vertrieb offensichtlich nach wie vor ein starker Präferenzfaktor liegt, über den die traditionellen Filialbanksysteme verfügen, im Gegensatz zu Direktvertriebsinstituten als Hauptkonkurrenten.

Das Vermögensanlagegeschäft[21] ist als Betrachtungsgegenstand im Privatkundengeschäft von herausragender Bedeutung. Es ist Bestandteil der Mehrzahl aller Absatzbeziehungen mit Privatkunden und beeinflußt als entscheidende Schnittstelle[22] zur anderen Marktseite den Gesamterfolg der Bank maßgeblich[23]. Da die Bank-Kunde-Beziehung im Kreditfall mit völlig andersartigen Problemen behaftet ist, soll die Frage der Gestaltung der Angebotsleistung unter Unsicherheitsgesichtspunkten[24] von der Situation ausgehen, in der das Kreditinstitut Finanzmittel hereinnimmt bzw. Anlagen vermittelt. Trotzdem wird die Zweckmäßigkeit einer Betrachtung grundsätzlich zu diskutieren sein[25], die iso-

---

[20] Vgl. Polan (1995), S. 4.

[21] Ganz im Sinne des umfassenden Begriffs des Vermögens sind mit der verbreiteten Bezeichnung Vermögensanlage alle für Private denkbaren Einlageformen und Anlagemöglichkeiten gemeint. Aus Bankensicht ist somit das Einlagen- und das Wertpapiergeschäft und z.B. auch das Immobiliengeschäft inbegriffen.

[22] Dies wird belegt durch die im Vergleich zum Kreditgeschäft deutlich höhere Kontaktfrequenz zwischen Bank und Kunde im Anlagegeschäft, vgl. Scheer (1989), S. 116.

[23] Vgl. Scheer (1989), S. 9.

[24] Siehe u.a. Kapitel 5.

[25] Siehe u.a. im Zusammenhang mit dem ganzheitlichen Beratungsansatz unter Abschnitt 5.2.2.1.

liert von der Kreditnehmersituation des Kunden (Aktivgeschäfte der Bank) erfolgt.

Für das Entscheidungsverhalten der Nachfrager auf den Märkten für Finanzprodukte setzt sich die Erkenntnis durch, daß Entscheidungen nicht nur von rationalen Erwägungen getragen werden, sondern auch durch „irrationale“ Verhaltensweisen stark geprägt sind.
Die Gründe dafür liegen vor allem in der vorhandenen Informationsdichte und dem häufig zu beobachtenden Zeitdruck, woraus eine selektive Informationsaufnahme und -verarbeitung resultiert[26]. Auf der einen Seite erhöht dies grundsätzlich die Wahrscheinlichkeit suboptimaler Entscheidungen auf der Nachfrageseite, andererseits bietet sich der Bank genau hier Spielraum, um dem Kunden in einem entsprechenden Dienstleistungsangebot ihre spezifischen Stärken anzubieten und zu einer objektiv besseren Entscheidungsfindung beizutragen.

1.2 AUSGANGSPUNKT: VERMÖGENSANLAGE UND UNSICHERHEIT

Der Zugang zur eigentlichen Aufgabenstellung erfolgt über die begründete Annahme, daß Unsicherheit Vermögensanlagetransaktionen verglichen mit anderen Transaktionen in besonders hohem Maße behindert, vornehmlich aus Anlegersicht:

Die Bereitschaft des Anlegers zur Vermögensanlage setzt vorab eine Entscheidung zur Konsumverlagerung in die Zukunft voraus. Diese Konsumverlagerung ist in mehr oder weniger engem Zusammenhang mit der Sicherung des künftigen Lebensstandards im allgemeinen und mit der Altersvorsorge im speziellen zu sehen. Der Zusammenhang ist tendenziell dann enger, wenn der Anleger erwartet, daß er die künftigen Auszahlungen aus der getätigten Anlage[27] für die Erhaltung des Lebensstandards in der Zukunft tatsächlich wird heranziehen

---

[26] Schütt (1996), S. 20f.
[27] Im Falle des Immobilienerwerbs kann es sich auch um das Anlageobjekt selbst handeln.

müssen. Das bedeutet, daß der sogenannte Topkunde mit Millionenvermögen die Anlage weniger eng mit der „Zukunftssicherung" verbinden wird als dies tendenziell die große Zahl der normalverdienenden Privatkunden mit durchschnittlichem Vermögen tun wird.
Im Zusammenhang mit Entscheidungen über die Sicherung des künftigen Lebensstandards geht von Unsicherheit plausiblerweise mehr Bedrohlichkeit, ein stärkeres Risikoempfinden aus. Die Betrachtung richtet sich in dieser Arbeit weniger auf Unsicherheit exogenen Ursprungs, z.B. Länder- oder Konjunkturrisiken, die von den Akteuren im Beziehungsrahmen Bank/Kunde in der Regel ohnehin kaum zu beeinflussen ist. Vielmehr stehen solche Aspekte der Unsicherheit im Mittelpunkt, die der Bank-Kunde-Beziehung selbst entspringen und in diesem Sinne endogenen Charakter haben. Weitgehend unabhängig von der individuellen Risikoeinstellung wird jeder Anleger diese Unsicherheit - in unterschiedlichem Maße - wahrnehmen, als unangenehm empfinden[28] und zu minimieren suchen. Zu erwarten ist, daß Transaktionen verstärkt dort abgewickelt werden, wo der Anbieter dem Nachfrager beim Abbau dieser Unsicherheit durch Gestaltung (im weitesten Sinne) der Absatzbeziehung erkennbar, glaubhaft und weitestmöglich entgegenkommt.
Unsicherheit erfährt der Nachfrager als Informationsdefizit. Sie kann als Markt- bzw. Transaktionswiderstand gegenüber dem einzelnen Anbieter verstanden werden[29].

Die Analyse und Beschreibung endogener Unsicherheit, deren Folgen in der Bank-Kunde-Beziehung und die Reduktion endogener Unsicherheit werden zentrale Gegenstände im Fortlauf der Arbeit sein.

---

[28] Vgl. Spremann (1996), S. 109f.: Das Erleben jeglicher Unsicherheit als Nachteil wird hier damit begründet, daß Unsicherheit immer das Planen einschränkt, das Entscheiden psychologisch erschwert und den Druck zum Treffen von Vorsorge gegen die Unwägbarkeiten erhöht.

[29] Zu einzelnen Aspekten der Unsicherheit im Vermögensanlagegeschäft siehe Abschnitte 2.3.3 und 3.3.

1.3 ZIELSETZUNG UND AUFBAU DER ARBEIT

Vor dem Hintergrund der besonderen Bedeutung von Berücksichtigung bzw. Reduktion endogener Unsicherheit im Vermögensanlagegeschäft mit Privatkunden ist hinsichtlich der Themastellung schwerpunktmäßig zu fragen,

- *woraus* endogene Unsicherheit im Bank-Kunde-Verhältnis entsteht und *worin* sie bei genauerer Betrachtung besteht (hierzu im besonderen Abschnitte 2.2 und 2.3 sowie 3.3),

- wie Anbieter und Nachfrager in dieser Situation den Ablauf des Absatzverhältnisses regeln und warum sich in der Realität in vielen Fällen dauerhafte Geschäftsbeziehungen entwickeln (siehe v.a. Abschnitt 3.4),

- worin der beiderseitige Vorteil solcher langfristiger Absatzbeziehungen liegt, wann bzw. wie sie funktionieren und gesteuert werden können und welche Bedingungen stabile Geschäftsbeziehungen auf diesem Markt überhaupt entstehen lassen bzw. fördern (hierzu Kapitel vier) und

- wie die Struktur eines in der Zukunft konkurrenzfähigen Leistungsangebots aussehen kann und wie sich grundlegende absatzpolitische Entscheidungen bei der Ausgestaltung eines solchen Angebots auf die Unsicherheitssituation (v.a. der Nachfrager) und auf die Entwicklung stabiler Geschäftsbeziehungen auswirken (s.u. Abschnitt 3.2 zu Wettbewerbsposition und -strategie sowie Kapitel fünf zur Leistungsgestaltung).

Die Ausführungen bauen auf der Annahme auf, daß der stationäre, personengebundene Vertrieb im Universalbankenbereich als ein bedeutender Absatzweg fortbestehen wird, wenn auch nicht mit gleicher Dominanz und wohl mit weniger und anders gestalteten Filialen und Geschäftstellen. Neben unterschiedlichen Formen des unpersönlichen Verkaufs wird bei erkennbar zunehmender Kundenakzeptanz auch der Vertrieb über einen Bankaußendienst an Bedeutung gewinnen, ein Vertriebsweg, der von allen Universalbanken bislang vernachlässigt wurde, vornehmlich weil im Sog verpönter Verkaufspraktiken einiger

Versicherungsgesellschaften und Strukturvertriebe Imageverluste befürchtet werden.
Die Kostenintensität des filialen Vertriebs verlangt auf Dauer in jedem Falle nach einer veränderten und effizient(-er-)en Marktleistung. Das Augenmerk kann also nicht allein auf dem Kundennutzen liegen. Jener bedarf auch der ökonomischen Rechtfertigung auf der Anbieterseite.

Im zweiten Kapitel sind zunächst einige Grundlagen zu schaffen und definitorische Abgrenzungen vorzunehmen.
Dies beginnt mit einer geeigneten Abgrenzung der für Filialbanken vornehmlich relevanten Zielgruppe als Segment der gesamten Privatkundschaft (2.1). Vor der Beschäftigung mit Zielsetzungen von Anbieter und Nachfrager sowie aus Zielkonflikten resultierender Unsicherheit (2.3) ist genauer auf das Vermögensanlagegeschäft selbst, den Gegenstand der Auftragsbeziehung zwischen Bank und Kunde, einzugehen (2.2). Über die Kennzeichnung der Besonderheiten von Bankdienstleistungen hinaus sind hier Spezifität und Vielfalt von Vermögensanlageleistungen herauszustellen[30]. Im weiteren ist die von Unsicherheit geprägte Entscheidungssituation darzustellen, in der Anlageentscheidungen getroffen werden. Nicht zuletzt ist hier auf die Grenzen der Beratung einzugehen. Schließlich wird die in der Bankenpraxis unverkennbare Dominanz des produktorientierten Verkaufs gegenüber der Marktleistung Beratung in Frage gestellt.

Im dritten Kapitel soll das Betrachtungsfeld mit Hilfe des institutionenökonomischen Instrumentariums beschrieben und analysiert werden. Unter Aufgabe bzw. Abänderung einiger grundlegender Prämissen hat die Institutionenökonomik das neoklassische Paradigma zwar nicht abgelöst, zumindest jedoch um wichtige, alternative Sichtweisen bereichert[31]. Auch im Bankmarketing gewährt

---

[30] Die Begriffe Vermögensberatung, Vermögensanlageberatung und Anlageberatung sollen im Sinne des an die oben skizzierte Zielgruppe gerichteten Bankangebotes fortan synonym gebraucht werden. In Literaturbeiträgen aus Theorie und Praxis werden sie ebenfalls durchweg uneinheitlich gebraucht.

[31] Insbesondere in den letzten 15 Jahren erschien in unterschiedlichsten Bereichen wirtschaftswissenschaftlicher Forschung eine stark ansteigende Anzahl von institutionenöko-

die Institutionenökonomik einen geeigneten Zugang zu verschiedenen Fragestellungen, ermöglicht eine exakte Problemdarstellung und läßt auf spezifische Erkenntnisfortschritte hoffen. So ist im konkreten Zusammenhang zunächst zu zeigen, inwiefern die Bank-Kunde-Beziehung eine Agency-Beziehung mit typischen Anreiz- und Unsicherheitsproblemen darstellt (vgl. Abschnitt 3.1).
Aus dem institutionenökonomischen Blickwinkel ist dann zunächst die Aufgabe des Marketing insgesamt neu zu begreifen. Darauf aufbauend sollte es nicht schwer fallen zu zeigen, daß Unsicherheits- bzw. Transaktionskostenreduktion auf die relative Wettbewerbsposition der Bank unmittelbar Einfluß hat. Vor allem aber ist die Frage nach der Wettbewerbsstrategie traditioneller Filialbanken zu beantworten, d.h. unter welcher langfristigen Ausrichtung dauerhafte Wettbewerbsvorteile gegenüber Non-banks, Near-banks und Spezialanbietern (u.a. Direktbanken) erzielbar sind (siehe Abschnitt 3.2).
Unter Verwendung der spezifischen informationsökonomischen Begriffswelt sollen Vermögensanlageleistungen daraufhin bezüglich ihrer Anfälligkeit gegen unsicherheitsbedingte Transaktionswiderstände dargestellt und beurteilt werden. Die Informationsökonomik als Entwicklungszweig aus der Institutionenökonomik eignet sich dann insbesondere, um die Schattierungen beziehungsendogener Unsicherheit differenziert aufzuzeigen und zu strukturieren. Die detaillierte Betrachtung vielfältiger Unsicherheits- und Informationsprobleme in diesem Kapitel (vgl. Abschnitt 3.3) hilft schließlich zu erklären, warum Kunde und Bank darauf in der Regel nicht mit dem Entwerfen detaillierter Vertragswerke reagieren und nicht nach Einzellösungen suchen, um Transaktionen überhaupt abzuwickeln, sondern nach impliziten, problemübergreifenden Verhaltensregeln und weniger aufwendigen und doch wirksamen institutionellen Arrangements (*Kooperationsdesigns*). Der Effizienzvermutung ist genauer nachzugehen (siehe Abschnitt 3.4).
Offensichtlich stellen stabile Geschäftsbeziehungen in der Realität das zentrale solcher Arrangements dar. Geschäftsbeziehungen erleichtern Transaktionen und bauen Unsicherheit im umfassendsten Sinne ab. Sie werden daher als Rahmeninstitution der Bank-Anleger-Beziehung betrachtet.

---

nomisch geprägten Literaturbeiträgen, vgl. etwa die Quellensammlungen bei Richter/Furubotn (1999).

Ein erster Schwerpunkt des vierten Kapitels wird es sein, die tatsächlichen Quellen und Potentiale für spezifischen Zusatznutzen sichtbar zu machen, den Anbieter einerseits und Kunden andererseits aus einer stabilen Geschäftsbeziehung erwarten bzw. erwarten können (siehe Abschnitt 4.2).
Sodann stellt sich die Frage, welche Faktoren Geschäftsbeziehungen eigentlich Stabilität verleihen. In einem Modell soll anschließend der Versuch unternommen werden, die Stabilität der Geschäftsbeziehung im Zeitverlauf abzubilden. Dahinter steht die Absicht, durch transparentere Abläufe von Geschäftsbeziehungen die Basis zu schaffen erstens für bessere absatzpolitische Entscheidungen und zweitens für eine verbesserte Steuerbarkeit konkreter Kundenbeziehungen (vgl. Abschnitt 4.3).
Im letzten Abschnitt (4.4) des Kapitels ist die Rolle von Institutionen zu charakterisieren, ohne die das Bestehen und Entstehen von Geschäftsbeziehungen im Grunde nicht denkbar ist, u.a. Reputation und Vertrauen.

Das letzte Kernkapitel steht ganz im Zeichen der Entscheidung über die Ausgestaltung eines höherwertigen Leistungsangebots im Vermögensberatungsgeschäft der Universalbanken. Die Struktur des Leistungsangebots wird dabei selbst als unsicherheitsreduzierende Institution aufgefaßt.
An dieser Stelle ist zu zeigen, wie sich elementare absatzpolitische Entscheidungen aus dem Bereich der Sortiments- und Produktpolitik (Abschnitt 5.2) sowie der Preispolitik (Abschnitt 5.3) auf die Unsicherheitssituation der Akteure und auf die Umstände auswirken, unter denen das Entstehen und Fortbestehen von Geschäftsbeziehungen begünstigt wird. Daraufhin sind die Alternativen, die sich bei diesen Entscheidungen bieten, zu beurteilen.

Die Schlußzusammenfassung präsentiert in knapper Form nochmals wesentliche Ergebnisse bzw. Erkenntnisse und zieht ein abschließendes Fazit.

2. AUSGANGSPUNKTE UND GRUNDLAGEN

2.1 DIE PRIVATKUNDSCHAFT

2.1.1 Privatkunden - eine umworbene Zielgruppe

Das Personal Banking deutscher Kreditinstitute ist stark auf die Nachfrage privater Kunden ausgerichtet. Beim Geschäft mit Unternehmen, Körperschaften öffentlichen Rechts oder anderen Finanzinstitutionen stehen entweder ganz andere Fragestellungen und Dienstleistungen im Vordergrund oder es liegt, so insbesondere im Firmenkundengeschäft, ein klarer Schwerpunkt im Kreditgeschäft vor. Ein beträchtlicher Anteil des Geschäftsvolumens im Kreditgeschäft und fast das gesamte Einlagevolumen ist bei Universalbanken auf das Privatkundengeschäft zurückzuführen. Das Vermögensanlagegeschäft ist von zentraler Bedeutung für die Mittelbeschaffung, also die Passivseite der Bankbilanz. So wird im folgenden die Privatkundschaft im Blickpunkt stehen.

Privatkunden werden von sämtlichen Anbietern heftig umworben, insbesondere solche, die über höhere Einkünfte und Vermögen verfügen[1] und nicht nur Produkte des reinen Mengengeschäfts nachfragen. Die Attraktivität ist auf überdurchschnittlich hohe Ergebnisbeiträge zurückzuführen, aber auch auf den positiven Imageeffekt, den die gehobene Klientel in ihrer Eigenschaft als Meinungsführerin auf andere Nachfrager ausübt.
Bei auf lange Sicht steigenden Einkommen und Vermögen[2] kommt eine stetig zunehmende Zahl von Privaten auch für erklärungsbedürftige, komplexere Dienstleistungen in Frage, vom nicht mehr voll standardisierbaren Mengengeschäft bis hin zu Individualleistungen[3]. Also wird das potentielle, aus Sicht des Kreditinstituts interessantere, da profitablere, Nachfragersegment zahlenmäßig wie auch wert- bzw. volumenmäßig wachsen.

---

[1] Vgl. Brunner (1993a), S. 753.
[2] Siehe oben S. 4.
[3] Vgl. Süchting (1994), S. 453f.

2.1.2 Eine aufgabenspezifische Zielgruppenabgrenzung

2.1.2.1 Zielgruppenabgrenzung im Zusammenhang mit Leistungsangebot und -nachfrage

Mit Marktsegmentierung wird bezweckt, verschiedene, in sich aber möglichst homogene Nachfragergruppen zu erhalten, um bestimmte Leistungsarten effizienter absetzen zu können[4]. Bei Kreditinstituten erfolgt die Identifizierung von Zielgruppen in der Regel anhand von soziodemographischen (z.B. Alter, Einkommen oder Beruf) und psychologischen Kriterien (z.B. Motive, Einstellungen oder Ansprüche) oder auf der Basis von Verhaltensmerkmalen, die das Informations- und Nachfrageverhalten direkt beschreiben[5].
Die hier gestellte Aufgabe ist jedoch nicht die Ausarbeitung einer bestimmten Absatzmaßnahme, die auf ein durch mehrere Kriterien vom Gesamtmarkt möglichst exakt kontrastierbares Nachfragersegment abzielt. Im Vordergrund steht, den (vorhandenen und potentiellen) Kundenkreis zu beschreiben, dessen Bedienung bzw. Gewinnung über das erfolgreiche Fortbestehen des stationären Personal Banking insgesamt entscheiden wird.

Eine hierfür hinreichende Kennzeichnung der bestehenden Personal-Banking-Kunden erfolgt letztlich durch deren Verhalten selbst: Nachfrager, die heute das Leistungsangebot der Bank über den Vertriebsweg Filiale annehmen, geben implizit Anhaltspunkte zu Bedarf und Präferenzen. Entweder sie legen grundsätzlich Wert auf den persönlichen Kontakt zum Bankmitarbeiter - die allein auf den Preis fixierten Transaktionskunden werden ohnehin leicht einen bequemen, in der Regel auch preisgünstigeren Anbieter (z.B. Direktbanken) ausfindig machen - oder sie erwarten aus dem persönlichen Gespräch bedarfsspezifische Informationen, die für sie von Wert sein, das heißt die individuelle Zielerreichung[6] unterstützen könnten. Gleich einem Selbstwahlschema[7] ordnen sich

---

4 Vgl. z.B. Meffert (1995), Sp. 738, Meidan (1996), S. 33.

5 Vgl. Cramer (1991), S. 123-125; bezüglich Dienstleistungen bzw. Finanzdienstleistungen im allgemeinen vgl. z.B. Meffert/Bruhn (1995), S. 104-109 bzw. Meidan (1996), S. 33-42.

6 Zum Zielsystem der Nachfrager siehe unten Abschnitt 2.3.2.

7 Zu diesem von der Informationsökonomik geprägten Begriff siehe z.B. Spremann (1990), S. 578f., auch unten S. 210.

Kunden durch ihr Verhalten dem Anbieter gegenüber zunehmend selbst in ein Zielsegment ein.

Das Potential aller an dieser Stelle relevanten Nachfrager ergibt sich zum einen aus der Nachfrage bestimmter Bankleistungen und zum anderen aus Angebotsgestaltung und Verhalten der Bank:
Grundsätzlich kann davon ausgegangen werden, daß Privatkunden en gros ein weitgehend identisches Leistungssortiment angeboten wird. Die wesentlichen Unterschiede liegen hier in der Intensität der Nutzung und den zugrundeliegenden Volumina[8]. Dementsprechend können auch die auftretenden Probleme, respektive Aspekte der Unsicherheit, als gleichartig aufgefaßt werden. Am Rande des gesamten Privatkundenspektrums sollen dennoch zwei Nachfragergruppen mit grundverschiedenen Nachfragemerkmalen ausgeschlossen werden. Dies sind zunächst diejenigen Privatkunden, die ausschließlich oder überwiegend vollstandardisiertes, beratungsloses Mengengeschäft nachfragen oder nachfragen können, wozu der aus Kostengründen vollautomatisierte Selbstbedienungsbereich zur Verfügung steht. Am soziodemographischen Kriterium Einkommen gemessen, sind dies die Individuen bzw. Haushalte, die eher unter dem Durchschnitt liegen und als Basiskunden oder einfache Mengen- oder Privatkunden bezeichnet werden können. Nach oben ist das relevante Marktsegment von der Vermögensverwaltungskundschaft abzugrenzen.
Das Vermögensverwaltungsgeschäft ist nicht an ein stationäres Vertriebssystem gebunden. Für außerordentlich einkommensstarke und vermögende Kunden (Topkunden) stehen hier überwiegend andere Produkte in Form von Individualleistungen im Mittelpunkt. Während die Vermögensverwaltung durch in der Regel vertraglich vereinbarte Delegation von Dispositionsrechten und -pflichten auf den Vermögensverwalter gekennzeichnet ist, entscheidet der Kunde bei der herkömmlichen Vermögens- und Anlageberatung selbst. Als ein weiteres abgrenzendes Merkmal kann der hohe Stellenwert des Portfoliomanagements bezeichnet werden, mit dem eine einmal festgelegte Anlagepolitik vom Vermögensverwalter umgesetzt wird. Dies umfaßt unter anderem die permanente

8 Mit steigendem Einkommen bzw. Vermögen ist lediglich eine häufigere Nutzung bei entsprechend höheren Volumina zu erwarten, vgl. Polan (1995), S. 20.

Beobachtung und Bewertung von Chancen und Risiken des Kapitalmarktes hinsichtlich der individuellen Anlagepolitik durch den Spezialisten. Darüber hinaus existiert keine einheitliche Interpretation des Begriffs Vermögensverwaltung[9]. Trotzdem erscheint das Zusammentreffen von Angebot und Nachfrage in diesem Geschäftsbereich von grundsätzlich anderer Gestalt.

Ob ein Kunde zu dem so abgegrenzten Privatkundenkreis gehört oder nicht, hängt auch von der Ausgestaltung des Leistungsangebots und vom Absatzverhalten seitens der Bank ab. Die in der Realität vorzufindende Quersubventionierung des Standardkundengeschäfts durch das Geschäft mit anspruchsvolleren Privatkunden[10] spricht zunächst für eine weitere Automatisierung und möglichst kostengünstige Abwicklung des einfachen Mengengeschäfts, sollte aber auch die Frage aufwerfen, ob ein erheblicher Anteil der Mengenkunden nicht auch deshalb als wenig attraktiv gilt, weil diesem gar nichts anderes als Leistungen des Mengengeschäfts angeboten wird. Während sich bei den im Regelfall den finanzstärkeren Kunden zuzuordnenden komplexen und anspruchsvolleren Produkten (z.B. Optionen, Spezialitätenfonds) aus der Sache selbst ein gewisser Beratungsbedarf ergibt, ist es bei stark standardisierten, einfacheren Instrumenten des Mengengeschäfts vom Anbieter abhängig, ob ein reiner Abverkauf stattfindet oder ob Beratung und Service in die Dienstleistung einbezogen werden[11]. Die mit letztgenanntem Falle einhergehende inhaltliche Aufwertung der Bankleistung, insbesondere für Haushalte mit durchschnittlichen Einkommens- und Vermögensverhältnissen, muß bei der anbietenden Bank zu

---

[9] Vgl. Wicke (1997), S. 16-19. Zum Vermögensverwaltungsgeschäft vgl. auch Schwaiger (1995), Schaperjahn/Weber (1995), S. 737f.

[10] Vgl. Rottenbacher (1994), S. 115 u. Polan (1995), S. 41f. Als Beleg für diesen Sachverhalt wird hier die sogenannte 80/20-Regel angeführt, die besagt, daß ca. 80% des Ergebnisses aus Geschäften mit Privatkunden mit nur ungefähr 20% der Kunden erwirtschaftet wird.

[11] So können viele Anlageinstrumente (z.B. das einfache Sparbuch, ein Wachstumszertifikat oder ein Rentenfonds) isoliert betrachtet standardisierte, beratungsfreie Finanzprodukte darstellen. Sobald jedoch die Bankleistung nicht auf das Anlageinstrument beschränkt bleibt, sondern das Einbeziehen des sogenannten externen Faktors mit umfaßt - d.h. auch Daten der individuellen Finanzsituation und Informationen zum Zielsystem des Kunden (hierzu s.u. S. 68.) - macht ein verändertes Leistungsangebot aus dem zunächst nur an der bloßen Transaktion interessierten Mengenkunden einen für das Personal Banking relevanten Kunden, der auch Beratung nachfragt und eine persönliche Beziehung zum Berater entwickelt.

einer Überprüfung der Preissetzung (Zuordnung von Leistung und Entgelt) führen, um notwendigen Rentabilitätsanforderungen zu genügen[12].

Traditionell wird im stationären Vertrieb das Privatkundengeschäft überwiegend mit Mengengeschäft gleichgesetzt[13] und damit einem Geschäftszweig zugeordnet, dessen Bearbeitung bei Mitarbeitern weder als anspruchsvoll noch attraktiv angesehen wird und dem gegenüber der Direktbankenkonkurrenz Kostenintensität bzw. sinkende Rentabilität und damit eine abnehmende Konkurrenzfähigkeit nachgesagt wird. Für eine erfolgreiche, ökonomisch zu rechtfertigende Zukunft des stationären Personal Banking ist dies eine wenig verheißungsvolle Ausgangssituation. Eine zukunftsweisende Entwicklung könnte mit einer Konzentration auf die wachsende Zahl von Privatkunden mittlerer und überdurchschnittlicher Finanzkraft erfolgen, wobei nachhaltiger Erfolg von der Gestaltung des Absatzverhältnisses, flankiert von preis- und produktpolitischen Maßnahmen abhängen wird. Erfolgsbasis kann nur ein verändertes, aufgewertetes Dienstleistungsangebot der Bank für dieses Marktsegment sein, das in dieser Arbeit breite Privatkundschaft genannt wird. Wettbewerbsvorteile gegenüber Konkurrenten auf alternativen Vertriebswegen können nur dort ansetzen, wo sich Profilierungsmöglichkeiten bieten: Bei der Differenzierung durch sogenannte *weiche* Faktoren Qualität, Beratung und Service[14].

2.1.2.2 Potentialorientierte Privatkundensegmentierung

Ausgehend von einer groben Einteilung des gesamten Privatkundenmarktes in Standard- und Individualkunden[15] ergibt sich in Abhängigkeit von Einkommen

---

[12] Siehe hierzu Abschnitt 5.3.1.1.

[13] Vgl. Swoboda (1996a), S. 23 u. 88, Weierer (1992), S. 9. Im angelsächsischen Sprachgebrauch wurde hier der Begriff des *Retail Banking Customer* geprägt, vgl. Klöppelt (1996), S. 203.

[14] Vgl. Brunner (1993a), S. 754.

[15] Vgl. Rottenbacher (1994), S. 114ff.

und Vermögen[16] die breite Privatkundschaft als ein Teil von beiden Zielgruppen, wie dies aus Abbildung 1 hervorgeht. In Fortführung des oben (unter Abschnitt 2.1.2.1) Gesagten stellt dieses Nachfragersegment die für das Personal Banking insbesondere im näher zu betrachtenden Vermögensberatungsgeschäft relevante Zielgruppe dar.

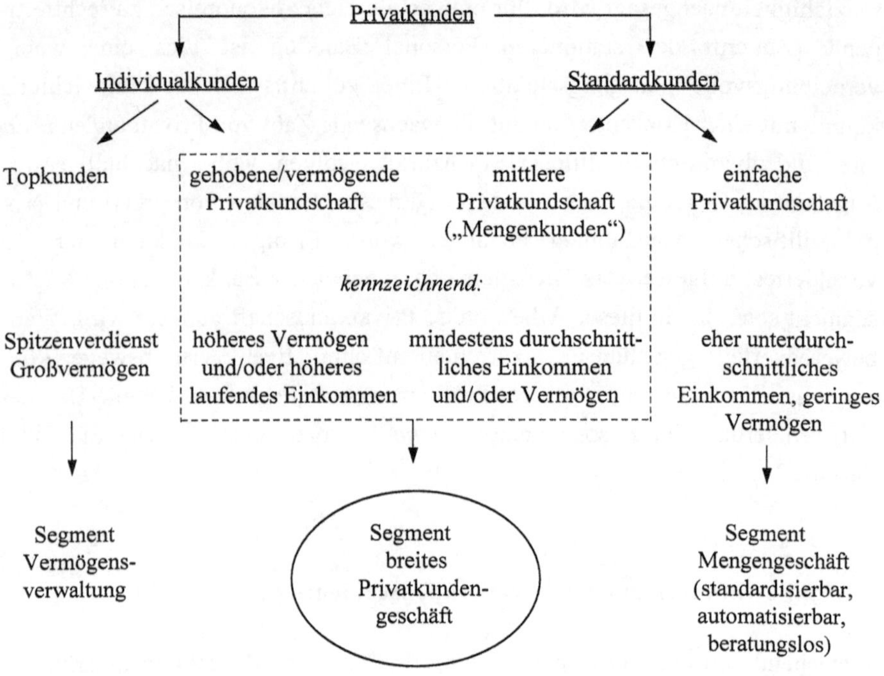

Abb. 1: Die breite Privatkundschaft als Zielgruppe im stationären Personal Banking[17].

[16] Einkommen und Vermögen werden hier als Anhaltspunkte der Bank über das finanzielle Potential des Kunden verstanden, womit der Umfang des aufgrund der Finanzkraft in der Zukunft zu erwartenden Gesamtbedarfs an Bankleistungen gemeint ist.

[17] Quelle: selbsterstellt.

Bei welcher Höhe von Einkommen bzw. Vermögen die Schwelle zwischen einzelnen Kundensegmenten verlaufen soll, ist institutsspezifisch stark verschieden[18]. Ergebnisbeitrag und Attraktivität eines Privatkunden für das Kreditinstitut steigen tendenziell mit dessen Geschäftsvolumen[19].
Im thematischen Rahmen erscheint eine weitere Unterteilung in homogenere Zielgruppen nicht erforderlich, da bei Gleichartigkeit der Nachfrage bzw. des Angebots auch gleichartige Aspekte der zu analysierenden Unsicherheit zu erwarten sind. Ohnehin kann bei einer wachsenden Verhaltensinhomogenität in der Privatkundschaft das Nachfragerverhalten mit soziodemographischen Segmentierungskriterien zunehmend schlecht erfaßt werden, was den Sinn einer weitergehenden Segmentierung generell in Frage stellt[20].

2.2 DAS VERMÖGENSANLAGEGESCHÄFT[21] ALS GEGENSTAND DER ABSATZBEZIEHUNG

2.2.1 Besonderheiten der Bankdienstleistung

Zur Charakterisierung des Vermögensanlagegeschäfts in der Bank-Kunde-Beziehung werden Anlagetransaktionen zunächst als spezielle Form der Bankdienstleistung betrachtet. Im weiteren soll Abschnitt 2.2 einen Überblick darüber geben, welche Leistungsarten darunter zu verstehen sind und in welcher inhaltlichen Ausgestaltung das Vermögensanlagegeschäft in der Realität im allgemeinen angeboten bzw. abgewickelt wird.

Vermögensanlagegeschäfte sind spezielle Ausprägungen von Bankdienstleistungen. Bankdienstleistungen selbst verfügen zunächst über die für Dienstleistungen typischen Eigenschaften. Im Sinne einer Negativabgrenzung von Sach-

[18] Wie unterschiedlich die Handhabung ist, zeigt die Darstellung unterschiedlicher Betragsgrenzen bei der Zuordnung von Kunden zur vermögenden Privatkundschaft in zehn Instituten bei Polan (1995), S. 45.
[19] Vgl. Scheer (1989), S. 46f.
[20] Vgl. Kölsch (1995), S. 713f.
[21] Zur Abgrenzung des Vermögensanlagegeschäfts vom Vermögensverwaltungsgeschäft s.o. S. 15f.

gütern ist darunter die **Immaterialität** zu verstehen[22] - Dienstleistungen sind abstrakt, stofflos. Eng damit verbunden ist die **Nicht-Lagerfähigkeit**. Schließlich erfolgen **Produktion, Absatz und Verbrauch** im Regelfall **simultan.**
Eine hinreichende, eindeutige Abgrenzung der Dienstleistung von Sachgütern ist mangels Allgemeingültigkeit damit jedoch noch nicht gegeben[23]. Der Versuch einer strikten definitorischen Trennung kann für das Marketing auch wenig hilfreich sein, da in der Realität nie einzelne Leistungen, sondern immer Bündel von Teilleistungen vermarktet werden, wobei es zwar reine Dienstleistungen gibt, der Absatz von Sachleistungen ohne die Inanspruchnahme von Dienstleistungen aber meist nicht denkbar ist[24]. Überwiegend wird die Auffassung vertreten, daß das **Einbringen des externen Faktors**[25] als eindeutiges Kriterium konstitutiven[26] Charakter bezüglich der Dienstleistungsdefinition hat. Das heißt, der Nachfrager bringt sich selbst, ein Objekt, Rechte oder - so typischerweise bei Bankdienstleistungen - Informationen[27] in den Dienstleistungsprozeß ein und setzt den Erstellungsprozeß damit in Gang. Die Kombination von externem Faktor und Bereitstellungsleistung im Erstellungsprozeß resultiert im Leistungsergebnis[28]. So besteht die Leistungsbereitschaft im Falle der Bankleistung z.B. im Zurverfügungstellen von Personal, Fachwissen, Räumlichkeiten und Sachmitteln. Unter Integration des externen Faktors - persönliche Daten des Kunden, Präferenzen und zur Disposition stehender Geldbetrag - wird auf ein Leistungsergebnis hingewirkt. Dieses kann z.B. im Tätigen einer bestimmten Anlage bestehen, aus Kundensicht auch im verbesserten Informationsstand nach einem Beratungsgespräch oder in der veränderten Vermögensposition, die

---

[22] Vgl. Meffert (1986), S. 44. Es existiert keine allgemein akzeptierte Dienstleistungsdefinition. Einen Überblick über die Vielzahl von ein- und mehrdimensionalen Ansätzen zur Systematisierung von Dienstleistungen in der Literatur bietet Corsten (1997), S. 31-53.

[23] Vgl. Corsten (1988), S. 18, Polan (1995) S. 27f., Haak (1982), S. 72ff.

[24] Vgl. Engelhardt et al. (1993), S. 407-409, Meyer (1991), S. 204.

[25] Vgl. Corsten (1988), S. 18, Meffert/Bruhn (1997), S. 25-27, Polan (1995), S. 28.

[26] Der verbreiteten Auffassung, daß auch der unmittelbare, persönliche Kontakt zwischen Anbieter und Nachfrager zum kleinsten gemeinsamen Nenner des Dienstleistungsbegriffs gehört - vgl. z.B. noch Corsten (1988), S. 22f. - wird hier nicht mehr geteilt. Im Zeitalter elektronischer Medien ist Dienstleistungsbezug längst außerhalb bilateraler, personenbezogener Formen möglich.

[27] Vgl. Engelhardt et al. (1993), S. 401f.

[28] Vgl. Süchting (1994), S. 451, Meffert/Bruhn (1997), S. 26, Corsten (1997), S. 26, Nader (1995), S. 7-9 u. 15f.

nach der Realisierung der Wertentwicklung durch Verkauf einer früher vorgenommenen Anlage zu verzeichnen ist. Schließlich ist die **fehlende Patentierbarkeit**[29] charakteristisch für Finanzdienstleistungen[30], somit auch für Bankleistungen.
Aus der Sicht von Bankkunden weisen Bankdienstleistungen zusätzlich weitere Charakteristika auf[31]: Sie sind oft durch detaillierte **vertragliche Bestimmungen**[32] gekennzeichnet, was im Zusammenspiel mit der Abstraktheit und Verbundenheit der Leistungsabnahme eine **besondere Erklärungsbedürftigkeit** hervorruft. Im Gegensatz zu anderen Dienstleistungen ist **Liquidität das Objekt der Leistung** von Kreditinstituten. Diese, landläufig Geld genannt (neben Bargeld werden hierunter auch Geldsurrogate wie Schecks, Wechsel oder Effekten verstanden), wird in unterschiedlicher Weise deponiert, verliehen und gehandelt[33]. Die Geldsphäre und das häufige Vorliegen von **Absatzbeziehungen im Zeitverlauf** machen Bankdienstleistungen zu **vertrauensempfindlich**en Leistungen.

Aus den Eigenschaften der Bankleistung als spezielle Dienstleistung wird deutlich, daß die Beschaffenheit der Güter auf diesem Markt Unsicherheit[34] in besonderem Maße impliziert und verstärkt zu Marktwiderständen[35] führt. Ursächlich dafür ist die Immaterialität. Die Tatsache, daß das gehandelte Gut für den Käufer nicht greifbar ist, **erschwert** grundsätzlich das Messen, Überprüfen und **Beurteilen der Qualität**[36]. Da der Anbieter vor Leistungserstellung zunächst

---

[29] Lediglich spezielle Bezeichnungen für einzelne Leistungen sind rechtlich vor Imitation schützbar, vgl. Swoboda (1996b), S. 62.

[30] Siehe Fußnote 33.

[31] Vgl. im folgenden Süchting (1972), S. 270-276.

[32] Vgl. Süchting (1995), Sp. 192. Die vertraglichen Vereinbarungen können schriftlich oder mündlich erfolgen, vgl. Schmidt et al. (1981), S. 76.

[33] Liquidität bzw. Geld als direktes Leistungsobjekt ist das kennzeichnende Merkmal von *Finanz*dienstleistungen. Unter diesem Überbegriff können alle Dienstleistungen subsumiert werden, die zur Versorgung mit Bankleistungen, banknahen und Versicherungsleistungen beitragen, vgl. hierzu Nieraad (1994), S. 1f.

[34] Unsicherheit basiert auf Informationsdefiziten und ungleich verteilter Information. Eine an der Informationslage ansetzende Darstellung der Bankleistung erfolgt am konkreten Beispiel der Vermögensanlagedienstleistung unter Gliederungspunkt 3.3.1.

[35] Vgl. Süchting (1995), Sp. 192.

[36] Durch zunehmende Immaterialität wird die Vergleichbarkeit unterschiedlicher Marktangebote erschwert, der Nachfrager empfindet größere Beschaffungsunsicherheit und wird ver-

allein seine Leistungsfähigkeit anbietet, stellt die stofflose Dienstleistung aus Nachfragersicht soweit ein **Leistungsversprechen**[37] dar, dessen Einhalten unsicher ist. Kein Finanzdienstleister kann die vollkommene Konstanz seiner Leistungsfähigkeit garantieren[38]. Aufgrund der Immaterialität sowie der Simultaneität von Produktion, Absatz und Verbrauch sind Bankleistungen in der Regel **irreversibel**. Umtausch, Probekauf oder Rückgabe sind ausgeschlossen, Nachbesserung ist nur bedingt möglich (z.B. Zinskorrektur)[39]. Auch dies erhöht die Unsicherheit beim Kunden.

2.2.2 Vermögensanlage und Vermögensanlageberatung

2.2.2.1 Marktfähige Anlageleistungen

Teilleistungen eines Kreditinstituts, die der Kunde als selbständige Leistungen wahrnehmen und nachfragen kann, stellen marktfähige, in diesem Sinne *Absatz*leistungen dar[40]. Im Vermögensanlagegeschäft bestehen marktfähige Dienstleistungen in Anlageleistungen, also solchen, die es dem Kunden ermöglichen, vorübergehend für Investitions- und Konsumzwecke nicht benötigte Zahlungsmittelbestände der Bank oder, durch ihre Vermittlung, einem Dritten zu überlassen[41]. Da die Bereitstellungsleistung als solche nicht verkäuflich ist, kann von einer Absatzleistung im Anlagegeschäft der Bank erst dort gesprochen werden, wo der Nachfrager bei Nutzung der bereitgestellten Ressourcen in den Erstellungsprozeß mit einbezogen wird[42]. Marktfähige Anlageleistungen können also dem Leistungserstellungsprozeß und dem Leistungsergebnis zugeordnet werden: Dem Erstellungsprozeß entspricht das **Beratungselement** der

---

mehrt nach externen Informationsquellen suchen. Vgl. hierzu Engelhardt et al. (1993), S. 418f., Langeard (1981), S. 233f.

37 Vgl. Corsten (1997), S. 22.

38 Nader (1995), S. 13.

39 Vgl. Nader (1995), S. 13.

40 Vgl. Schmidt et al. (1981), S. 75.

41 Vgl. Schmidt et al. (1981), S. 83.

42 Dieser Sachverhalt trifft für alle Dienstleistungen zu. In Anlehnung an Polan wird der oft anzutreffenden potentialorientierten Dienstleistungdefinition hier widersprochen, die bereits in der Bereitstellung eine eigene Dienstleistung erkennt; vgl. Polan (1993), S. 29.

Dienstleistung. Beratung kann als *derivative* Finanzdienstleistung aufgefaßt werden, die dann in reiner Form vorliegt, wenn dem Kunden Beratung unabhängig von anderen Leistungen als eigenständige Problemlösungsleistung offeriert wird[43]. Genaugenommen stellt die Verarbeitung problemlösungs- oder entscheidungsrelevanter Informationen aus der Beratung bereits ein Leistungsergebnis dar. Üblicherweise versteht man unter dem Leistungsergebnis jedoch allein die Produktkomponente[44] der Finanzdienstleistung, im speziellen Fall also die konkreten Geldanlagemöglichkeiten bzw. **Anlageinstrumente**. Sie tragen unmittelbar zur Anlagetransaktion bei, sind in diesem Sinne *originäre*[45] Finanzdienstleistungen. Hierauf aufbauend werden Beratung und Anlageinstrument im weiteren wiederholt als Gliederungsbegriffe herangezogen werden[46].

2.2.2.2 Mittelbare und unmittelbare Geldanlagemöglichkeiten

Bevor auf die von Kreditinstituten angebotenen Anlageinstrumente eingegangen wird, soll eine Differenzierung zwischen mittelbaren und unmittelbaren Geldanlagemöglichkeiten vorgenommen werden. Diese Unterscheidung macht deutlich, daß die Bank im Vermögensberatungsgeschäft mit Privatkunden zwei grundverschiedene Rollen übernimmt.

Bei Anlageleistungen des Einlagengeschäfts[47] tritt die Bank als *unmittelbarer Vertragspartner* auf und nimmt mit der Hereinnahme der Einlage gegenüber dem Kunden eine Schuldnerposition ein[48]. Bei Leistungen, die dem Wertpapiergeschäft zuzuordnen sind, ist dies nur dort der Fall, wo es sich um Emission und Vertrieb eigener Schuldtitel handelt. Soweit liegen *unmittelbare* Geldanla-

---

[43] Vgl. Swoboda (1996b), S. 61. Zur Eigenständigkeit der Beratung s.a. Hein (1993), S. 77 sowie unten Abschnitt 5.2.2.3.

[44] Vgl. Swoboda (1996b), S. 61.

[45] Vgl. Swoboda (1996b), S. 59, in Anlehnung an Geitner (1989). Direkt mit der originären Komponente verbunden ist die Teilleistung der Verwahrung und Verwaltung von Geld und Wertpapieren; vgl. Hein (1993), S. 22 u. 25f.

[46] Siehe Abschnitte 2.2.2.3 u. 2.2.2.4 sowie Kapitel 5.2.1 u. 5.2.2.

[47] Zum Einlagengeschäft s.u. Abschnitt 2.2.2.3.1.

[48] Vgl. Schmidt et al. (1981), S. 110.

gen[49] vor. Bei sonstigen Anlagen in Wertpapieren (Effektenhandelsgeschäfte) und in Edelmetallen steht das Kreditinstitut lediglich als *Vermittler* von demzufolge *mittelbaren* Anlagen zur Verfügung und leitet die Zahlungsmittel bilanzunwirksam an Dritte weiter.

2.2.2.3 Anlageinstrumente

2.2.2.3.1 Vielfalt unterschiedlicher Anlagemöglichkeiten

Ohne auf einzelne Produktmerkmale einzugehen, sollen an dieser Stelle die Kategorien gängiger Anlageinstrumente[50] im Privatkundengeschäft genannt werden. Unterschieden wird in

- Anlageformen im Einlagengeschäft,
- Wertpapieranlagen,
- Edelmetalle,
- börsenmäßige Wertpapiertermingeschäfte sowie
- Allfinanzprodukte und Immobilien.

Das Einlagengeschäft umfaßt Sichteinlagen, Termin- und Spareinlagen. Beim Verkauf von bankeigenen Wertpapieren sind Sparbriefe[51] und Spar- bzw. Bankobligationen zu nennen, die von Institut zu Institut unterschiedlich ausgestaltet sein können. Die Ausgabe von Pfandbriefen und Kommunalobligationen ist Universalbanken grundsätzlich nicht gestattet[52]. Bei der Vermittlung von Wertpapieren fremder Emittenten (Effektenhandel) werden festverzinsliche Wertpapiere (Schuldverschreibungen) von Aktien, Anteilen an Kapitalbeteiligungsgesellschaften (Investmentzertifikate) sowie Mischformen derselben unterschieden. Der Handel in Edelmetallen erfolgt in der Regel in Gold- oder

---

[49] Vgl. Hein (1993), S. 23-25.

[50] Zusammenstellungen und Beschreibungen der einzelnen Anlageinstrumente siehe z.B. bei Hein (1993), S. 29-43, Schierenbeck/Hölscher (1998), S. 346-354, 506ff., 586ff. u. 625-636 sowie Bitz (1995), S. 141ff., Schütt (1996), S. 61-77.

[51] Wobei Sparbriefe auch den Termineinlagen zugerechnet werden können.

[52] Vgl. §§ 1 u. 5 des Hypothekenbankgesetzes (HypbkG), vgl. auch Hein (1993), S. 37.

Silbermünzen bzw. -barren. Wertpapiertermingeschäfte haben sogenannte Futures und Optionen zum Gegenstand[53]. Diese neueren Instrumente finden zunehmend auch bei der breiten Privatkundschaft interessierte und informierte Nachfrager. Im Rahmen der Allfinanzstrategie verkaufen Kreditinstitute längst auch Produkte von Versicherungen und Bausparkassen. Im weiteren Sinne stellen also auch kapitalbildende Lebens- und Rentenversicherungen[54] und Bausparverträge Anlagemöglichkeiten dar. Mit dem Bestreben, dem Kunden möglichst alle Finanzprodukte aus einer Hand zu liefern, wurde auch die Vermittlung von Immobilien in das Bankgeschäft aufgenommen. Die selbstgenutzte sowie insbesondere die fremdgenutzte Immobilie sind als weitere Kapitalanlageformen im Privatkundensegment zu betrachten[55].

2.2.2.3.2 Viele Beschreibungsmerkmale - viele Entscheidungskriterien

Viele der genannten Grundformen von Anlagemöglichkeiten treten bei einem Anbieter sowie auf dem Gesamtmarkt in unterschiedlichsten Ausgestaltungen und Tarifvarianten in Erscheinung, wobei sich ein konkretes Produkt zuweilen lediglich in einem einzigen Produktmerkmal von einem anderen unterscheidet.
Anlageentscheidungen werden unter Rahmenbedingungen getroffen, die sich ständig verändern. In Abhängigkeit von Anlegerzielen sowie von exogenen und endogenen Determinanten[56] - Einflußfaktoren, die auf eine sich wandelnde Umwelt bzw. individuell verschiedene Situationen von Investoren zurückzuführen sind - rücken einzelne Produktmerkmale[57] in den Vordergrund der Entscheidung. Produktmerkmale übernehmen die Funktion von Beurteilungs- bzw. Entscheidungskriterien. Der nachfolgende Katalog stellt ohne Anspruch auf Überschneidungsfreiheit und Vollständigkeit die wesentlichen Kriterien zusammen:

---

53 Vgl. z.B. Bitz (1995), S. 243ff.
54 Zur Eignung spezieller Versicherungsprodukte für die Vermögensanlage vgl. Reiss (1996).
55 Zur Immobilie im Allfinanzkonzept vgl. Cukrowicz (1993).
56 Vgl. Schütt (1996), S. 32, s.a. unten Abschnitt 3.3.2.1.
57 Genaugenommen: deren Ausprägung bei den Anlagealternativen.

- Sicherheit[58], Volatilität/Wertentwicklung,
- Rendite, Steuervorteil, staatliche Förderung, Kosten/Gebühren,
- Anlagedauer/Fristigkeit, Liquidierbarkeit,
- Art des Ertrags, Ausschüttungsform,
- Anlagegegenstand: Geldwert/Sachwert/Substanzwert,
- Anlagebetrag, Stückelung und
- Informationsaufwand.

2.2.2.3.3 Auswirkungen auf die Entscheidungssituation

Die Anlagemöglichkeiten im breiten Privatkundengeschäft, ausgenommen die Immobilienvermittlung, die Wohnbaufinanzierung und Wertpapiertermingeschäfte, werden dem weitgehend standardisierten Massengeschäft zugeordnet. Sie werden von Kreditinstituten als wenig beratungsintensiv eingestuft und dementsprechend verkauft bzw. vermittelt. Anders stellt sich die Situation für den Kunden dar: Über die Frage Kauf oder Nichtkauf hinaus ist er einer Entscheidungssituation ausgesetzt, die zunächst durch eine Vielzahl von Anlagealternativen gekennzeichnet ist, über deren Existenz und Beschaffenheit[59] er sich im einzelnen bei zu unterstellender Marktunvollkommenheit und beschränkter Informationsverarbeitungskapazität in der Regel kein genaues Bild machen kann. Da eine Vielzahl von Umweltzuständen[60], die das Entscheidungsergebnis beeinflussen, sowohl veränderlich als auch bezüglich ihrer Eintrittswahrscheinlichkeit kaum voraussagbar ist, sind Anlageentscheidungen grundsätzlich unter Ungewißheit zu treffen.

---

[58] Im Gegensatz zu den im weiteren genannten Kriterien ist Sicherheit ein stark vom subjektiven Empfinden des Kunden abhängiges Merkmal.
Als weitere, einer objektiven Beurteilung weniger zugängliche Merkmale können z.B. Prestige, Vertrautheit der Anlage oder Eignung zur Befriedigung von Spieltrieb genannt werden. Ergänzend vgl. Schütt (1996), S. 33.

[59] Mit der Beschaffenheit ist die Kombination von Ausprägungen verschiedener Produktmerkmale gemeint.

[60] Ein Vorgriff auf die Umwelt als Teil des entscheidungstheoretischen Modells sei hier zur anschaulicheren Beschreibung der Entscheidungssituation erlaubt. Zu Umwelt und Unsicherheit s.u. Abschnitt 3.3.2.1.

In der Realität ist es dem Nachfrager kaum möglich, die erforderlichen Daten zur Darstellung der kompletten Entscheidungssituation, also des Aktionenraumes (Anlagealternativen), des Zustandsraumes (Umweltzustände) und der Ergebnisbeiträge, zu beschaffen. Ungeachtet des Informationsverarbeitungsproblems fällt damit die Wahl einer *gleichmäßig besten Aktion*[61] zur Lösung des Problems bereits aus. Gleiches gilt für das Vorhaben, lediglich die *Gesamtheit der effizienten Aktionen* zu ermitteln oder eine spezielle *Entscheidungsregel* zur Ermittlung der besten Anlagealternative heranzuziehen. Ein entscheidungstheoretisch konsequentes Vorgehen stößt in dieser Situation an enge Grenzen, da eine Lösung die Bewertung der Ergebnisbeiträge auf der Grundlage von Risikoeinstellung, Nutzenpräferenzen und Zielen des Entscheiders voraussetzt. Gerade diese - sie sind dem Anleger ad hoc oft nicht bewußt oder nicht bekannt - sind typischerweise erst Resultat eines Beratungsgesprächs.
Die Unsicherheit des Anlegers in bezug auf das Entscheidungsproblem ergibt sich also einerseits aus der Ungewißheit über Umwelteinflüsse, Eintrittswahrscheinlichkeiten und Ergebnisse aus der Entscheidung sowie andererseits - dies soll die Quintessenz aus den Erläuterungen zu den Anlageinstrumenten sein - aus der Vielfalt und Unüberschaubarkeit des Alternativenangebots. Dabei wird längst Bekanntes vorausgesetzt: Anleger sind kritischer geworden, d.h., sie finden sich weniger mit einer Vereinfachung der Entscheidung durch eine vorweg reduzierte Alternativenanzahl ab (im Extremfall: Ein-Produkt-Sortiment) und scheuen die Informationssuche und gegebenenfalls einen Anbieterwechsel nicht, um die Qualität der Entscheidung zu gewährleisten.

2.2.2.4 Anlageberatung

Im Vorfeld der Entscheidung besteht die Möglichkeit, Anlageberatung in Anspruch zu nehmen. Die Beratungsleistung kann bei allen erklärungsbedürftigen Anlageinstrumenten als Nahtstelle zwischen Angebot und Nachfrage[62] gesehen

---

[61] Zur entscheidungstheoretischen Betrachtung von Ungewißheitssituationen, Lösungsmöglichkeiten und speziellen Entscheidungsregeln vgl. z.B Bamberg/Coenenberg (1996), S. 105-116.

[62] Vgl. Brunner (1993b), S. 447.

werden. Anlageberatung trägt zu Sicherung und Ausbau bestehender Kundenkontakte bei und schafft Möglichkeiten zur Erschließung neuer Kundenverbindungen. Dabei richtet sich das Beratungsangebot der Kreditinstitute heute vorwiegend an vermögendere Kunden, vermehrt verlangen jedoch auch Kunden mittlerer und unterer Einkommensschichten nach eingehender Beratung. Das Angebot hat einer allgemein feststellbaren **höheren Erwartungshaltung** zu entsprechen, die sich aus einem ausgeprägteren Informationsbedürfnis, aus einem gestiegenem Beratungs- und Selbstbewußtsein gegenüber dem Anbieter ergibt[63].
Anlageberatung erfolgt in der Regel im Zusammenhang mit einem konkreten, zur Disposition stehenden Geldbetrag[64]. Die Initiative muß nicht unbedingt vom Kunden, sondern kann auch von der Bank ausgehen. Dies unterscheidet die Beratung vom Begriff der abwicklungsorientierten *Bedienung*. *Betreuung*[65] wiederum umfaßt Elemente von beiden, ausgehend allerdings vom Anbieter. Schließlich kann *Service* als Oberbegriff dienen. Unter Service im engeren Sinne sollen hier Zusatzleistungen im Rahmen einer Geschäftsbeziehung verstanden werden.
Anlageberatung kann von reiner Information oder dem Erklären von Anlageinstrumenten bis hin zur Formulierung von Entscheidungshilfen und Handlungsempfehlungen reichen[66]. Die Entscheidung selbst bleibt dem Kunden vorbehalten. Dies grenzt die Anlageberatung von der *Vermögensverwaltung*[67] ab. Trotzdem ist es auch in der Anlageberatung möglich, daß der Anleger Folgeentscheidungen über die Zusammensetzung des angelegten Betrages nicht mehr selbst trifft. Dies ist explizit der Fall nach dem Erwerb von Anteilen an Invest-

---

63 Vgl. Brunner (1993a), S. 757.

64 Grundsätzlich kann der Anleger die Bank auf der Grundlage eines Beratungsvertrags auch beauftragen, regelmäßig Analysen und Anlagevorschläge zu erstellen, vgl. Hein (1993), S. 43.

65 Zu den begrifflichen Abgrenzungen vgl. Polan (1995), S. 44.

66 Aus Kundensicht kann Beratung grundsätzlich auch weitere Funktionen haben (vgl. Schiller (1995), Sp. 106f.): *Strukturierung* des Entscheidungsproblems, *Objektivierung* der Kundenwahrnehmung für qualitativ verbesserte Entscheidungen und *Bestätigung* der Entscheidung.

67 Die Vermögensverwaltung ist insbesondere durch vertragliche Übertragung der Einzeldispositionen auf den Verwalter gekennzeichnet, wobei der Vermögensträger lediglich Anlagerichtlinien vorgibt; vgl. z.B. Cramer (1995), S. 14, siehe auch oben S. 15.

mentfonds. So entscheidet über Umschichtungen innerhalb des Sondervermögens, in dem die Anlage gehalten wird, allein die das Sondervermögen verwaltende Kapitalanlagegesellschaft[68].

Der Wettbewerb unter Finanzdienstleistern entwickelt sich mehr und mehr zu einem **Beratungswettbewerb**[69]. Beratung, so insbesondere die Vermögens- und Anlageberatung, wird zum entscheidenden Feld der Profilierung gegenüber der Konkurrenz. Profilierung kann auf Dauer nur dort gelingen, wo dem Kunden ein ihm erkennbarer Nutzen geschaffen wird. Vor dem Hintergrund, daß Anlageentscheidungen ohne Beratung wie auch nach einer Beratung unter Unsicherheit zu treffen sind, läßt sich der **Beratungsnutzen** für den Ratsuchenden wie folgt formulieren: Er besteht in der empfundenen Reduktion von Unsicherheit durch Verarbeitung entscheidungsrelevanter Informationen und gegebenenfalls in der Erwartung eines höheren Vermögenszuwachses aufgrund nachfolgender Anlageentscheidungen.

Kundennutzen setzt voraus, daß das Leistungsangebot im Anlagegeschäft bestimmten **Qualitätsanforderungen**[70] gerecht wird. Inhaltliche Sollvorgaben in Form von Anlagegrundsätzen[71] setzen voraus, daß unter dem Begriff *Beratung*

---

[68] Zuweilen wird hier bereits von standardisierter Vermögensverwaltung gesprochen, vgl. Hein (1993), S. 43.

[69] Vgl. Brunner (1993b), S. 448.

[70] Aus dem Lateinischen kommend ist mit Qualität (*qualis* bedeutet *wie beschaffen*) die Art und Beschaffenheit eines Gutes gemeint, im allgemeinen Sprachgebrauch darüber hinaus eine *gute* Qualität, also eine positive Bewertung dieser Beschaffenheit. Das Verständnis von Qualität von Bankdienstleistungen ist durchaus heterogen, vgl. Bruhn (1997), S. 415f., Drewes (1992), S. 940-943 oder Hermanns (1995), S. 539-544; Qualitätsmodelle für Dienstleistungen im Überblick bei Zollner (1995), S. 76-91.

[71] Nach den „Grundsätzen ordnungsgemäßer Finanzplanung" (GoF) soll Vermögensberatung generell folgende Qualitätsanforderungen erfüllen, vgl. Reittinger/Stracke/Tilmes (1997), S. 584f.:
Vollständigkeit - alle relevanten Kundendaten über Vermögen, Verbindlichkeiten, Einnahmen und Ausgaben sind zu erfassen.
Individualität - im Mittelpunkt soll der Kunden mit seinen Zielen, Bedürfnissen und seinem Umfeld stehen, nicht eine Standardanalyse.
Vernetzung - Berücksichtigung von (Wechsel-)Wirkungen einzelner Daten, mitsamt persönlicher, (begrenzt) rechtlicher/steuerlicher Faktoren.
Richtigkeit - objektive Fehlerfreiheit, Plausibilität bei Prognosen.
Verständlichkeit, Schriftform - bezüglich Prämissen, Finanzplanung, Ergebnisdarstellung.
Unabhängigkeit der Empfehlung - es sollen keine Produktverkaufsinteressen oder andere Interessen des Anbieters im Vordergrund stehen.

grundsätzlich mehr als ein unstrukturiertes Gespräch oder ein Informationsaustausch verstanden wird, und heben hervor, auf welche wesentlichen Aspekte eingegangen werden sollte, wenn von Anlageberatung gesprochen wird. Die vom Gesetzgeber im Wertpapierhandelsgesetz (WpHG) verbindlich vorgeschriebenen Mindestanforderungen - insbesondere die Erfüllung bestimmter Befragungs-, Informations- und Dokumentationspflichten durch die Bank - betreffen direkt oder indirekt alle die Qualitätsanforderungen, die sich die Branche ohnehin selbst auferlegt[72]. Angesichts der Vagheit der Wortwahl, mit der vom Anbieter (bei erhöhten Kosten!) pauschal und mitunter selbstlos die Wahrung der Kundeninteressen verlangt wird, ist allerdings nicht erkennbar, womit der Gesetzgeber - vom mahnenden Zeigefinger abgesehen - eine für den Kunden erkennbar höhere Beratungsqualität durchsetzen könnte. Zu beobachten sind stattdessen negative Qualitätseffekte aus der erweiterten Beratungshaftung: Anlageberater werden zurückhaltender bei der Empfehlung von beratungsintensiveren Anlageinstrumenten mit erhöhtem Risikoprofil[73].

Natürliche Grenzen sind der Anlageberatung zum einen durch natürlicherweise begrenztes Wissen des Beraters und die Unmöglichkeit der sicheren Voraussage künftiger Umweltzustände gesetzt. Zum anderen darf die Beratung in steuerli-

---

Schütt (1996), S. 106ff. ergänzt um ***Beratungskompetenz*** aufgrund von Qualifikation und Informationsstand.

Gelegentlich wird in diesem Zusammenhang auch die ***Vermögensstreuung*** genannt (vgl. z.B. Sauter (1991), S. 46), um Risiken einzelner Anlageinstrumente bzw. Anlageformen zu begrenzen; im Grunde werden hier die o.g. Aspekte der Vernetzung und Kompetenz spezifiziert. In der Konsequenz des Diversifizierungsgedankens werden größere Vermögen im Bereich des Vermögensverwaltungsgeschäfts zunehmend mit Methoden der modernen Portfoliotheorie strukturiert. Aus verschiedenen Gründen (Art der Anlageinstrumente, unzureichendes Berater-Know-how u.a.) ist die Optimierung von Vermögensportefeuilles in diesem Sinne im breiten Privatkundengeschäft wenig realistisch. Zur Portfoliotheorie mit Bezug zur Kapitalanlagepraxis (Portfoliomanagement) siehe etwa Rudolph (1995), Obst/Hintner (1993), S. 581-586.

72 Vgl. §§ 31, 32 u. 34 Wertpapierhandelsgesetz (WpHG). Expressis verbis ist u.a. von Sachkenntnis, Sorgfalt, Mitteilung aller zweckdienlichen Informationen, Verlangen bestimmter Kundenangaben und Wahrung des Kundeninteresses auch bei unvermeidbaren Interessenkonflikten die Rede (vgl. § 31 WpHG).
Zur Umsetzung der seit dem 1.1.1995 gültigen neuen Fassung des WpHG vgl. z.B. Scharrenberg (1995), Jütten (1995).

73 Vgl. o.V. (1996d). Zur Beratungshaftung vgl. etwa Heinsius (1994), Waldeck (1995) oder Langbein (1996).

chen und rechtlichen Fragen nicht über den anlagespezifischen Zusammenhang hinausgehen, da dies gesetzlich den Berufsständen der Steuerberater und Rechtsanwälte vorbehalten ist[74]. Zwischen Mindestanforderungen und Grenzen der Anlageberatung liegt der Gestaltungsspielraum, durch dessen Nutzung die Positionierung des einzelnen Anbieters gegenüber den Konkurrenten erfolgt.

2.2.3 Verkaufsorientierung im Anlagegeschäft

2.2.3.1 Umwegrentabilität der Beratungsleistung

Zur Beschreibung des Vermögensanlagegeschäfts soll abschließend auf die starke Verkaufsorientierung im Anbieterverhalten eingegangen werden. Damit ist gemeint, daß bei Vorliegen von zwei grundsätzlich marktfähigen Absatzleistungen - Beratungsleistung und Anlageinstrument[75] - das Hauptaugenmerk der Kreditinstitute auf Verkauf und Vermittlung von Anlageinstrumenten liegt, das Beratungselement dagegen weithin lediglich als eine der Abwicklung vorgelagerte, mehr oder minder notwendige Zusatzleistung betrachtet wird. Im Gegensatz zu anderen Anlagegeschäften mag dies hinsichtlich des abgesetzten Einlagenvolumens noch als verständlich erscheinen, denn immerhin sind Einlagen von wesentlicher Bedeutung für das Kreditgeschäft der Bank. Trotzdem ist in der Verkaufslastigkeit im breiten Privatkundengeschäft eine gewisse Einseitigkeit festzustellen, die für das Erreichen von Bankzielen (erst recht von Kundenzielen) nicht zwingend vorteilhaft ist.
Die Verkaufsorientierung zeigt sich zum einen an der Struktur der Preissetzung. So erzielt die Bank Einnahmen allein durch Transaktionsleistungen, also unmittelbar durch die Verkaufs- und Vermittlungstätigkeiten, während die Beratungsleistung in aller Regel (scheinbar) unentgeltlich angeboten wird. Da hierdurch die Ertragssituation der Kreditinstitute zunächst nur negativ beeinflußt wird, dient Beratung letztlich dazu, Kundenbeziehungen zu intensivieren und über

---

[74] Einer natürlichen Begrenzung unterliegt auch die Vielfalt des Leistungsangebots, das immer nur einen Ausschnitt aus allen am Gesamtmarkt angebotenen Leistungen umfassen kann; vgl. auch Sauter (1991), S. 47.

[75] S.o. Abschnitt 2.2.2.1.

einen erhöhten Absatz anderer Bankprodukte den Erfolg des Kreditinstituts zu steigern[76]. Beratung wird in diesem Sinne quersubventioniert, ihr wird eine *Umwegrentabilität* zugeschrieben[77].
Das bedeutet zugleich, daß eine Beratung wie selbstverständlich in direktem Zusammenhang mit der nachfolgenden Umsetzung durch ein Anlageinstrument oder generell mit dem Cross-Selling anderer Produkte gesehen wird. Die Anlageberatung wird also dem Verkauf zugeordnet, sie existiert als eigenständige Marktleistung weithin nicht[78].

2.2.3.2 Ablauf des Beratungsgesprächs

Verkaufspsychologischer Fachliteratur sind etliche idealtypische Verläufe von Beratungsgesprächen zu entnehmen, die Schulungen der Anlageberatung als Grundgerüst dienen. Die meisten Beratungsmuster basieren auf der klassischen AIDA-Formel[79]. Dabei steht AIDA für die einzelnen Phasen und Gesprächsziele:

Attention: Aufmerksamkeit, positive Atmosphäre schaffen,
Interest: Interesse wecken bei der Bedarfsanalyse,
Desire: Wunsch erzeugen und Angebot unterbreiten,
Action: Aktivität, d.h. Abschluß herbeiführen.

Dieses Schema zeigt ebenfalls die Verkaufsorientierung im Vermögensberatungsgeschäft auf. Das Gesprächsmuster zielt direkt auf den Geschäftsabschluß. Kundeninformation und ein unabhängig vom Anlageinstrument für sich sprechendes Beratungsergebnis werden, wenn überhaupt, so erst in zweiter Linie thematisiert.

---

76 Vgl. Schierenbeck/Hölscher (1993), S. 372.
77 Vgl. Priewasser (1998), S. 365.
78 Die Beratungsleistung betreffende produkt- und preispolitische Entscheidungen sind u.a. Gegenstand der Abschnitte 5.2.2 und 5.3.1.
79 Vgl. Brunner (1993a), S. 758, Swoboda (1996b), S. 103.

Die Grundstruktur des Angebots marktfähiger Anlageleistungen ist insgesamt zu hinterfragen. Bestimmte Gestaltungsmaßnamen könnten sich auf die Unsicherheitssituation im Bank-Kunde-Verhältnis in der Weise auswirken, daß Wohlfahrtsgewinne mit Nutzenzuwachs auf beiden Marktseiten zu erzielen sind[80].

2.3 ZIELE IM VERMÖGENSANLAGEGESCHÄFT UND UNSICHERHEIT

2.3.1 Die Zielerreichungsfunktion der Anlageleistung

Marktteilnehmer auf der Anbieterseite müssen die Gestalt der angebotenen Produkte oder Dienstleistungen an Bedarf, Vorstellungen und Wünschen der Nachfragerseite ausrichten. Dies gilt um so mehr, je leichter auf Substitute oder Angebote konkurrierender Anbieter zurückgegriffen werden kann, die den jeweiligen Präferenzen mehr entsprechen. So sind auch Banken gezwungen, Dienstleistungsangebot und Vertriebsverhalten aus Kundensicht zu betrachten. Die Bank kann davon ausgehen, daß die Finanzdienstleistung für Kunden letztlich ein Instrument darstellt, mit dem sie eigene Ziele zu erreichen suchen. Das Kreditinstitut muß demnach die Anlegerziele kennen. Je besser die Bankleistung die Zielerreichungsaufgabe erfüllt, um so leichter sind Markt- und Kaufwiderstände zu überwinden, Marktanteile zu halten oder zu erhöhen. Nachfragerziele stellen unmittelbar Anforderungen an die Gestaltung der angebotenen Marktleistung. Folglich ist zu fragen, welche Ziele Nachfrager von Anlageleistungen verfolgen.

---

80 Die Gestaltung der Leistungsstruktur unter spezieller Berücksichtigung der Überwindung von Marktwiderständen durch Reduktion von Unsicherheit ist insbesondere Gegenstand des fünften Kapitels.

2.3.2 Anlegerziele[81] und Zielkonfikte

Weithin wird zunächst die Rentabilität als originäres[82] Ziel privater Anleger betrachtet, da der Anleger den Erfolg seines Handelns letztendlich an der Rentabilität, an der erwirtschafteten, quantitativ feststellbaren Rendite mißt. Bei genauer Betrachtung beinhaltet das Rentabilitätsstreben das Streben nach Vermögenssteigerung und das Einkommens- oder Entnahmestreben[83] bzw. eine Kombination von beidem.
Das Streben nach Rentabilität soll daher im weiteren knapp als **Vermögensziel** bezeichnet werden. Dieses umfaßt weitere unmittelbar rentabilitätswirksame Ziele, wie z.B. das Erzielen von Steuervorteilen oder die Inanspruchnahme von staatlichen Vergünstigungen.

Aus der Unsicherheitssituation des Entscheiders ergeben sich weitere, sogenannte subsidiäre Ziele: Sicherheit und Liquidierbarkeit[84]. Das Streben nach **Sicherheit** folgt aus der Tatsache, daß das Erreichen des Vermögensziels unterschiedlichen Risiken[85] unterliegt und prinzipiell die Möglichkeit des ökonomischen Mißerfolgs der Anlageentscheidung besteht. Das Sicherheitsbedürfnis entspricht der individuellen Einstellung des Anlegers gegenüber diesen Risiken, dem persönlichen Risikoprofil. Rentabilität wird unter der Bedingung eines bestimmten individuellen Sicherheitsbedürfnisses angestrebt, was verdeutlicht, daß Sicherheitsstreben ein Unterziel des Vermögensziels ist. Der risikotolerantere Anleger, der ein geringeres Sicherheitsbedürfnis verspürt, wird durch eine Risikoprämie in Form einer Chance auf hohe Renditeerzielung belohnt, umgekehrt „bezahlt“ der sicherheitsbedachte Anleger durch niedrigere zu

---

[81] *Ziele* der Anleger betreffen die Anlageleistung direkt. Grundsätzlich sind davon die *Motive* der Anlage zu unterscheiden. Anlagemotive sind Beweggründe des Anlegers, die die Verwendung des Kapitals nach Liquidierung zum Ausdruck bringen. Motive können Vorsorge (Altersvorsorge, Rücklagen für Notfälle, Einkommensausfall durch Arbeitslosigkeit usw.), Ansparen für größere Ausgaben (Anschaffungen, Urlaub, Kinderausbildung) oder Spekulation zwecks Erhöhung des zukünftigen laufenden Einkommens oder Vermögensmehrung sein, vgl. hierzu Oehler (1995), S. 87-92.

[82] Vgl. Oehler (1995), S. 99f.

[83] Vgl. Schneider (1992), S. 65f.

[84] Vgl. Oehler (1995), S. 99f.

[85] Zu einzelnen Risikoarten vgl. z.B. Schütt (1996), S. 48-50, s.a. unten Abschnitte 3.3.2.1-3.

erwartende Erträge. Dieser Zusammenhang, der bei fast allen Anlagen nachgewiesen werden kann[86], wird oft als Zielkonflikt bezeichnet. Dies ist insofern nicht korrekt, als Sicherheitsstreben kein dem Vermögensziel gleichgeordnetes Ziel darstellt. Die Abwägung zwischen Sicherheit und Renditeerwartung bzw. Renditechance kommt in der folgenden Kategorisierung von Anlegertypen zum Ausdruck. So hat sich der *Ertragsmaximierer* auf ein bestimmtes Risikoniveau festgelegt und strebt auf dieser Basis den maximal erreichbaren Ertrag an. Der Typus des *Risikominimierer*s dagegen gibt sich vorneweg mit einer gewissen Rendite zufrieden, möchte bei deren Realisierung allerdings möglichst wenig Risiko eingehen[87].

Das Ziel **Liquidierbarkeit** ergibt sich aus der Gefahr von Vermögensverlusten im Falle vorzeitiger, bei der Anlageentscheidung in der Regel nicht vorgesehener Veräußerung der Anlage. Die Ursache dieses Risikos liegt in der Unsicherheit über veränderte künftige Konsumpräferenzen des Anlegers. Identifiziert als Streben nach Minimierung des Risikos liquidationsbedingter Vermögensverluste kann das Liquidierbarkeitsziel ebenfalls als Unterziel des Vermögens- bzw. Renditeziels bezeichnet werden. Vermögensverluste bei Rückgabe der Finanzanlage stellen Transaktionskosten dar, deren Höhe von vertraglichen Vereinbarungen, Marktbedingungen des Sekundärhandels oder von Grundsätzen der Beleihung abhängt. „Individual specific transactions costs, such as the cost of transportation and inconvenience“[88] sowie die Zeitdauer für die Umwandlung in liquide Mittel sind hier ebenso zu berücksichtigen. „This property of assets, the ability to be transformed into consumption goods at minimal transactions costs, is referred to as liquidity“[89]. In der Konstruktion festverzinslicher Wertpapiere und bei Anlageformen des Einlagengeschäfts erhält der Anleger im Ausgleich für die durch vertraglich vereinbarte Kapitalbindung eingeschränkte Liquidierbarkeit eine Prämie in der Gestalt einer attraktiveren Verzinsung[90]. Die Mög-

---

86 Vgl. Sauter (1991), S. 45. So haben sich z.B. Aktienanlagen im langfristigen Vergleich mit festverzinslichen Wertpapieranlagen als ertragreicher, dafür aber auch als volatiler erwiesen.

87 Vgl. Kern (1995), S. 118.

88 Benston/Smith (1976), S. 218.

89 Benston/Smith (1976), S. 219.

90 Eine normal verlaufende Zinsstrukturkurve wird hier vorausgesetzt.

lichkeit, daß sich der Anleger vom Risiko bzw. von der Unsicherheit, bei vorzeitiger Verfügung Vermögenseinbußen zu erleiden, durch Hinnahme einer negativen Zinsprämie (Zinsabschlag) freikaufen kann, wird häufig als Zielkonflikt zwischen Rentabilität und Liquidierbarkeit (im Sinne von vertraglich vorgesehener Verfügbarkeit) bezeichnet[91]. Wie bereits oben im Zusammenhang mit dem Sicherheitsstreben ist dies auch hier nicht korrekt, da das Liquidierbarkeitsstreben, wie gezeigt, gleichfalls als Determinante des Rentabilitätsziels zu betrachten ist.

Schließlich ist zu fragen, ob private Anleger neben dem Vermögensziel, das in dargestellter Weise Sicherheitsstreben und Liquidierbarkeit mit umfaßt, weitere originäre Ziele verfolgen. Während sich die genannten Anlegerziele alle direkt auf das Anlageinstrument beziehen, blieben Ziele, die im Zusammenhang mit der Beratungsleistung stehen, bislang außer acht.
Die *Güte der Beratungsleistung* steigt in dem Maße, in dem dem Entscheidungsträger entscheidungsrelevante Informationen geliefert werden. Da diese Informationen sogleich oder in Zukunft bessere Anlageentscheidungen ermöglichen, die wiederum Vermögenszuwachs - in Abwägung mit dem präferenzbedingten Maß an Sicherheit bzw. Liquidierbarkeit - erwarten lassen, stellt auch das Ziel einer qualifizierten Beratung[92] ein Unterziel des Vermögensziels dar.

Als Ziele, die *nicht* auf das Streben nach quantitativ meßbarem Nutzenzuwachs durch Vermögenssteigerung zurückzuführen sind, verbleiben bestimmte qualitative **Ziele, deren Erfüllung je nach persönlichen Präferenzen Nutzen stiftet.** Solche Präferenzen können z.B. bestehen bezüglich

- der Person des Bankmitarbeiters im allgemeinen,
- der Atmosphäre der Beratung aufgrund der Räumlichkeiten wie auch des Verhaltens des Bankmitarbeiters,
- der Bewertung des Images eines Kreditinstituts,

---

[91] Vgl. z.B. Sauter (1991), S. 45. Diese Zielkonflikte werden oft anhand des sogenannten magischen Dreiecks - bestehend aus Rentabilität, Sicherheit und Verfügbarkeit - dargestellt.

[92] Zu Qualitätsmerkmalen der Beratung vgl. oben S. 29f.

- der Möglichkeit, bestimmte Einstellungen durch Anlageentscheidungen zum Ausdruck zu bringen (z.B. durch Auswahl eines Öko- oder Technologiefonds) oder
- des Einfachheitsstrebens[93], das heißt bezüglich solcher Anlageformen, die mit möglichst geringem geistigem, physischem und zeitlichem Betreuungsaufwand gehalten werden können.

Grundsätzlich ist es denkbar, alle diese qualitativen, auf individuellen Präferenzen beruhenden Zielvariablen in quantitative Größen zu transformieren und damit ebenfalls unter dem Vermögensziel zu subsumieren[94]. Untersuchungen deuten jedoch darauf hin, daß Anleger gerade diese Quantifizierungen nicht vornehmen können oder wollen[95]. So kann davon ausgegangen werden, daß Ziele, die auf individuellen, qualitativen Anlegerpräferenzen beruhen, separate originäre Zielvariablen neben dem Vermögensziel darstellen.

2.3.3 Endogene Gefährdung der Zielerreichung von Anlegern[96]

2.3.3.1 Unsicherheit über die Anlageleistung

Unsicherheit hat im Vermögensanlagegeschäft als Marktwiderstand besonderes Gewicht. Sie ergibt sich daraus, daß der Nachfrager im Vorfeld der Nachfrage nach Anlageleistungen keine sichere Information darüber hat, ob das Angebot hinsichtlich der Erreichung eigener Ziele eine effiziente oder immerhin befriedigende Alternative darstellt. Über die hierzu erforderlichen Informationen verfügt er mitunter erst im Zuge der Nachfrage bzw. der Nutzung der Anlagelei-

---

[93] Vgl. Oehler (1995), S. 101. Hier wird das Einfachheitsstreben als einziges originäres Anlegerziel neben dem Rentabilitätsstreben gesehen.

[94] Naheliegend erscheint dies insbesondere beim Einfachheitsstreben durch Überführen jeglichen Aufwands in Transaktionskosten.

[95] Vgl. Oehler (1995), S. 102 mit Quellenangaben zu diesbezüglich angestellten Untersuchungen.

[96] Exogene Risiken durch Umwelteinflüsse entziehen sich der Steuerung durch beide Marktseiten und werden deshalb hier nicht weiter berücksichtigt. Zu endogener und exogener Unsicherheit s.a. unten Abschnitt 3.3.2.1.

stung, möglicherweise überhaupt niemals. In der Informationsökonomik werden derlei Güter als Erfahrungs- bzw. Vertrauensgüter bezeichnet[97].

Bankkunden können das Erreichen ihrer Ziele durch zwei verschiedene Formen der Unsicherheit gefährdet sehen: Zunächst kann Unsicherheit darüber herrschen, ob die Anlageleistung nach Art und Güte das Erreichen der Anlegerziele bewirken *kann*. Daneben besteht aus Anlegersicht Unsicherheit darüber, ob mit der Anlageleistung und durch die Person des Anlageberaters als Sprachrohr und Akteur der Bank das Erreichen dieser Ziele - und nicht etwa anderer - bewirkt werden *soll*. Wie sehr oft, wo Angebot und Nachfrage aufeinandertreffen, kann sich auch der Anleger im voraus nicht sicher sein, daß das Kreditinstitut einerseits über Potentiale und Fähigkeiten verfügt, die seinen Erwartungen entsprechen. Andererseits können Zweifel darüber bestehen, ob das Kreditinstitut überhaupt gewillt ist, Kundenanforderungen in der erwarteten Weise nachzukommen. Diese Formen der Unsicherheit werden einerseits *Qualitätsunsicherheit*, andererseits *Verhaltensunsicherheit* genannt[98]. Das Auftreten von Verhaltensunsicherheit impliziert, daß Nachfrager antizipieren, daß Anbieter eigene Ziele haben und diese verfolgen, möglicherweise auch dann, wenn sie im Konflikt mit der Zielerreichung von Kunden stehen.

2.3.3.2 Unsicherheit durch Kollision mit Bankzielen

Zuforderst wird das Gewinnziel als formales Ziel bankbetrieblicher Tätigkeit genannt[99], im Zusammenhang mit dem Shareholder Value oder relativiert als Rentabilitätskennzahl. Unbestritten gilt dies für alle Bankunternehmungen mit erwerbswirtschaftlichem Grundauftrag. Heute, wie auch im früheren Stadium der Diskussion[100], wird bzw. wurde die Erzielung möglichst hoher Gewinne zuweilen *allen* Kreditinstituten in Deutschland als Oberziel zugeschrieben, also auch solchen Instituten, die kraft Gesetz und Satzung vorrangig gemeinwirt-

---

97 Siehe unten S. 61.
98 Auf beide wird noch genauer einzugehen sein, s. u. Abschnitte 3.3.2.2 und 3.3.2.3.
99 Vgl. z.B. Büschgen (199), S. 508f., Becker (1994), S. 28.
100 Vgl. Swoboda (1996b), S. 70 und Krümmel (1964), S. 192.

schaftliche Aufgaben zu erfüllen haben. Insbesondere für die damit angesprochenen Kreditinstitute des Sparkassen- und Genossenschaftssektors könne dies, so die gegenteilige Auffassung, allenfalls mit Einschränkung gelten[101], da der sogenannte öffentliche Auftrag Gewinnstreben als Hauptziel nicht zuließe.
Im Zusammenhang mit der Zielformulierung von Banken werden stets auch Sicherheit und Liquidität genannt. Als eigenständige bzw. originäre Zielvariable kommen sie allerdings nicht in Frage. Vielmehr stellen sie für Kreditinstitute Nebenziele der Gewinnerzielung im Sinne von Nebenbedingungen dar[102].

Das entscheidende Unsicherheitsmoment entsteht aus Nachfragersicht durch den erkennbaren Konflikt zwischen dem eigenen Vermögensziel und dem Gewinnziel der Bank. Der Kunde muß damit rechnen, daß er für den Anbieter günstige, ihn jedoch benachteiligende Entscheidungen zu spät oder überhaupt nicht erkennen kann. Offensichtlich besteht ein zwingender Interessenkonflikt bei der Vereinbarung des Zinssatzes, da die Bank nach Gewinnmaximierung und der Anleger nach Vermögensmehrung strebt. Jede Verschiebung verhandelbarer Zinskonditionen nach oben führt unmittelbar zu einer verbesserten Vermögenssituation des Anlegers und zugleich zu einer Gewinneinbuße auf der Seite der Bank. Umgekehrtes gilt für den Fall, daß der Anleger sein Kapital der Bank zu einem niedrigeren Preis überläßt. Grundsätzlich besteht dieser Zielkonflikt in Form eines Verteilungsproblems auf allen Märkten, auf denen Preise[103] nicht vorgegeben sind, sondern in freier Verhandlung zwischen Angebots- und Nachfrageseite entstehen. In weniger zwingendem aber zumindest denkbarem Konflikt stehen auch Unter- bzw. Nebenziele, wenn zwischen Kreditinstitut und Anleger unterschiedliche Präferenzen, zum Beispiel bezüglich der Liquidität, herrschen.

---

[101] Vgl. z.B. Büschgen (1993), S. 446f., Baltensperger/Milde (1987), S. 6 und Lentes (1997), S. 32.

[102] Vgl. hierzu Büschgen (1993), S. 447-449.

[103] Neben dem Preis sind von diesem Verteilungsproblem alle Leistungsmerkmale betroffen, deren Ausprägung der Anbieter durch Umfang und Qualität des Leistungsinputs determiniert. Der Verteilungskonflikt besteht immer dann, wenn Nutzenzuwächse auf der Nachfragerseite unmittelbar zu Nutzen- bzw. Gewinneinbußen auf der Anbieterseite führen. Siehe hierzu auch unten Abschnitt 4.3.2.2.

Die Unsicherheitssituation manifestiert sich aus Nachfragersicht im Risiko, daß die Bank Interessenkollisionen[104] zu ihrem Vorteil und zu seinem Nachteil austrägt.

Je mehr Informationen der Anleger über die Anlageleistung und entscheidungsrelevante Markt- und Umweltdaten besitzt, um so eher ist er in der Lage, seine Entscheidung noch rechtzeitig vor der Nachfrage nach jedweder Anlageleistung zu revidieren oder auf eine hinsichtlich der Durchsetzung seiner Ziele günstigere Gestaltung einzelner Leistungsbestandteile, zum Beispiel der Zinskondition, zu drängen. Wäre eine in diesem Sinne symmetrische Informationsverteilung zwischen Kunde und Kreditinstitut in der Realität die Regel, so wäre Beratung nutzlos und würde nicht existieren. Stattdessen liegt asymmetrische Information zugunsten des Anbieters vor und führt zum Auftreten von Qualitäts- und Verhaltensunsicherheit auf der Seite des Marktteilnehmers mit dem schlechteren Informationsstand, im Bank-Anleger-Verhältnis also in der Regel beim Anleger.

Die Beschaffenheit der Bankleistung, insbesondere die der Anlageleistungen, hat zur Folge, daß jene Formen der Unsicherheit aus Nachfragersicht teilweise auch nach Vertragsabschluß bzw. erfolgter Leistungsnachfrage bestehen bleiben oder erst auftreten. Um die Bedeutung der Unsicherheit als Transaktionshemmnis präziser zu belegen, soll im Rahmen des folgenden dritten Kapitels unter anderem eine Kennzeichnung des Vermögensanlagegeschäfts der Kreditinstitute aus institutionenökonomischer Sicht erfolgen. Mithilfe der informationsökonomischen Begriffswelt sollte sodann eine strukturierte, differenziertere Beschreibung der Aspekte auftretender Unsicherheit im Anlagegeschäft mit Privatkunden möglich sein.

---

[104] Auch der Gesetzgeber geht von Interessenkonflikten zwischen Bank und Anlegern aus, vgl. Schwintowski/Schäfer (1997), S. 802f. Mit in diesem Zusammenhang steht auch die *Richtlinie des Bundesaufsichtsamts für den Wertpapierhandel zur Konkretisierung der Organisationspflichten von Wertpapierdienstleistungsunternehmen gemäß § 33 Abs. 1 Wertpapierhandelsgesetz (WpHG) vom 2.12.1998*, die sogenannte Compliance-Richtlinie; vgl. Bundesanzeiger Nr. 235 vom 12.12.1998, S. 17.242.

2.4 ZWISCHENFAZIT

(1) Erfolge der Banken im Einlagengeschäft sind fast vollständig abhängig von Erfolgen mit Privatkunden, weshalb Private von allen Anbietern stark umworben werden. Bei langfristig steigendem Einkommen und Vermögen nimmt die Zahl jener Privatkunden zu, die nicht ausschließlich vollstandardisierte Leistungen in Anspruch nehmen. Das unter Rentabilitätsgesichtspunkten attraktive Nachfragersegment wächst. Läßt man am einen Rand des Kundenspektrums die genannten reinen Mengenkunden und am anderen Rand die Vermögensverwaltungskunden („Topkunden") beiseite, so ergibt sich die im stationären Geschäft anzusprechende Zielgruppe der breiten Privatkundschaft. Dieses weit gefaßte Kundensegment fragt weitgehend identische Produkte nach - gleichwohl mit unterschiedlicher Intensität - und ist durch mittlere bis gehobene Einkommens- bzw. Vermögensverhältnisse gekennzeichnet (ad 2.1).

(2) Die Besonderheit von Bankdienstleistungen liegt in der Kombination bestimmter Eigenschaften: Immaterialität, Simultaneität von Produktion, Absatz und Verbrauch, die Verarbeitung des externen Faktors, Irreversibilität sowie aus Kundensicht Erklärungsbedürftigkeit und Vertrauensempfindlichkeit. Unsicherheit über die Erfüllung von Leistungs*versprechen* und über die schwer zu beurteilende Leistungsqualität schaffen auf der Nachfragerseite Marktwiderstände, die die Ausgangssituation für ohnehin gegen Unsicherheit extrem empfindliche Vermögensanlagetransaktionen erschweren.
Die Unsicherheitssituation, in der Anlageentscheidungen getroffen werden, ergibt sich aus der Unsicherheit über Umwelteinflüsse, Eintrittswahrscheinlichkeiten und Ergebnisse der Entscheidung, vor allem auch aus der unüberschaubaren Vielfalt der Alternativen an Anlageinstrumenten auf dem Gesamtmarkt. Entscheidungslogisches Vorgehen wird bereits dadurch vereitelt, daß eine vollständige Darstellung der Entscheidungssituation praktisch unmöglich ist. In dieser Situation entsteht Bedarf nach Anlageberatung. Zwischen Qualitätsmindestanforderungen und gesetzlichen Grenzen der Vermögensanlageberatung liegt der Handlungsspielraum, dessen Nutzung über die Positionierung im Wettbewerb entscheidet. Beratung kann neben den Anlageinstrumenten selbst als weitere, marktfähige Anlageleistung betrachtet werden. Tatsächlich jedoch

wird die Beratungsleistung als eine dem Verkauf oder der Vermittlung von Anlageinstrumenten vorgelagerte Zusatzleistung betrachtet und existiert als eigenständige Marktleistung weithin nicht. Diese Verkaufslastigkeit im Vermögensberatungsgeschäft findet sich auch im Ablauf idealtypischer Beratungsgespräche wieder. Ob unter dieser Vertriebsmaxime annähernd Bedingungen herrschen, die ein optimales Ausschöpfen von Nutzenpotentialen aus der Kooperation für Bank und Kunde erwarten lassen, ist zumindest fraglich (ad 2.2).

(3) Bankleistungen sind aus Kundensicht Instrumente der Zielerreichung. Anbieter müssen die Ziele und Kaufmotive der Anleger kennen, damit die Zielerreichungsaufgabe besser erfüllt und Marktwiderstände wirksamer überwunden werden können. Originäre Anlegerziele sind das Vermögensziel und Ziele, die auf qualitativen, individuellen Anlegerpräferenzen beruhen. Liquidierbarkeit und das Streben nach Sicherheit erweisen sich als Unterziele des Vermögensziels.
Nachfragerunsicherheit besteht zunächst darüber, inwiefern sich die Anlageleistung hinsichtlich Art und Güte zur Erreichung der Anlegerziele eignet (Qualitätsunsicherheit). Unabhängig davon können Zweifel darüber entstehen, ob die Anbieterseite überhaupt gewillt ist, die Erfüllung von Nachfragerzielen zu betreiben, möglicherweise zu Lasten des eigenen Zielerreichungsgrades (Verhaltensunsicherheit). Der Zielkonflikt zwischen dem Vermögensziel des Anlegers und dem Gewinnziel des Kreditinstituts ist offensichtlich. Marktwiderstände ergeben sich daraus, daß dieser Konflikt aus Kundensicht aufgrund des pauschal schlechteren Informationsstandes zu seinen Lasten ausgetragen zu werden droht, entweder erkennbar oder unbemerkt, gegebenenfalls auch im nachhinein nicht überprüfbar (ad 2.3).

3. VERMÖGENSANLAGEGESCHÄFT UND INSTITUTIONENÖKONOMIK[1]

3.1 GRUNDANNAHMEN

Alle Wirtschaftssubjekte, die am Austausch von Gütern und Leistungen beteiligt sind, befinden sich grundsätzlich in einem Zustand **unvollständiger Information**. Mit dieser Grundannahme geht die *Institutionenökonomik* von völlig anderen Voraussetzungen aus als jede Überlegung im Rahmen des neoklassischen Modells[2]. Im neoklassischen Denken verfügen Entscheidungsträger augenblicklich und kostenlos über alle gewünschten Informationen. Sie haben homogene Erwartungen bezüglich des künftigen (unsicheren) Marktgeschehens. Unter diesen Annahmen verharren Neoklassiker in einer wenig realistischen Welt ohne **Transaktionskosten**[3].
Mit der tatsächlich hingegen vorzufindenen Unsicherheitssituation bei unvollkommener Information begründen Vertreter der Institutionenökonomik die offensichtliche Existenz von Kosten der Koordination, die bei einzelnen Transaktionen und bei der Gestaltung von Kooperationen anfallen. Solche Transaktionskosten treten auf[4] als

- Such- und Informationskosten (Vertragsanbahnungskosten),
- Verhandlungs- und Entscheidungskosten (Vertragsabschlußkosten) und
- Kosten der Überwachung und Durchsetzung von Verträgen.

Transaktionskosten sind in den verschiedenen Zweigen des modernen Institutionalismus unterschiedlich weit gefaßt und mit unterschiedlichen Begriffen belegt. Die zuvor gebrauchte Terminologie ist der Transaktionskostenökonomik[5] entlehnt, während in der Prinzipal-Agent-Theorie von *agency costs*[6] und

---

1 In der einschlägigen deutschsprachigen Literatur wird die Sichtweise der Institutionenökonomik u.a. unter den Bezeichnungen Neue Institutionenlehre, Neoinstitutionalismus oder Neue Mikroökonomische Theorie aufgegriffen.

2 Vgl. Terberger (1994), S. 64f.

3 Vgl. z.B. Richter/Furubotn (1999), S. 9f. Zum Stichwort Realitätsnähe s.a. Terberger (1994), S. 81-87.

4 Vgl. Williamson (1985), passim.

5 Auch Transaktionskostenansatz oder Transaktionskostentheorie genannt.

beim Property-Rights-Ansatz von *Kosten der Nutzung, Sicherung und Übertragung von Verfügungsrechten* oder ganz allgemein von *Kosten der Marktnutzung*[7] gesprochen wird[8].

Unsicherheit der Wirtschaftssubjekte als Folge unvollständiger Information kann folgendermaßen strukturiert werden: Sie kann zum einen nach vorn gerichtet sein, das heißt, daß Wirtschaftssubjekte im Sinne unvollständiger Voraussicht nicht wissen können, was die Zukunft bringt. Sie kann aber auch zur Seite gerichtet sein[9], immer wenn ein Marktteilnehmer bessere oder andere Informationen hat als ein anderer, also bei asymmetrisch verteilter Information.
Unvollständige Voraussicht bedeutet insbesondere, daß die am Leistungsaustausch Beteiligten, hier also Bankberater und Anleger, in individuell verschiedenem Maße unsichere Erwartungen bezüglich der künftigen Entwicklung bestimmter Umwelteinflüsse, sogenannter Faktoren exogener Unsicherheit, haben. Eine möglichst realistische Beschreibung dieser Unsicherheitssituation schließt auch die Wahrnehmung von in der Neoklassik explizit nicht berücksichtigten endogenen Risiken ein, Unsicherheit also, die unmittelbar der Bank-Anleger-Beziehung entspringt.
Unvollständige Information steht in engem Zusammenhang mit den Annahmen über das Ausmaß der Rationalität, mit der Individuen entscheiden. Die neoklassische Auffassung vollkommener individueller Rationalität schreibt allen Entscheidungssubjekten konstante und stabile Präferenzen, übereinstimmende

---

6 Vgl. Fischer (1995).
7 Vgl. Coase (1937), S. 390.
8 Neben den genannten Zweigen der Institutionenökonomik gibt es eine Reihe weiterer, wie z.B. die Verfassungsökonomik und institutionenökonomische Ansätze der Politischen Ökonomie und der Wirtschaftsgeschichte. Diese Ansätze wurden innerhalb mehrerer Jahrzehnte entwickelt, gehen unterschiedlichen Fragestellungen nach und verwenden dabei nicht immer einheitliche Methoden und Prämissen. Auf Einzelheiten der Forschungszweige kann in diesem Zusammenhang nur insoweit eingegangen werden, als sie zum grundsätzlichen Verständnis der institutionenökonomischen Betrachtung mikroökonomischer Zusammenhänge beitragen und für eine institutionenökonomische Erörterung der Bank-Kunde-Beziehung im Fortlauf dieser Arbeit von Belang sind. Die Entwicklung und die Vielfalt der unterschiedlichen Ansätze mitsamt der Hinweise auf frühe und neuere Literaturquellen finden sich umfassend in Richter/Furubotn (1999), in Übersichtsform z.B. bei Thiele (1994).
9 In Anlehnung an Richter/Furubotn (1999), S. 44.

Markteinschätzung und kostenlose, unbeschränkte Informationsbeschaffung zu. Weite Teile der Institutionenökonomik rücken deutlich von dieser wenig realistischen Annahme ab[10], insbesondere die Transaktionskostentheorie. Hier wird explizit von einer **begrenzten Rationalität** ausgegangen, da die unbegrenzte Beschaffung von Informationen in der Welt mit Transaktionskosten schlichtweg zu teuer wäre und Individuen stets nur über ein begrenztes Ausmaß an Können, Wissen, Zeit und Verarbeitungsfähigkeit von Informationen verfügen[11]. Die Prämisse begrenzter Rationalität ist eine zentrale Voraussetzung für die weitere Analyse der Bank-Kunde-Beziehung. Denn genau diese Annahme erklärt die Existenz von Unsicherheit in diesem Absatzverhältnis[12]. Die Annahme vollkommener Rationalität und Information der Beteiligten würde die Existenz von endogener Unsicherheit und deren Wirkung als Transaktionshemmnis zwischen den Marktseiten verneinen und jede weitere Untersuchung an dieser Stelle überflüssig machen[13].

Auch bei der Berücksichtigung begrenzter Möglichkeiten des menschlichen Verstandes kann jedoch davon ausgegangen werden, daß sich Wirtschaftssubjekte insofern rational verhalten, als sie eigene Präferenzen, Interessen und Ziele haben und konsequent **individuelle Nutzenmaximierung** betreiben[14].

Unsicherheit in Verbindung mit begrenzter Rationalität hat zur Folge, daß alle formalen Regelwerke einer Gesellschaft (insbesondere Gesetze), im speziellen auch alle Regelungen zwischen Wirtschaftssubjekten - Verträge -, nicht alle re-

---

[10] Nicht so die Prinzipal-Agent-Theorie (und einige weitere Theoriezweige), da sonst die Komplexität der Entscheidungssituation eine formale Ableitung von Problemlösungen weithin unmöglich machen würde.

[11] Vgl. Fischer (1994), S. 583 und Richter/Furubotn (1999), S. 4.

[12] Wie auch in jeder anderen Absatzbeziehung.

[13] Insbesondere entfiele damit natürlich auch die Daseinsberechtigung des Transaktionskostenansatzes insgesamt.

[14] Die explizite Beachtung der Präferenzen der einzelnen Entscheidungssubjekte und die Überzeugung, daß soziale Prozesse und Institutionen jedweden menschlichen Zusammenlebens nur über das Verhalten des Einzelnen und nicht des Kollektivs erklärt werden können, drückt sich in einer weiteren institutionenökonomischen Grundannahme aus, dem sogenannten **methodologischen Individualismus**. Siehe hierzu z.B. Richter/Furubotn (1999), S. 3 und Richter (1990), S. 573f.

levanten Punkte und Eventualitäten explizit aufnehmen können. Sie bleiben zwangsläufig mehr oder weniger unvollständig und werden im Verlauf des Transaktionsprozesses durch informelle Regeln konkretisiert und angepaßt[15]. Beziehungen auf der Basis solcher unvollständig ausformulierter Verträge werden **relationale Verträge** genannt. So stellt auch jede Bank-Kunde-Beziehung einen relationalen Vertrag dar, bestehend einerseits aus konkreten formalen und damit rechtlich leicht durchsetzbaren Vertragsbestandteilen[16], andererseits auch aus einer Reihe von privaten, informellen Absprachen. Dieses relationale Vertragsverhältnis wird im weiteren im Hinblick auf eine verbesserte[17] Ausgestaltung zu analysieren sein.
Unvollständige Verträge wären unproblematischer Natur, wäre davon auszugehen, daß alle Individuen absolut vertrauenswürdig sind und sich nicht nur an die formalen, rechtsverbindlichen sondern auch an die „weicheren" Vertragsbestandteile halten. Die wirkliche Welt zeigt allerdings, daß Eigeninteresse bisweilen auch unter Zuhilfenahme von List verfolgt wird[18], das heißt, auch wenn Tauschpartnern dadurch bewußt geschadet wird. **Opportunistisches Verhalten** der Individuen ist also eine weitere wichtige Verhaltensannahme.

Opportunismus ist dort zu beobachten, wo sich Unsicherheit und unvollkommene Information auf andere Marktteilnehmer beziehen[19]. Ausgehend von einer solchen Situation **asymmetrischer Informationsverteilung** zugunsten eines Auftragnehmers (Agent) gegenüber einem Auftraggeber (Prinzipal) beschäftigt sich die Prinzipal-Agent-Theorie[20] (PAT) mit der Analyse und Gestaltung dieser Auftragsbeziehungen[21].

---

[15] Vgl. z.B. Richter/Furubotn (1999), S. 18, 157, 173ff. und Fischer (1994), S. 583.

[16] Insbesondere die Allgemeinen Geschäftsbedingungen (AGB) des Kreditinstituts, im Anlagebereich die Vertragsbestimmungen des jeweiligen Anlageinstruments. Jedoch kommt ein Auskunfts- oder Beratungsvertrag rechtlich gesehen zwischen Bank und Anleger auch stillschweigend zustande, vgl. etwa Schütt (1996).

[17] Das Kriterium für eine Verbesserung aus institutionenökonomischer Sicht ist die Reduzierung von Transaktionskosten.

[18] Williamson umschreibt opportunistisches Verhalten mit „self-interest seeking with guile", vgl. Williamson (1985), S. 47.

[19] Siehe oben S. 39f.

[20] Kurz auch Agency-Theorie genannt. Dabei wird davon ausgegangen, daß das vom Agenten erzielte Ergebnis nicht allein von dessen Anstrengung, sondern auch von der unsicheren

In der Bank-Kunde-Beziehung können Bank wie Kunde in unterschiedlichen Situationen die Rolle des Agenten oder auch die des Prinzipals übernehmen. Bei der Kreditvergabe ist der Nachfrager als Kreditnehmer typischerweise der - über die eigene Kreditwürdigkeit - besser informierte Agent, während er in der hier im Mittelpunkt stehenden Anleger- bzw. Einlegersituation in der Regel den Part des Prinzipals innehat[22]. Dabei kann es nun nicht das Ziel sein, den Privatanleger als Prinzipal und Auftraggeber auf den gleichen Informationsstand zu bringen, über den der Agent in der Person des Bankberaters verfügt. Denn aus der Sicht des Auftraggebers soll der Agent gerade diesen Informationsvorsprung ihm zum Vorteil nutzen, wobei bei der unterstellten Informationslage[23] in Prinzipal-Agent-Beziehungen grundsätzlich die Gefahr besteht, daß der Agent den Informationsvorsprung in opportunistischer Weise zum eigenen Vorteil ausnützt. Verfehlt wäre ebenfalls, dem Agenten einen lückenlosen Plan von Verhaltensnormen vorzulegen, der für jede mögliche Entscheidungssituation eine Handlungsweise vorgibt. Die Kosten für Information, Planung und Qualifizierung für die Planerstellung wären so hoch, daß der Prinzipal die Aufgabe günstiger selbst erledigen würde[24]. Die institutionelle Ausgestaltung der Vertragsbeziehung, auch der zwischen Bank und Anleger, erfordert demnach

---

Umweltentwicklung abhängt, in diesem Sinne zufallsbedingt ist. Den Arbeitseinsatz des Agenten und das Eintreten der Umweltzustände kann der Prinzipal, so wird unterstellt, weder kostenlos noch vollständig beobachten. Insbesondere der besser informierte Agent ist damit in der Lage, seinen diskretionären Handlungsspielraum opportunistisch zu nutzen und bei unterstelltem Zielkonflikt unbesehen zu seinem Vorteil zu entscheiden. Vgl. hierzu z.B. Elschen (1991), S. 1004 und Fischer (1995), S. 320.

21 Unterschieden wird zwischen der positiven und der normativen PAT. Der positive Ast der Theorie zielt auf die Beschreibung und Erklärung der institutionellen Gestaltung von Auftragsbeziehungen ab, vgl. z.B. Ross (1973), Jensen/Meckling (1976). Die normative Richtung leitet aus den getroffenen Annahmen über die Vertragsbeziehung per logischer Deduktion und mit Hilfe mathematischer Kalküle Empfehlungen über die effiziente (paretooptimale) Gestaltung der Vertragsbedingungen ab. Dabei werden in der Regel ein risikoscheuer Agent und ein risikoneutraler Principal unterstellt. Vgl. z.B. Grossman/Hart (1983), Arrow (1985), Spremann (1987), Laux (1988), Neus (1989), Müller (1995).

22 Vgl. Klische (1995), S. 24f.

23 Vgl. zuvor Fußnote 20.

24 Vgl. Elschen (1991), S. 1004.

stets auch implizite Elemente, die allerdings derart zu gestalten sind, daß sie für alle Beteiligten Kooperationsvorteile ermöglichen[25].

So unterschiedlich die Ansätze der Institutionenökonomik im Detail auch sind, so läßt sich der gemeinsame Versuch feststellen, Aussagen über eine effiziente Ressourcenallokation zu machen, wobei jeweils die Minimierung der unterschiedlich gearteten Transaktionskosten der beteiligten Inividuen eine zentrale Rolle spielt[26]. Die **Institution** dient dabei als Oberbegriff für alle formalen und informellen Regeln, die Transaktions*beziehungen* zugrundeliegen. Institutionen sind Instrumente zur Reduzierung von Transaktionskosten und daher Gestaltungsobjekt der Institutionenökonomik. Von einer einheitlichen Definition des Institutionsbegriffs kann nicht gesprochen werden[27]. Hingegen wird die Wirkung von Institutionen einhellig darin gesehen, daß sie per Reduktion von Unsicherheit Transaktionskosten senken, weil sie

- die Komplexität von Entscheidungssituationen reduzieren,
- Verhalten steuern und zu wechselseitigen Verhaltensannahmen führen, d.h. auf ein den Regelungsinhalten entsprechendes Verhalten der anderen Seite schließen lassen, dieses Verhalten prognostizierbarer und transparenter machen.

Zusammenfassend kann die Bank-Kunde-Beziehung im Vermögensanlagegeschäft gekennzeichnet werden als Beziehung

- zwischen einem Auftraggeber (Prinzipal, primär der Anleger) und einem Auftragnehmer (Agent, primär die Bank bzw. der Berater)[28],

---

[25] Vgl. Terberger (1994), S. 66ff. Verhaltenswirkungen unvollkommener Information werden hier als Entstehungsgrund für mögliche Kooperationsvorteile betrachtet.

[26] Vgl. auch Thiele (1994), S. 993.

[27] Vgl. Richter/Furubotn (1999), S. 7. Zur Kennzeichnung von Institutionen als Regel- und Handlungssysteme zur Verringerung von Einkommensunsicherheiten siehe Schneider (1995), S. 20-24.

[28] Zur Prinzipal-Agent-Beziehung zwischen Einleger und Bank siehe auch Klische (1995), S. 25ff. Die Bank-Berater-Beziehung wird im weiteren im fünften Kapitel aufgegriffen. Hier wird insbesondere die Entlohnungsform thematisiert, da sie entscheidenden Einfluß darauf hat, inwiefern Grundentscheidungen über die Leistungsausgestaltung in der Lage sind,

- in einer Welt mit Transaktionskosten, verursacht durch unvollständige Information und Unsicherheit,
- wobei die beteiligten Individuen ihren Nutzenvorstellungen folgend handeln und geneigt sind, die Asymmetrie der Informationslage zum eigenen Vorteil auszunutzen, auch wenn die andere Seite dadurch Schaden nimmt (Opportunismus),
- wobei dem Prinzipal Opportunitätskosten entstehen, wenn der Agent nicht die für den Prinzipal nutzenmaximale Aktion wählt (Residual Loss[29]) und
- wobei vertragliche Regeln, die zur Senkung von Transaktionskosten und Reduzierung von Unsicherheit beitragen, aufgrund begrenzter individueller Rationalität nur in unvollständiger Weise möglich und sinnvoll sind und weiterer, impliziter institutioneller Arrangements bedürfen (relationale Verträge).

Nachdem die gedanklichen Eckpfeiler der Institutionenökonomik im Hinblick auf das spezielle Betrachtungsfeld benannt sind, ist nun auszuloten, wie Unsicherheitsreduktion in eine erfolgversprechende wettbewerbsstrategische Ausrichtung der Filialbank zu integrieren ist. Einleitend wird hierzu die Aufgabe des Marketing aus institutionenökonomischer Sicht skizziert.

Später (3.3) sollen Marktleistung und Unsicherheit im Anlagegeschäft mit Hilfe der entsprechenden Begriffswelt differenzierter erfaßt werden, um den Beziehungsrahmen Bank-Anleger mit der Marktleistung in deren Kern in geeigneter Weise einer institutionentheoretischen Betrachtung zuzuführen.

Anlegerunsicherheit zu reduzieren und Geschäftsbeziehungen zu fördern; vgl. v.a. Abschnitt 5.2.1.1.

29 Vgl. Fischer (1995), S. 322.

3.2 INSTITUTIONENÖKONOMISCHES MARKETINGVERSTÄNDNIS IM VERMÖGENSANLAGEGESCHÄFT

3.2.1 Marketing als Instrument des Unsicherheitsmanagements

Auf einem Markt mit den dargestellten Unvollkommenheiten treten für die Akteure Unsicherheitsprobleme auf, die Transaktionen behindern[30]. Zur Durchführung der Transaktion müssen Transaktionskosten für die Informationssuche und zur Absicherung gegen verbleibendes Risiko in Kauf genommen werden. Aus institutionenökonomischer Sicht setzt die Marketingaufgabe genau hier an: Marketing dient der Förderung von Markttransaktionen durch Überwindung von Informations- und Unsicherheitsproblemen. Dabei wirkt Marketing im Ganzen selbst wie eine Institution, die Unsicherheit reduziert, Anreize setzt und Transaktionskosten senkt[31].

Die erste Aufgabe des Marketing ist hernach die **Leistungsfindung**. Hier geht es vor allem darum, den Nachfragern ceteris paribus Produkte mit einem höheren Nutzen und bzw. oder zu niedrigeren Kosten als die Konkurrenz zu bieten[32]. Leistungsfindung ist im konkreten Fall z.B. das Konzipieren und Bereithalten einer speziellen Beratungsoftware, das Zusammenstellen einer Informationsmappe zur Unterstützung der Beratung oder die Ergänzung des Sortiments um ein Einlageninstrument mit besonderen Leistungseigenschaften, z.B. stark progressiver Zinsstaffelung. Nutzenvorteile setzen zunächst voraus, daß der Anbieter die Bedürfnisse, Probleme und Verhaltensweisen der Nachfrager kennt und voraussieht[33]. Die Antizipation richtet sich dann auf jede Form von Unsicherheit, die durch asymmetrische Information zwischen den Marktseiten entstehen kann. Erkenntnisse darüber können in das Ergebnis der Leistungsfindung, die Bankleistungen, einfließen und damit Unsicherheit reduzieren und Transaktionen fördern.

---

[30] Marktunvollkommenheit basiert auf (s.o.) unvollkommener Information über die Zukunft und den Markt sowie der Erwartung, daß Individuen unter begrenzter Rationalität und eigennützig, gegebenenfalls opportunistisch handeln.

[31] Vgl. Kaas (1995a), S. 5.

[32] Zum strategischen Wettbewerbsverhalten siehe Abschnitt 3.2.3.

[33] Vgl. im folgenden Kaas (1990), S. 540f. und Kaas (1995a), S. 21f.

Antizipation von Nachfragerunsicherheit zeigt sich noch sichtbarer darin, wie das Unternehmen und dessen Leistung gegenüber dem Absatzmarkt dargestellt werden: Unter der Aufgabe der **Leistungsbegründung** sind all jene Marketinganstrengungen zu verstehen, die den Nachfragern die Überlegenheit des Leistungsangebots glaubhaft machen sollen. Dazu ist auch die gezielte Gestaltung der Beziehung zwischen Anbieter und Nachfrager zu rechnen.
In der Informationsökonomie, die sich explizit mit den Voraussetzungen, Konsequenzen und Möglichkeiten zur Überwindung von Informationsasymmetrien befaßt, wird die Informationsgewinnung durch die schlechter informierte Seite (im Anbieterfall im Rahmen der Leistungsfindung) **Screening** genannt, die Informationsübertragung durch die informierte Seite (im Anbieterfall im Rahmen der Leistungsbegründung) **Signaling**[34]. Screening des schlecht informierten Kunden ist oft darauf gerichtet, exogene Unsicherheit[35] zu reduzieren. Signaling der Anbieterseite zielt demgegenüber meist auf die Beseitigung von Marktunsicherheit (endogene Unsicherheit) der Nachfrager.

Zusammengefaßt kann Marketing als an den Kundenbedürfnissen orientierter Einsatz der absatzpolitischen Instrumente bezeichnet werden, mit dem Ziel der Überwindung von Marktwiderständen zwischen Angebot und Nachfrage[36]. Da Transaktionen des Vermögensanlagegeschäfts in besonderem Maße von Nachfragerunsicherheit gestört werden, verspricht die Reduktion von Unsicherheit im Marketing von Anlageleistungen vergleichsweise großen Erfolg bei der Überwindung solcher Widerstände.

3.2.2 Anlegerunsicherheit und Wettbewerbsposition

Grundsätzlich besteht für beide Marktseiten die Möglichkeit, durch Informationssuche und -verarbeitung den Zustand der Unsicherheit teilweise, wenn auch nicht vollständig, zu beheben. Unsicherheitsreduktion aufgrund von Screening

---

[34] Vgl. Fischer et al. (1993), S. 448, Kaas (1990), S. 541. Das Konzept des Signaling geht auf Spence (1973) zurück.

[35] Auch Unsicherheit über die Umwelt oder Ereignisunsicherheit genannt.

[36] Vgl. Süchting (1995), Sp. 191.

verursacht Kosten für die Beschaffung von Informationen, z.B. durch das Sammeln von Presseartikeln über Beratungsqualität und Servicebereitschaft des Anbieters. Für Anleger als schlechter informierte Marktseite besteht solange ein Anreiz zur Informationsbeschaffung, bis der Nutzen einer zusätzlichen Informationseinheit gerade noch den Kosten der Beschaffung dieser Information entspricht.

Leistungsfindung und Leistungsbegründung des Kreditinstituts tragen dazu bei, daß Unsicherheit auf der Nachfragerseite abgebaut wird, also erübrigt sich im selben Maße das Erfordernis der Informationssuche für den Kunden, Informationskosten entfallen. Man mag nun darüber streiten, ob die Wirkung von derlei Marketingaktivitäten darin besteht, daß dem Nachfrager ein Zusatznutzen geboten wird oder darin, daß die Gesamtkosten der Dienstleistungsnachfrage, bestehend aus Preis zuzüglich Transaktionskosten[37], verringert werden[38]. In jedem Fall ist die Auswirkung einer verbesserten Unsicherheitsposition aus Nachfragersicht von Vorteil und die Wettbewerbsposition des Anbieters verbessert sich bezüglich des Preis-Leistungsverhältnisses gegenüber konkurrierenden Anbietern.

Je besser sich der Anlegerkunde dazu in der Lage sieht, Unsicherheit bezüglich des Angebots bzw. des Verhaltens des Kreditinstituts zu reduzieren, um so eher wird er sich dazu entschließen, Anlageleistungen bei diesem Anbieter zu „kaufen". Dabei wird der Kunde seine Kaufentscheidung zunächst davon abhängig machen, ob sich die wahrgenommene Unsicherheitsposition auf ein subjektiv akzeptiertes Anspruchsniveau reduzieren läßt. Über die bloße Kontaktaufnahme hinaus erhält dann das Kreditinstitut den Zuschlag bei einer ersten Kaufentscheidung - verbunden mit wahrscheinlichen Folgegeschäften -, dem es gelingt,

---

[37] Vgl. Kaas (1990) S. 543.

[38] Die Frage, ob Zusatznutzen oder Kostenreduzierung vorliegt, kann von der Wahrnehmung des Kunden abhängen, kann aber auch von der Information oder der unsicherheitsreduzierenden Maßnahme selbst abhängig sein und ist mitunter nicht eindeutig zu beantworten. So mag man beispielsweise die ausführliche Kommunikation von Merkmalen verschiedener Anlageinstrumente im Rahmen der Beratung als qualitatives, zusätzliches Nutzenelement der Dienstleistung auffassen oder als Information, deren Beschaffung dem Kunden sprichwörtlich erspart bleibt.

1. dieses subjektive Anspruchsniveau ceteris paribus am besten zu erreichen[39], das heißt unter Inkaufnahme minimaler Informationskosten für den Kunden, oder
2. dem Nachfrager bei vergleichbarer Leistung unter Inkaufnahme einer bestimmten Informationskostenhöhe die bestmögliche Unsicherheitsposition zu bieten[40].

Unsicherheit aufgrund mangelnder oder asymmetrisch verteilter Information tritt auf dem Markt für Dienstleistungen der Vermögensanlage als Marktwiderstand vor allem gegenüber *einzelnen* Anbietern auf[41], kaum aber gegenüber dem Gesamtmarktangebot. Daß Anlegerunsicherheit demnach allenfalls graduell zu einer insgesamt nachlassenden Anlagebereitschaft und erhöhtem Konsum führt, läßt sich damit begründen, daß man einen gewissermaßen gegebenen, natürlichen Nachfragebedarf nach Anlageinstrumenten beobachten kann, weil private Haushalte[42] erfahrungsgemäß über Einkommen verfügen, deren Höhe regelmäßig über dem privaten Verbrauch liegt. Die Differenz[43] fließt überwiegend der sogenannten Geldvermögensbildung und dem Erwerb von Wohneigentum zu. Für private Anleger stellt sich daher offensichtlich weniger die Frage, ob Dienstleistungen der Vermögensanlage überhaupt in Anspruch genommen werden sollten, als die, welchem Institut der Zuschlag zu geben ist. Im Hinblick auf das Erreichen, Sichern und Ausbauen von Marktanteilen[44] stellt sich aus der

---

39 Vgl. Weiber/Adler (1995b), S. 48.

40 Natürlich muß diese Unsicherheitsposition unter oder höchstens auf dem subjektiv akzeptierten Unsicherheitsniveau liegen. Dies gilt generell für jede Residualunsicherheit am Ende eines Unsicherheitsreduktionsprozesses. Siehe hierzu auch Weiber/Adler (1995a), S. 64.

41 Siehe oben S. 8.

42 In ihrer Gesamtheit.

43 Wird diese Differenz ins Verhältnis zum verfügbaren Einkommen gesetzt, so ergibt sich die sogenannte Sparquote. Die Sparquote liegt in Deutschland seit mehreren Jahrzehnten über 10%, vgl. Deutsche Bundesbank (1998).

44 Das Ringen um Marktanteile wird oft zur **Charakterisierung der Situation auf dem Markt für Finanzdienstleistungen** herangezogen. In engem Zusammenhang damit steht der Wandlungsprozeß, insbesondere im Privatkundengeschäft, vom Verkäufer- zum *Käufer*markt - vgl z.B. Nieraad (1994), S. 4. Kennzeichnend für den Markt für Bankdienstleistungen sind des weiteren die oben bereits aufgegriffenen Marktunvollkommenheiten und die Marktstruktur. Dem Polypol auf der Nachfragerseite steht hier eine oligopolistische Anbieterstruktur gegenüber - vgl. z.B. Süchting (1972), S. 294. Dabei verleiht die Vielzahl neuer Anbieter, die auch traditionelle Bankdienstleistungen feilbieten, der Angebotsseite

Sicht des Kreditinstituts als Anbieter dann die Marketingaufgabe insgesamt vor der Frage dar, was getan werden kann, um die vorhandene Nachfrage zur Befriedigung gerade durch das hauseigene Leistungsangebot zu motivieren. Die Ansprache der anderen Marktseite ist also weniger darauf zu richten, einen allgemeinen Nachfragebedarf zu erzeugen, sondern vermehrt darauf, den weitgehend bestehenden Bedarf zur Deckung desselben in das eigene Haus zu bringen.

Wenn Unsicherheit als Transaktionshemmnis aufgefaßt wird, ist zu fragen, wie diese unsichtbare Barriere speziell im Vermögensanlagegeschäft zu verkleinern ist, um das eigene Leistungsangebot im Wettbewerb konkurrenzfähig positionieren zu können.

3.2.3 Wettbewerbsstrategien der Universalbank und Unsicherheitsmanagement im Anlagegeschäft

Banken und andere Finanzdienstleistungsanbieter richten ihre Aufmerksamkeit zunehmend auf die Profitabilität des Geschäfts, weniger auf Volumenzuwachs[45]. Dauerhafter Erfolg wird in engem Zusammenhang mit der Erzielung langfristiger Wettbewerbsvorteile gesehen. Der Weg, auf welchem diese errungen werden sollen, wird in Wettbewerbsstrategien formuliert. Die Vielzahl denkbarer Wettbewerbsvorteile kann auf zwei Grundtypen reduziert werden: niedrige Kosten und Differenzierung[46]. Entsprechend der Wahrnehmung der Wettbewerbsvorteile durch die Nachfrager wird das strategische Anbieterverhalten dann als Preis-/Mengenstrategie oder als Präferenzstrategie bezeichnet. Bei der Preis-/Mengenstrategie wird auf Kostenvorteile und deren Weitergabe an den Kunden gesetzt, bei der Präferenzstrategie dagegen auf Leistungs- bzw. Nutzenvorteile[47].

(bezogen auf das Angebot einzelner Leistungen wie Termineinlagen oder Konsumentenkredite) zunehmend polypolistische Züge, was den Konkurrenzkampf wiederum verschärft.

45 Vgl. Meidan (1996), S. 307.

46 Vgl. Porter (1989), S. 31.

47 Vgl. Meffert/Bruhn (1997), S. 189.

Nun ist grundsätzlich zu klären, welche Basisstrategie im Vermögensanlagegeschäft der Kreditinstitute Erfolg verspricht und ob Unsicherheitsreduktion als Gestaltungsaufgabe in diese Strategie integrierbar ist.

Im Sinne der Zielsetzung der Arbeit[48] ist bei der Frage nach der Wettbewerbsstrategie hier nicht die zu ermitteln, die der Universalbank - mit dem traditionellen, personalgebundenen Vertrieb über ein Filialsystem - gegenüber gleichartigen Anbietern Wettbewerbsvorteile ermöglicht, sondern gegenüber Konkurrenten dieser Anbietergattung insgesamt. Ein konkurrenzfähiges Fortbestehen des Universalbanktypus ist nur dann dauerhaft gesichert, wenn eine Profilierung und Wettbewerbsvorteile gegenüber der Vielzahl von neueren Anbietern auf diesem Markt - Non-banks, Near-banks und Direktbanken - bewahrt und ausgebaut werden können.

Vor der Tatsache, daß sich die Universalbank traditionellen Zuschnitts mit ihrer personalintensiven, filialen Struktur im Vergleich zur oben genannten relevanten Konkurrenz erheblichen Kostennachteilen gegenübersieht, scheidet eine alle Geschäftsfelder übergreifende Preis-/Mengenstrategie von vornherein aus. Direkter Preiswettbewerb kann mit Unternehmen, die ihrerseits eine Position der Kostenführerschaft innehaben oder anstreben, allenfalls bei Bankleistungen Erfolg bringen, die mit einem hohen Maß an Standardisierung und Automatisierung offeriert werden können. Dies ist im einfachen Mengengeschäft der Fall[49], nicht jedoch bei beratungsintensiven Leistungen, insbesondere Anlageleistungen. Universalbanken werden also nur dann weiterhin ein breites Spektrum von unterschiedlichen Finanzdienstleistungen konkurrenzfähig anbieten können, wenn einerseits die einfachen Leistungen des Mengengeschäfts, die einen relativ geringen Nutzen stiften, zu Preisen angeboten werden, die möglichst wenig über dem Niveau der Kostenführer in diesem Marktsegment liegen. Andererseits sind anspruchsvollere, komplexere Dienstleistungen, die einen höheren Kundennutzen vermitteln, durch Differenzierung diametral zu positionieren,

---

[48] Vgl. Abschnitt 1.3.

[49] Ausführlich zur Selbstbedienung im Mengengeschäft der Kreditinstitute siehe Kaulvers (1992), S. 13ff.

wie dies aus Abbildung 2 hervorgeht. Diese Doppelstrategie[50] im Privatkundengeschäft entspricht einer Polarisierung der strategischen Ausrichtung des Kreditinstituts in der Preis-/Mengenstrategie einerseits und ausgeprägter Präferenzstrategie andererseits, je nach Art der angebotenen Leistung. Die Polarisierung folgt nicht nur aus dem Vorhaben, Wettbewerbsvorteile zu erringen, sondern reflektiert auch eine Polarisierung der Kundenbedürfnisse. Einfachste Leistungen des Mengengeschäfts verlangen Bankkunden zunehmend unter preisgünstigen Discounterbedingungen, während viele traditionelle Bankinstitute angesichts einfacher Produktstrukturen zu teuer anbieten. An beratungsintensivere Leistungen dagegen werden vom Nachfrager erhöhte Anforderungen gestellt. Sie müssen steigenden Qualitäts- und Nutzenerwartungen entsprechen[51]. Auch hier weisen Filialinstitute deutliche Defizite auf[52], so daß insgesamt von einer ungünstigen Positionierung in der Mitte[53], zwischen den gegensätzlichen Basisstrategien, auszugehen ist.

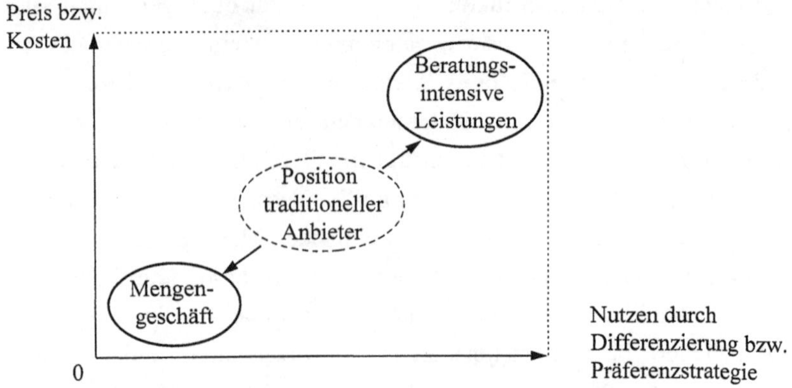

Abb. 2: Wettbewerbsvorteile durch Polarisierung der Wettbewerbsstrategien[54].

---

[50] Vgl. Schütte (1991), S. 215.

[51] Im Gegenzug sind Privatkunden immer häufiger dazu bereit, für besonders qualifizierte Beratungsleistungen höhere Preise bzw. Honorare zu akzeptieren; siehe z.B. Brunner (1993b), S. 449-452.

[52] Vgl. z.B. Rehkugler et al. (1992).

[53] Vgl. Seifert (1987), S. 68. Zu Ausbau und Verbilligung des Selfbanking im Mengengeschäft als Reaktion auf das Direktbankenangebot vgl. Jakfeld (1997), S. 179.

[54] In Anlehnung an Seifert (1987), S. 69.

Noch gelingt das Behaupten auf dem umkämpften Privatkundenmarkt trotz der ungünstigen Wettbewerbsposition. Auch unter beträchtlichen Kosten- und damit in der Regel einhergehenden Konditionennachteilen haben die traditionellen Filialbanken mit ihrem Leistungsangebot nach wie vor den größten Marktanteil im Geschäft mit der breiten Privatkundschaft, weit vor allen konkurrierenden Anbietertypen. Bisweilen werden Leistungen hier eher *in Kauf genommen* denn gezielt und aus Überzeugung nachgefragt. Trotz vielzitierter Unzufriedenheit über die Beratungsqualität und die geringe Attraktivität der Anlageprodukte investieren private Haushalte Jahr für Jahr einen beträchtlichen Anteil der Geldvermögensbildung in vergleichsweise wenig rentierliche Einlagen bei Banken[55], nach wie vor ganz überwiegend bei traditionellen Filialinstituten.
Der Verlust von Marktanteilen vollzieht sich langsam. Gründe hierfür sind, daß der Gang zur Bankfiliale für viele von jahrzehntelanger Gewohnheit geprägt ist und daß auch die Präferenz für persönliche Bedienung oft auf Gewohnheit beruht, wohingegen jede Umstellung Unannehmlichkeit und Unsicherheit bedeutet: Universalbanken haben Tradition. Tradition ist jedoch kein echter, zeitstabiler Erfolgsfaktor, was sich allmählich darin bestätigt, daß Anleger vergleichbare Leistungen des einfachen Mengengeschäfts vermehrt von günstigeren Direktbanken beziehen. So läuft die Universalbank Gefahr, im Laufe nachwachsender Kundengenerationen ständig neue Marktanteile an zwangsläufig kompetitivere neuere Wettbewerber zu verlieren. Folglich sind Wettbewerbsvorteile und dauerhafter Erfolg im Anlagegeschäft mit einem breiten Publikum für Universalbanken traditionellen Zuschnitts nur mit gehobenen, anspruchsvolleren Anlageleistungen zu erzielen. Beispielsweise sind bestehende Marktanteile im Einlagengeschäft wohl nur dann langfristig zu halten, wenn Einlagenprodukte im Rahmen einer Differenzierungsstrategie abgesetzt werden können. Dazu sind diese Anlageformen selbst aufzuwerten, als *ein* Element neben anderen im Anlageportfolio zu verstehen und im Rahmen eines beratungsintensiveren und attraktiveren Gesamtangebots zu offerieren.

---

[55] Vgl. Deutsche Bundesbank (1998), S. 41.

In der kurzen Tradition von Direktbanken und anderen jüngeren Anbietern von Finanzdienstleistungen hat sich der beratungslose Abverkauf einfacher Geldanlageprodukte zu einer derer Domänen entwickelt. Ein Abheben der Universalbanken von diesen Wettbewerbern kann im Vermögensanlagegeschäft nur im rechten oberen Bereich (siehe Abbildung 2) gelingen. Das bedeutet, daß der Wettbewerbsvorteil durch Differenzierung gesucht wird, aus Kundensicht durch die Präferenzstrategie. Dabei kann Differenzierung im engeren Sinne[56] ansetzen

- an den Anlageinstrumenten,
- an der Anlageberatung (inklusive Serviceleistungen) und
- an der Qualität der Beziehung zwischen Bank und Nachfrager.

Wenn das Angebot auf Präferenzen des Nachfragers eingeht, so resultiert daraus eine gewisse Einmaligkeit, die mit höheren Preisen belohnt wird[57]. Diese Einmaligkeit kann auf Qualität, auf Varietät oder Inkommensurabilität beruhen[58]. Überdurchschnittlicher Erfolg stellt sich ein, wenn die erzielbaren Preise über den Zusatzkosten der Einmaligkeit[59] liegen. Zusatzkosten dieser Art liegen bei Universalbanken vor allem in Form von hohen Personal- und Raumkosten für die Filialnetze vor, die trotz anhaltender Standortschließungen immer noch als zu dicht gelten. Grundsätzlich jedoch müssen genau diese Investitionen in die filiale Vertriebsstruktur auch den Effekt der Einmaligkeit hervorrufen. Nur dann werden sich Universalbanken traditionellen Zuschnitts unter Beibehaltung der Filialstruktur, mit welcher Filialdichte auch immer, dauerhaft[60] von der Konkurrenz abheben und einen gegen diese abgrenzbaren Absatzmarkt erhalten können, was immer Resultat einer erfolgreichen Präferenzstrategie ist.

Oben wurde festgestellt, daß Unsicherheitsreduktion Anlagetransaktionen fördert. Unsicherheit aufgrund unzureichender bzw. ungleich verteilter Informa-

---

56 Im weiteren Sinne kann eine Wettbewerbsstrategie am gesamten absatzpolitischen Instrumentarium ansetzen.

57 Vgl. Porter (1989), S. 35, Seifert (1987), S. 68.

58 Das Differenzierungsziel kann demnach darin bestehen, bessere, individuellere oder schlichtweg andersartige Produkte anzubieten; vgl. Ringelstetter/Kirsch (1991).

59 Damit ist die Kontrolle der Kostenposition des Unternehmens unmittelbar verbunden; vgl. Porter (1989), S. 35.

60 Dauerhaft bedeutet hier zumindest solange, wie die Konkurrenten die mit Investitionen in ein teures Filialnetz unvereinbare Strategie der Kostenführerschaft verfolgen.

tion rührt von Eigenschaften der Anlageleistungen her, wozu neben den Eigenschaften der Anlageinstrumente auch das Verhalten der Bank(-mitarbeiter) zählt. Institutionelle Unsicherheitsreduktion setzt daher an der gezielten Gestaltung der Bank-Kunde-Beziehung an, ist also grundsätzlich mit der Intention einer für Universalbanken erfolgversprechenden Differenzierungs- bzw. Präferenzstrategie vereinbar. Präferenzen, auf die das Leistungsangebot ausgerichtet ist, bestehen hier in der verbesserten Unsicherheitsposition oder damit einhergehenden geringeren Informationskosten der Nachfrager.

Dagegen kann, ohne auf einzelne Umsetzungsmaßnahmen einzugehen, davon ausgegangen werden, daß eine Angebotsgestaltung, die sich explizit auf die Nachfragerunsicherheit einstellt, mit erhöhten Kosten für das anbietende Unternehmen verbunden ist. Erkennbar liegt hierin bei anspruchsvolleren Leistungen wie der Vermögensberatung ein grundsätzlicher Konflikt mit der Preis-/Mengenstrategie, die gerade am Produktmerkmal Preis den Vorsprung vor der Konkurrenz zu erreichen sucht. Das Streben nach Kostenvorteilen (Kostenführerschaft[61]) ist jedoch im Sinne einer Nebenbedingung relevant, da die Kosten im Hinblick auf das Gewinnziel des Unternehmens natürlich zu minimieren sind. Die Erfolgswirkung höherer Preise aufgrund von Differenzierung kann durch eine deutlich unterlegene Kostenposition jederzeit verloren gehen[62]. Dies gilt für die betreffende Branche im besonderen, da Wettbewerbsvorteile, die im Rahmen der Präferenzstrategie erzielt werden, aufgrund des fehlenden Patentschutzes bei Finanzdienstleistungen von der unmittelbaren Konkurrenz recht schnell kopiert und zunichte gemacht werden können[63].

---

[61] Vgl. Porter (1989), S. 32ff.

[62] Vgl. Porter (1989), S. 35.

[63] Unter Berücksichtigung von Transaktionskosten, insbesondere von Kosten für Information zur Verringerung der Ungewißheit, müßte unter der Kostenführerstrategie konsequenterweise nicht die der Preisführerschaft, sondern die führende Marktposition bezüglich der Gesamtkosten der Nachfrage angestrebt werden, die sich aus Preis *und* Transaktionskosten zusammensetzen. Da Nachfrager sich bei der Quantifizierung von Transaktionskosten jedoch schwertun (vgl. oben S. 37), ist zu erwarten, daß Kostenführerstrategien trotz der Kenntnis von Transaktionskosten auch weiterhin allein auf niedrigste Preise abzielen werden.

Im folgenden wird institutionelle Unsicherheitsreduktion im Vermögensanlagegeschäft als Differenzierungsaufgabe im Rahmen der Präferenzstrategie betrachtet, die simultan mit der Generierung von anspruchsvolleren, beratungsintensiveren Angebotsleistungen umzusetzen ist.

3.3 EINE INFORMATIONSÖKONOMISCHE ANALYSE DER UNSICHERHEIT IM VERMÖGENSANLAGEGESCHÄFT

3.3.1 Kennzeichnung von Anlageleistungen anhand immanenter Informations- und Unsicherheitsprobleme

Im einleitenden Kapitel wurde auf die besonders sensible Wahrnehmung von Unsicherheit durch die Nachfrager hingewiesen, wenn es um Fragen der Vermögensanlage geht[64]. Im Abschnitt 2.2.1 wurde dann gezeigt, daß mit der Beschaffenheit von Bankleistungen im allgemeinen vergleichsweise viele Unsicherheitsmomente für den Nachfrager verbunden sind. Um die Relevanz von Informations- und Unsicherheitsproblemen zu präzisieren und um zugleich das Erfordernis und das Erfolgspotential der Unsicherheitsreduktion als Differenzierungsziel zu verdeutlichen, soll das Vermögensanlagegeschäft nun unter informationsökonomischen Aspekten betrachtet werden.

Auf verschiedenen Märkten werden Transaktionen der Marktteilnehmer in unterschiedlichem Ausmaß durch Unsicherheit infolge von Informationsproblemen behindert. Deren Beachtung ist bei der Leistungsfindung und -begründung um so wichtiger und die Aufnahme von Unsicherheitsreduktion in die Wettbewerbsstrategie ist um so erfolgsträchtiger, je höher die Informationskosten sind, je vielfältiger also Unsicherheitsprobleme auf einem Markt auftreten können. Das Ausmaß leistungsimmanenter Informations- und Unsicherheitsprobleme und die Höhe der Informationskosten steigen

---

[64] Siehe oben Abschnitt 1.2.

- mit abnehmender Überprüfbarkeit der Qualität bzw. mit zunehmender Anzahl von Erfahrungs- und Vertrauenseigenschaften[65] eines Gutes,
- mit zunehmender Komplexität[66] und
- mit dem Vorliegen typischer Kontraktguteigenschaften.

Das Zutreffen dieser Punkte auf die Vermögensberatung ist im folgenden zu überprüfen.

Die Überprüfbarkeit der Qualität. Eine problemlose Inspektion ist lediglich bei Suchgütern gegeben. Daß dies auf Anlageleistungen kaum zutrifft, geht schon aus der Beschaffenheit der Bankdienstleistung[67] hervor und wurde mit der Unsicherheit der Nachfrager über Anlageleistungen[68] bereits präzisiert. Insbesondere die Beratungsleistung weist in erheblichem Umfang Erfahrungsgutcharakter auf, da Nachfrager erst während oder nach Inanspruchnahme bzw. Erwerb einer Beratung konkrete Informationen über die Qualität erhalten[69]. Unwahrscheinlich ist allerdings, daß der - zunächst potentielle - Anleger überhaupt irgendwann *alle* qualitätsrelevanten Merkmale einer Beratungsleistung beurteilen kann[70]. Also ist Anlageberatung auch Vertrauensgut[71].

---

65 Vgl. Weiber/Adler (1995b), S. 56.

66 Vgl. Kaas (1990), S. 542. Kaas führt neben der Überprüfbarkeit und der Komplexität des Angebots die Zahl der Angebotsalternativen an. Auf diese und alle anderen Ursachen von Marktunvollkommenheit, die zwar Informationskosten verursachen, nicht aber unmittelbar endogen aus der Informationsasymmetrie zwischen Bank und Kunde herrühren, wird hier nicht näher eingegangen. Siehe hierzu auch die Anmerkungen unter Abschnitt 2.2.2.3.3.

67 Insbesondere aus der Immaterialität, siehe oben Abschnitt 2.2.1.

68 Siehe oben Abschnitt 2.3.3.1.

69 Zu Merkmalen der Beratungsqualität siehe oben S. 29f. Informationskosten entstehen hier in Opportunitätskosten durch Nutzeneinbußen gegenüber der besten anderswo angebotenen Beratungsleistung - sofern der Nachfrager in der Lage ist, dort einzelne Qualitätsbestandteile ex ante abzuschätzen oder aufgrund von Erfahrungswerten zu beurteilen; vgl. hierzu Nelson (1970).

70 Der Anleger müßte ex post jeden Spezialisierungsvorteil bzw. Informationsvorsprung des Beraters wettmachen. Dies wäre zum einen mit erheblichen, wenn nicht gar mit prohibitiv hohen Informationskosten verbunden und würde andererseits jedes Nachfragemotiv, zumindest im nachhinein, aufheben.

71 Die Einteilung von Gütern aufgrund der Überprüfbarkeit der Qualität in Suchgüter und Erfahrungsgüter geht auf Nelson (1970) zurück. Darby/Karni (1973) erweiterten die Klassifikation später um Vertrauensgüter.

Anlageleistungen stellen bei genauer Betrachtung ein Bündel vieler Teilleistungen[72] dar. Ob einzelne Leistungseigenschaften aus dem Leistungsbündel nun Such-, Erfahrungs- oder Vertrauenseigenschaften sind, hängt teilweise von der subjektiven Wahrnehmung durch den Kunden ab[73]. So kann sich der eine Anleger in der Lage sehen, den Grad persönlicher Zielerreichung durch das angebotene Sortiment alternativer Anlageinstrumente einzuschätzen, wohingegen sich ein anderer auch nach ausführlicher Beratung darüber kein Urteil zu bilden vermag und schließlich auf die Kompetenz des Beraters bei der Alternativenauswahl vertrauen muß. Der eine Kunde wird schon vom flüchtigen Einsehen von Prospektmaterial auf seriöses Fondsmanagement schließen, während ein anderer von dieser Leistungseigenschaft a priori erst unter Eingehen von Informationsaufwendungen zu überzeugen ist - oder gar nicht, wenn es an ökonomischem Sachverstand mangelt. Bei hohen Informationskosten wird dieser Kunde den Prospektangaben vertrauen müssen oder das Fondsangebot ablehnen. Dieses Beispiel zeigt, daß neben der Anlageberatung auch Anlageinstrumente - in diesem Falle Investmentfonds - aus Leistungsmerkmalen bestehen, deren Ausprägungen vom Anleger bezüglich der Überprüfbarkeit in unterschiedlicher Weise wahrgenommen werden können.

Im sogenannten *informationsökonomischen Dreieck*[74] ist die Nachfrage nach Vermögensberatung deutlich näher bei den Polen der Vertrauens- und Erfahrungskäufe als bei dem der Suchkäufe zu positionieren, da Erfahrungs- und Vertrauenseigenschaften bei Anlageleistungen insgesamt deutlich überwiegen.

Komplexität. Zur Beurteilung der Komplexität einer Leistung sind Kriterien heranzuziehen, an denen sich Komplexität messen oder beschreiben läßt. Leicht wäre für Vermögensberatung ein recht hoher Komplexitätsgrad durch die häufig angelegten Kriterien Anzahl und Heterogenität der Teilleistungen zu bele-

---

[72] Zur Zusammensetzung eines jeden Absatzobjekts aus Leistungsbündeln vgl. Engelhardt et al. (1993), S. 407ff.

[73] Vgl. Weiber/Adler (1995b), S. 59. Die subjektive Wahrnehmung wird vom individuellen Beurteilungsvermögen und dem individuellen Anspruchsniveau bezüglich des Informationsstandes bestimmt.

[74] Eine Ecke steht jeweils für Such-, Erfahrungs- oder Vertrauenskäufe in reiner Form; vgl. Weiber/Adler (1995b), S. 62.

gen, mit Abstrichen auch anhand des Kriteriums der Multipersonalität. Die spezifische Komplexität von Dienstleistungen, die Beratungsleistungen umfassen, läßt sich jedoch treffender anhand der Kriterien Individualität der Leistung und der Länge der Leistungserstellung festhalten[75]. Zweckmäßig ist außerdem, das Leistungsmerkmal Beratungsbedarf heranzuziehen. Auf die drei letztgenannten Kriterien wird im folgenden näher eingegangen. Vorab ist darauf hinzuweisen[76], daß für das Marketing nicht die objektiv an Leistungsmerkmalen abzulesende Komplexität, sondern die subjektiv vom Nachfrager wahrgenommene unmittelbar relevant ist. Jede Einschätzung von Leistungskomplexität durch Anbieter unterliegt einer individuellen Transformation durch die persönliche Wahrnehmung der mit der Komplexität verbundenen Informationskostenhöhe (bzw. der Unsicherheitsbeurteilung) und durch das *Involvement*[77] des Einzelnen.

Wird dem Nachfrager das Gefühl vermittelt, daß Anlageleistungen individuell angepaßt werden und auf seine Bedürfnisse zugeschnitten sind, so wird die wahrgenommene Komplexität höher sein als beim Vertrieb von standardisierten Anlageprodukten[78]. Die Wahrnehmung von Komplexität wird auch dann höher sein, wenn die Differenz zwischen erwarteter und wahrgenommener Individualisierung größer ist[79]. Folgerichtig kann davon ausgegangen werden, daß Anlagekunden eine veränderte, stärker auf die persönlichen Vermögensverhältnisse eingehende Beratungsleistung als erheblich komplexer wahrnehmen werden, erstens aufgrund der Individualisierung selbst, zweitens aufgrund des Überra-

---

75 Zu den soweit genannten Kriterien vgl. Güthoff (1995), S. 31-36 und Benkenstein/Güthoff (1996), S. 1500-1503.

76 In Anlehnung an Benkenstein/Güthoff (1996), S. 1499, 1503ff.

77 Da Vermögensanlageentscheidungen im Zusammenhang mit kurzfristigem Konsumaufschub bis hin zu langfristiger Sicherung des Lebensstandards getroffen werden - siehe oben Abschnitt 1.2 - ist davon auszugehen, daß das Involvement, im Sinne von persönlichem Engagement und emotionaler Ich-Beteiligung, bei Anlegerkunden vergleichsweise groß ist.

78 Vgl. Güthoff (1995), S. 36.

79 Allerdings setzt das Empfinden von Komplexität das Bestehen dieser Differenz keineswegs voraus im Sinne einer conditio sine qua non. Denn ein Anleger, der mit individueller Anlageberatung rechnet und diese genau so erfährt, kann die Leistung trotzdem als komplex einstufen. Individualität bewirkt nicht *nur* dann Komplexität (und damit Unsicherheit), wenn sie entgegen die Erwartung des Anlegers auftritt - wohl aber *gerade* dann. Insofern wird Güthoff (1995), S. 36 hier nicht gefolgt.

schungseffekts der unerwarteten Umstellung. Anzumerken bleibt, daß dem Finanzdienstleister nicht daran liegen kann, die Leistung unter dem Vorhaben qualitativer Aufwertung allzu komplex zu gestalten, d.h. in übertriebenem Maße an individuellen Bedürfnissen auszurichten. Denn ab einer bestimmten vom Kunden wahrgenommenen Komplexität ist zu erwarten, daß die aufgrund zunehmender Unsicherheit steigenden Informationskosten größer werden als der Nutzen aus der Qualitätssteigerung.

In der Regel ist von einem Anleger eine ganze Reihe von Anlageentscheidungen über einen längeren Zeitraum verteilt zu treffen. Mitunter erfordert die einzelne Entscheidung mehrere aufeinanderfolgende Gespräche mit dem Berater. Die Betrachtung der Länge der Dienstleistungserstellung läßt erkennen, daß der Ablauf in Phasen verläuft, an deren Ende jeweils ein gewisses Resultat aus der Verarbeitung von Informationen steht. Selbst ein einzelnes Beratungsgespräch kann so in Phasen aufgeteilt werden. Der Anleger beurteilt die Erstellung der Dienstleistung phasenweise. Bei ständiger Suche nach Informationen und Indikatoren zur Beurteilung der Leistung vor dem Hintergrund eigener Bedürfnisse und Ziele befindet er sich in einem andauernden Evaluierungsprozeß. Die Vielzahl einzelner Beurteilungsprozesse erhöht die Komplexitätswahrnehmung und trägt zur Unsicherheit bei[80]. Bei Vermögensanlageleistungen wird das Beurteilungsproblem dadurch evident, daß Anlageentscheidungen sinnvollerweise in Abstimmung mit früher getroffenen und eventuell mit später noch zu treffenden stattfinden. Dabei sind ursprüngliche Anlagemotive und die Wertentwicklung aller im Anlageportfolio bereits vorhandenen Instrumente stets wieder mit aktuellen Konsumpräferenzen und Neuanlagen abzustimmen.

Je größer das Informationsgefälle zwischen Anbieter und Nachfrager ist, um so wichtiger wird Beratung als Qualitätsfaktor der Dienstleistung. Mit steigendem Beratungsbedarf werden Dienstleistungen zunehmend als komplex empfunden. Beratungsbedarf ist grundsätzlich auf Erklärungsbedürftigkeit zurückzuführen. Marktforschungsergebnisse belegen, daß rund 85 Prozent der mittleren und gehobenen Privatkunden im heutigen komplexen Umfeld substantiellen Bera-

---

[80] Vgl. Güthoff (1995), S. 34f. und Benkenstein/Güthoff (1996), S. 150.

tungsbedarf im Geldanlagebereich haben[81]. Daß dieser in Zukunft noch steigen wird, wird nicht nur mit zunehmenden Anlagevolumina begründet. Der Gang zum Berater wird vermehrt angetreten, weil zudem die Vielfalt an Produktinnovationen ein regelmäßiges Überprüfen des Anlagekonzepts erfordert, weil überdies die Fälligkeit großer Beträge (insbesondere aus Kapitallebensversicherungen) ansteht und schließlich aufgrund von fortwährenden Diskussionen über Reformen im Renten- und Steuerbereich[82]. Weiterer Erklärungsbedarf geht von der zunehmenden Substitutionskonkurrenz zwischen den Anbietern von Finanzdienstleistungen[83] und zwischen Anlageleistungen selbst aus. So sind unterschiedliche Anlageinstrumente wie Wertpapiere, Wertpapierfonds und langfristige Sparpläne, auch Bausparprodukte und Versicherungen, zur Befriedigung teilweise gleicher Bedürfnisse geeignet[84]. Trotzdem hat jedes Produkt auch Merkmale, die es von allen anderen unterscheidet. Umso mehr bedarf es der Beratung, um im besten Fall eine Übereinstimmung der Vielzahl von Leistungsmerkmalen des Anlageinstruments mit den Leistungsanforderungen des Kunden zu erreichen.

Kontraktguteigenschaften. Kontraktgüter sind Güter, die im Gegensatz zu Austauschgütern ausschließlich als Leistungsversprechen verkauft werden. In dieser Situation erwirbt der Käufer keine bereits existierenden Produkte, sondern vertragliche Ansprüche auf eine Leistungserstellung nach Vertragsabschluß[85]. Kontraktgüter erfordern immer die Mitwirkung bzw. Spezifizierung durch die Nachfrager. Aufgrund der ihnen eigenen Spezifität, Komplexität und Hochwertigkeit werfen Kontraktgüter in besonderem Maße Unsicherheits- und Informationsprobleme zwischen den Marktseiten auf. Als Beispiele für solche Güter können der Bau eines Wohnhauses, die Veranstaltung einer Abenteuerreise oder Angebote umfangreicher Beratungsleistungen in unterschiedlichen Branchen genannt werden[86].

---

[81] Vgl. Frohne (1996).
[82] Vgl. Weinkauf (1997), S. 6.
[83] Vgl. Stracke/Geitner (1992), S. 137.
[84] Vgl. Meffert (1995), Sp. 736.
[85] Vgl. Schade/Schott (1993b), S. 491.
[86] Vgl. Kaas (1992), S. 884.

Einige wesentliche Charakteristika von Kontraktgütern sind für Vermögensberatungsleistungen typisch. In erster Linie sind dies die *eingeschränkte Möglichkeit der Erfahrungsbildung bei Leistungsversprechen*, die *Notwendigkeit impliziter Vertragsbestandteile* mit Folgewirkungen sowie die *Integration des externen Faktors*.

Leistungsversprechen weisen in der Regel kaum Sucheigenschaften auf. Zwar läßt sich die Qualität des Angebots der Vermögensanlageberatung als Leistungsversprechen während der Inanspruchnahme teilweise beurteilen. Die Möglichkeit der Erfahrungsbildung besteht meistens aber nicht in der gleichen Weise wie bei einem typischen Austauschgut, da Anlageentscheidungen oft erst nach einem längeren Beratungsprozedere und im Fortlauf einer länger andauernden Absatzbeziehung getroffen werden. Neben dem zeitlichen Aufwand und der Offenlegung der finanziellen Verhältnisse hat der Kunde bis dahin bereits etliche weitere Transaktionskosten - möglicherweise auch ein Beratungshonorar - auf sich genommen, was ein wirkliches Trial-and-Error-Vorgehen schwerlich zuläßt[87]. Dies wird unterstrichen durch die Irreversibilität von Bankleistungen. So sind gerade Entscheidungen der Geldanlage nicht, zumindest nicht ohne Anfallen von Gebühren oder anderen Abwicklungskosten, rückgängig zu machen. Das Sammeln von Erfahrung kann insbesondere dann kostspielig werden, wenn Anlagen einer Anlageform, die einem Kursrisiko unterliegt, überstürzt zu einem zwischenzeitlich gefallenen Kurs veräußert werden müssen.

Unsicherheit über die Einhaltung eines Leistungsversprechens zieht die Institution vertraglicher Regelungen nach sich, womit Transaktionen zwischen eigennützigen Partnern erleichtert oder erst ermöglicht werden. Die Bank-Kunde-Beziehung im Vermögensanlagegeschäft stellt ein relationales Vertragsverhältnis dar, das aus expliziten und in beträchtlichem Umfang aus impliziten vertraglichen Regeln und Vereinbarungen besteht[88]. Unvollständig niederge-

---

[87] Zu Vertrauensgütern im allgemeinen vgl. Schade/Schott (1993a), Fischer et al. (1993), S. 447.

[88] Siehe oben S. 46, vgl. auch Schäfer (1995a), S. 534f. Im Vermögensanlagegeschäft mit Privatkunden basiert die gesamte Beratungsleistung inklusive Serviceleistungen gewöhnlich auf informellen Vereinbarungen bzw. Leistungsversprechen des Anlageberaters, die oft erst im Laufe der Dienstleistungserstellung gegeben werden. Die formale Anerkennung der Allgemeinen Geschäftsbedingungen durch den Anleger hält lediglich die pauschale

schriebene und implizit vereinbarte Vertragsbestandteile können von der benachteiligten Seite bei Nichteinhalten durch die andere Partei häufig nicht durchgesetzt werden, da sie nicht einklagbar sind[89].

Selbst unter der Annahme, der Entwurf eines alle Eventualitäten einschließenden Vertrags zwischen Kreditinstitut und Anleger wäre möglich, steht a priori keineswegs fest, daß dieser vollkommene Vertrag letztlich für beide Partner vorteilhaft gegenüber der Alternative einer informellen, privaten Vereinbarung ist. Denn das Ergreifen rechtlicher Maßnahmen zur Durchsetzung von Ansprüchen aus differenzierten Vertragswerken kann mit äußerst hohen Kosten und zudem mit unsicherer Aussicht auf Erfolg versehen sein[90]. So kann die Durchsetzung impliziter oder auch expliziter Kontrakte mit außergerichtlichen Mitteln, wie zum Beispiel mit der Androhung der Auflösung einer bestehenden Geschäftsbeziehung[91], durchaus günstiger und wirkungsvoller erfolgen. Die Durchsetzungskosten sind demnach nicht zu vernachlässigende Transaktionskosten bei der Entscheidung über die vertragliche Ausgestaltung von Kooperationen wie jener zwischen Anleger und Bank.

Da das Verhalten der Akteure nicht vollständig vorhersehbar und nicht explizit zu regeln ist, wirken vor, bei und nach der Erstellung von Anlageleistungen exogene und vor allem endogene Risiken[92]. Läßt die Situation opportunistisches Verhalten zu, so kann gegenseitige Verhaltensunsicherheit bei komplexen Leistungen weder durch Informationssuche noch durch Erfahrungswerte oder die Institution des Vertrags vollständig aufgehoben werden. Sogenannte Kontingenzverträge[93] sind hier Theorie, nicht umzusetzen jedoch in der Realität. Daher suchen Kreditinstitut und Anleger nach Ersatzinformationen, die wie eine Insti-

---

Einhaltung grundlegender Verhaltensregeln zwischen Bank und Kunde fest, z.B. die allgemeine Sorgfaltspflicht und die Wahrung der Diskretion seitens der Bank (Bankgeheimnis).

89 Vgl. Schäfer (1995a), S. 535.

90 Vgl. Hellwig (1989), S. 281.

91 Dies würde für die andere Partei den Verlust von Gewinnerzielungsmöglichkeiten bedeuten und könnte dadurch deren Wohlverhalten erzwingen; vgl. Schäfer (1995a), S. 535.

92 Einzelheiten hierzu im folgenden Abschnitt.

93 Gemeint ist der Idealtypus des vollständigen Vertrags, von dem die Zeit-Zustands-Präferenz-Theorie von Arrow und Debreu ausgeht. Zu sogenannten *zustandsbedingten Verträgen* vgl. Arrow (1964), Debreu (1959).

tution wirken. Unter anderem trägt Vertrauen[94] hier zur Stabilisierung der Beziehung und zur Überwindung von Absatzwiderständen bei.

Anlageleistungen, insbesondere die Beratungsleistung, kennzeichnet schließlich ein weiteres, für Kontraktgüter typisches Merkmal: Sie sind ohne Spezifizierung und Mitwirkung durch den Kunden kaum möglich und noch weniger sinnvoll[95]. Der Nachfrager stellt sogenannte *externe Faktoren* in den Verfügungsbereich des Anbieters, der diese in den Erstellungsprozeß integriert[96]. Externe Faktoren bestehen bei der Vermögensanlage, wie bei anderen Bankleistungen auch, vor allem in der Information. Informationen des Anlegers über dessen individuelle finanzielle Situation, über Ziele, Motive und Präferenzen fließen entscheidend in die Gestaltung der Beratungsleistung und über die Umsetzung durch das Anlageinstrument auch in das Leistungsergebnis ein. Als Kapitalgeber bringt der Anleger zudem das zur Disposition stehende Vermögen als externen Faktor ein. Dienstleistungen, die in ausgeprägter Weise auf der Integration externer Faktoren beruhen und daher eine autonome Erstellung durch den Anbieter nicht zulassen, wird eine hohe *Integrativität* zugeschrieben[97]. Mit zunehmender Integrativität von Anlageleistungen steigt aus der Nachfragerperspektive die Beschaffungsunsicherheit. Der Anleger empfindet bezüglich des Integrationsvermögens des Anbieters zusätzliches Risiko und sieht sich zugleich weniger in der Lage, unterschiedliche Angebote zu vergleichen. Auch aus der Sicht des Kreditinstituts wirft die Erstellung einer integrativen Leistung Probleme auf. Durch den individuellen Zuschnitt auf externe Faktoren kommt es zu sogenannten *spezifischen Investitionen*[98]: Das Kreditinstitut bindet Ressourcen, die danach in keiner anderen Verwendung Erträge bringen können. Daraus ergibt sich eine soweit einseitige Bindung[99] und Abhängigkeit vom Verhalten des Nachfragers.

---

[94] Zum Vertrauen und anderen, in ähnlicher Weise wirkenden Institutionen siehe nachfolgendes Kapitel.

[95] Vgl. Kaas (1992), S. 884.

[96] Vgl. Engelhardt et al. (1993), S. 401.

[97] Vgl. Engelhardt et al. (1993), S. 417 u. 421.

[98] Vgl. Williamson (1985), S. 52-55, Kaas (1992), S. 886.

[99] Ausführlich zur Problematik einseitiger Bindungen siehe unten die Abschnitte 4.3.2 und 4.3.3.

Fazit: Je weiter das Angebot von Anlageleistungen über den Vertrieb beratungsloser Instrumente des Mengengeschäfts hinausgeht, um so mehr leistungsimmanente Informations- und Unsicherheitsprobleme treten dabei auf. Ursächlich dafür sind

- Vorherrschen bzw. Zunahme von Erfahrungs- und Vertrauenseigenschaften,
- steigende Komplexität und
- zunehmende Übereinstimmung mit typischen Kontraktgütern.

Auf den ersten Blick könnten dieses Zwischenergebnis und die unter wettbewerbsstrategischen Aspekten gestellte Forderung nach gehobenen, komplexeren Anlageleistungen (siehe voriger Abschnitt) im Widerspruch zu dem Ziel stehen, im Rahmen der Differenzierung Unsicherheitsreduktion zu betreiben. Tatsächlich aber wird lediglich deutlich, daß dem Unsicherheitsmanagement unter dem Primat der Notwendigkeit eines beratungsintensiveren Leistungsangebots um so größere Bedeutung beizumessen ist. Der gleichzeitige Vollzug beider Vorhaben, Aufwertung von Anlageleistungen und Unsicherheitsreduktion, ist wesentlicher Bestandteil einer erfolgversprechenden Präferenzstrategie.

3.3.2 Analyse und Strukturierung der Unsicherheit

3.3.2.1 Exogene und endogene Unsicherheit

Nachdem zuvor Ursachen des Auftretens von Informations- und Unsicherheitsproblemen bei Vermögensanlageleistungen erörtert wurden, soll nun eine Systematisierung eingeleitet werden, die in den nachfolgenden Abschnitten fortgeführt und mit Inhalt versehen wird. Mit ihr lassen sich die genannten Probleme strukturieren und trotz der Vielfalt und Unterschiedlichkeit kategorisieren. Vor allem aber lassen sich damit transaktionsstörende Wirkungen von Unsicherheitsproblemen im Bank-Kunde-Verhältnis darstellen. Die stete Ergänzung um Beispiele soll veranschaulichen, worin diese Probleme in der Praxis des Vermögensanlagegeschäfts mit Privatkunden bestehen können.

Grundsätzlich ist zwischen exogener und endogener Unsicherheit zu unterscheiden. Exogene Unsicherheit wird durch unvollkommene Information der Akteure über entscheidungsrelevante Umweltzustände und deren künftige Entwicklung verursacht. Ereignisunsicherheit dieser Art kann weder vollständig beseitigt noch direkt gesteuert oder kontrolliert werden[100]. Auf dem Markt für Anlageleistungen trifft dies vor allem auf die Entwicklung bestimmter Eckdaten des Finanzmarktgeschehens zu, beispielsweise Wechselkurse oder Leitzinssätze, aber auch auf gesetzliche Regelungen. Exogene Unsicherheit betrifft auch die Rahmenbedingungen, unter denen Anbieter und Nachfrager Einkommen erzielen, so das Marktumfeld und die Marktposition des Kreditinstituts oder etwa die Finanzkraft des Haushalts bei möglicher Arbeitslosigkeit oder Berufs- bzw. Erwerbsunfähigkeit des Anlegers.

Endogene Unsicherheit besteht bezüglich relevanter Daten über andere Marktteilnehmer und ist auf asymmetrische Information zurückzuführen[101]. Zumeist ist der Anbieter von Anlageleistungen in der Rolle des Agenten zu finden, der gegenüber den Anlegern (Prinzipalen) einen Informationsvorsprung bezüglich des eigenen Leistungsangebots hat[102]. Die weitere Systematisierung konzentriert sich auf die endogene Unsicherheit, da deren Ursachen von den Transaktionspartnern im Gegensatz zu den Ursachen exogener Unsicherheit (Umweltzustände) unmittelbar beeinflußt, möglicherweise behoben werden können.

3.3.2.2 Qualitätsunsicherheit

Endogene Unsicherheit kann in Form von Qualitätsunsicherheit oder Verhaltensunsicherheit vorliegen[103].

Qualitätsunsicherheit drückt sich in der Unsicherheit über Eigenschaften von Anlageleistungen aus, die ex ante feststehen und dem Nachfrager erst ex post

---

[100] Vgl. Spremann (1996), S. 109, Kaas (1990), S. 541, Kaas (1992), S. 886.

[101] Vgl. Kaas (1990), S. 541, wo auch von Marktunsicherheit gesprochen wird. Endogene Unsicherheit kann also bereits davon ausgehen, daß Anbieter und Nachfrager über unterschiedliche Informationen über exogene Daten verfügen.

[102] Mitunter kann auch eine umgekehrte Rollenverteilung vorliegen; siehe unten Abschnitt 3.3.2.4.

[103] Zu den Begriffen siehe oben Abschnit 2.3.3.1.

bekannt werden[104]. Dabei besteht für den Anleger das eigentliche Problem vereinfacht darin, gute und geeignete Anlageleistungen von weniger guten und für ihn ungeeigneten zu unterscheiden[105]. Verhaltensunsicherheit dagegen richtet sich auf den Willen und die Anstrengung des Agenten, die dem Prinzipal mitunter auch nach Vertragsabschluß verborgen bleiben[106].

Qualitätsunsicherheit wird oft mit dem Begriff *Hidden Characteristics* umschrieben[107]. Damit ist die Beschaffenheit von Leistungspotentialen gemeint, die das Kreditinstitut kurz- bis mittelfristig nicht beeinflussen kann. Typische Beispiele hierfür sind Talent, Begabung oder Qualifikation[108] (*skill*) des Personals. Unsicherheit über die fachliche Eignung[109] des Beraters ist aus Kundensicht gleichbedeutend mit dem Risiko einer intersubjektiv überprüfbaren Falschberatung. Nimmt dieses Risiko zu, so nimmt die Wahrscheinlichkeit, das Vermögensziel zu erreichen, entsprechend ab.
Allerdings kann Qualitätsunsicherheit auch solche Merkmale der Angebotsleistung betreffen, die nicht von der Person des Bankberaters abhängen, sondern allein von der vorgegebenen Beschaffenheit des Erfahrungs- und Vertrauensgutes Vermögensanlageleistung. Unsicherheit richtet sich dann direkt auf die Beratungsleistung oder auf das Anlageinstrument. So ist von hoher Qualität der Beratungsleistung unter anderem dann auszugehen, wenn sie der individuellen Anlegersituation gerecht wird, wenn ein Beratungsgespräch schrittweise abläuft und ein konzeptionelles Vorgehen widerspiegelt, wenn Beratung informativ und

---

[104] Bewußt ausgeklammert wird hier der Aspekt der Institutssicherheit, also die Frage, ob die Bank für den Einleger überhaupt einen vertrauenswürdigen Vertragspartner darstellt, der das ihm anvertraute Vermögen nicht etwa leichtfertig Verlustrisiken aussetzt. Die Wirksamkeit der Einlagensicherung steht hier nicht zur Diskussion an, vielmehr soll davon ausgegangen werden, daß eine hinreichende Vertrauenswürdigkeit und Institutssicherheit den Universalbanken von privaten Einlegern allgemein zugesprochen wird; vgl. hierzu z.B. o.V. (1992). Im übrigen ist die Bank-Kunde-Beziehung im Vermögensanlagegeschäft in der Regel nicht auf eine Einlagenbeziehung zu beschränken.

[105] Vgl. Kaas (1990), S. 566f.

[106] Zur Verhaltensunsicherheit siehe nachfolgender Abschnitt 3.3.2.3.

[107] Vgl. Weiber/Adler (1995b), S. 50, im Bereich bankspezifischer Beiträge Trosky (1996), S. 235f., Schäfer (1995a), S. 536.

[108] Vgl. Schäfer (1995a), S. 536.

[109] Des weiteren kann auch unzureichende menschliche Eignung, z.B. mangelhaftes Einfühlungsvermögen, vom Anleger als Qualitätsdefizit empfunden werden.

zugleich verständlich ist[110]. Unabhängig vom Verhalten der Beraterperson werden hier nur die Leistungsmerkmale berührt, deren Ausprägung von der Bank im Rahmen der Produkt- und Sortimentspolitik vorgegeben ist.
Qualitätsunsicherheit über das Anlage*instrument*, die unabhängig vom Einsatzfaktor Personal entsteht, stellt die Vorteilhaftigkeit von Anlageleistungen im Gesamtmarktvergleich in Frage. Sie kann einerseits unmittelbar auf das Vermögensziel[111] gerichtet sein. Fraglich ist aus Anlegersicht dann, ob sich auf dem Markt (bei gegebener Vergleichbarkeit) nicht bessere Anlageinstrumente finden lassen. Dies wäre dann der Fall, wenn andere Anlageprodukte bei gleichem Risiko eine größere Rentabilität oder unter geringerem Risiko die gleiche Rentabilität erwarten ließen[112]. Dabei ist der bei positiver Rentabilität erzielte Vermögenszuwachs um Transaktionskosten zu korrigieren. Nach Abzug der Transaktionskosten verbleibt der zu erwartende Nettovermögenszuwachs für den Kunden als entscheidende Größe. Andererseits kann sich Qualitätsunsicherheit über Anlageinstrumente auch auf bestimmte Nutzenelemente beziehen, die nicht dem Vermögensziel unterzuordnen sind, sondern in der Erfüllung individueller Anlegerpräferenzen liegen[113].

Qualitätsunsicherheit beruht auf dem Faktum asymmetrisch, zugunsten der anbietenden Bank verteilter Information im Zusammenwirken damit, daß der Anleger diesen Zustand weder kostenlos noch vollständig beheben kann. Letzterer muß allerdings befürchten, daß die Bank über Eigennützigkeit hinaus den Informationsvorsprung aufgrund von Hidden Characteristics ausnutzen wird. So können opportunistische Anbieter Informationen über Vorteile und Stärken der eigenen Angebotsleistung hervorkehren, Schwächen und Nachteile dem Nachfrager jedoch verschweigen oder gar gänzlich unzutreffende Angaben machen[114]. Grundsätzlich, so antizipiert der Nachfrager, liegt dem Anbieter daran,

---

[110] Zur Beratungsqualität vgl. oben S. 29f.
[111] Genaugenommen auf den Trade-off zwischen Vermögenszuwachs und Risiko. Vgl. hierzu oben Abschnitt 2.3.2.
[112] Vgl. Markowitz (1952). In Sinne der auf Markowitz zurückgehenden Portfoliotheorie ist unter Risiko die Varianz der Rentabilität zu verstehen.
[113] Beispiele hierzu siehe oben S. 36f.
[114] Vgl. Kaas (1995b), S. 25.

nur diejenigen Mitteilungen zu machen, die ihm den höchsten Nutzen versprechen[115]. In der Folge kann es grundsätzlich zu Marktversagen durch das Phänomen der *adversen Selektion* kommen: Nachfrager sind nicht bereit, den für gute Qualität erforderlichen höheren Preis zu zahlen, wenn sie diese Qualität nicht überprüfen können und zugleich mit opportunistischem Verhalten der Anbieter rechnen müssen. Anbieter guter Qualität werden dann nur noch wie solche mit durchschnittlicher Qualität bezahlt, erzielen keine kostendeckenden Preise mehr und verlassen den Markt. Gute Qualität wird nach und nach durch schlechte Qualität verdrängt[116]. Die Gefahr der adversen Selektion droht allen Märkten, auf denen Qualitätsunsicherheit in Erscheinung tritt, die durch Nachfrager nur schwer reduziert oder beseitigt werden kann. Dies kann auf Austauschgüter zutreffen, grundsätzlich aber auch auf Kontraktgüter und ähnlich gestaltete Leistungsversprechen wie Anlageleistungen.

Auf dem Markt für Vermögensberatungsleistungen ist Qualitätsunsicherheit als Absatzwiderstand gegenüber einzelnen Anbietern von Bedeutung, das Phänomen der adversen Selektion stellt jedoch für den Gesamtmarkt und den größten Anbietersektor der Universalbanken offensichtlich keine akute Gefahr dar. Erkennbar agiert auf dem Gesamtmarkt eine Reihe unterschiedlicher Anbieter, mit nach Art und Güte für Privatkunden unterscheidbaren Anlageleistungen und unterschiedlichen Preisen bzw. Konditionen. Das vorhandene Maß an Angebotstransparenz reicht offenbar aus, um ein allgemeines Marktversagen genannter Art zu verhindern.

Die Tatsache, daß Universalbanken - zumindest im jetzigen Stadium der Marktentwicklung - sehr große Marktanteile auch in jenen einfachen Leistungsbereichen behaupten, in denen eine wachsende Anzahl von Konkurrenten eindeutige Kostenvorteile aufweisen kann, kann durchaus verwundern. Abgesehen von der Präferenz bestimmter Nachfrager für persönliche Bedienung gibt es offenbar bis hierhin nicht berücksichtigte Mechanismen, die die Existenz der filialen Vertriebsform stützen[117].

---

[115] Vgl. Hartmann-Wendels (1989), S. 715.

[116] Vgl. Akerlof (1970), auf den diese Argumentation zurückgeht, sowie Ungern-Sternberg/ Weizsäcker (1981), S. 612.

[117] Anknüpfend an diese Überlegungen siehe unten Abschnitt 3.4.3 und Kapitel 4.

3.3.2.3 Verhaltensunsicherheit

Wenn das Ex post-Verhalten einer Partei vor Abschluß expliziter Verträge oder vor dem Treffen impliziter Vereinbarungen noch *nicht* feststeht, sondern vom Willen der Transaktionspartner abhängt, ist Verhaltensunsicherheit die Folge. Im Anlagegeschäft beruht Verhaltensunsicherheit darauf, daß Erstellung und Ergebnis von Anlageleistungen wesentlich vom Willen und der Anstrengung (*effort*) des Beraters abhängen, Anleger jedoch damit rechnen, daß Berater sich opportunistisch verhalten könnten[118].

Moral Hazard und Hidden Action:
Begünstigt wird eigennütziges Verhalten zu Lasten des schlechter informierten Anlegers, wenn dieser zwar das Ergebnis von Anlageleistungen erfährt, des Beraters Anstrengung, Fleiß und Sorgfalt beim Erzielen dieses Ergebnisses aber nicht beobachten kann. In dem Falle, daß der Anleger auch ex post nicht zu beurteilen vermag, ob das Ergebnis auf den Einsatz des Beraters oder aber auf zufällige, nicht zu steuernde exogene Umweltfaktoren zurückzuführen ist[119], wird in der Prinzipal-Agent-Theorie von moralischem Risiko (Moral Hazard) gesprochen[120]. In der Informationsökonomik wird die Spielart des hier drohenden Opportunismus mit Hidden Action[121] bezeichnet. Hidden Action wurde soweit als nicht nachweisbare Verweigerung des vereinbarungsgemäß zu leistenden Inputs des Agenten beschrieben (*Shirking*). Die gleiche Art von Verhaltensrisiko liegt darin, daß der Anbieter während der Transaktion auf Kosten des Vertragspartners heimlich Maßnahmen ergreifen bzw. unterlassen könnte, die ihm selbst in anderer Weise Vorteile einbringen bzw. Nutzeneinbußen ersparen[122].

---

[118] Bezüglich der Wahrnehmung von Unsicherheit durch die andere Marktseite ist eine Unterscheidung zwischen Bankkberater (als angestellter Bankmitarbeiter) und Bankmanager (als Repräsentant der Unternehmensleitung) sowie zwischen Bankmanager und Eigentümer unerheblich. Daher kann das Kreditinstitut bei Vernachlässigung derlei interner Agency-Beziehungen nachfolgend in der Regel als *ein* Akteur angesehen werden, der durch die Person eines Mitarbeiters oder eines Managers repräsentiert wird.

[119] Denn das Pech des Fleißigen kann zuweilen zum gleichen Resultat führen wie das Glück des Faulen, vgl. Spremann (1988), S. 615.

[120] Vgl. z.B. Spremann (1990), S. 571, Schäfer (1995a), S. 537.

[121] Vgl. Arrow (1985), S. 38.

[122] Vgl. Kaas (1995b), S. 26.

Solche Interessenkonflikte liegen bei der Beratungsleistung recht nahe[123]. Beispielsweise besteht für das Kreditinstitut - zumindest bei kurzfristiger Betrachtung - ein Anreiz,

- unter Verfolgung des Gewinnziels Einlagen mit geringer Verzinsung anzubieten[124] anstatt andere Anlageinstrumente, die der kundenindividuellen Bedürfnissituation bzw. Zielerreichung entsprechen,
- einseitig zu unmittelbaren Geldanlagen (Einlagen und eigene Wertpapieremissionen) zu raten, da mittelbare Anlageformen weitgehend bilanzunwirksam sind und das Kreditvergabepotential nicht beeinflussen[125],
- bei Gelegenheit den Kauf solcher Wertpapiere anzuraten, die das Institut selbst abstoßen möchte (Bereinigung des eigenen Portefeuilles), z.B. über hauseigene Investmentfonds[126].

Moral Hazard setzt die Annahmen von asymmetrischer Information, Eigennützigkeit und opportunistischem Handeln voraus. Die spezifische Ursache für Moral Hazard liegt allerdings im Zusammenwirken von *Ressourcenplastizität* und hohen *Monitoring Costs* des Prinzipalen. Plastische Ressourcen liegen vor, wenn sich dem Agenten bei deren Einsatz und Verwendung ein diskretionärer Verhaltensspielraum bietet[127], das heißt, wenn ihm dabei vielerlei Aktionen offenstehen und das Verhalten nicht, wie etwa bei technisch bedingten Produktionsabläufen, festgelegt ist. Plastizität ermöglicht Moral Hazard dann, wenn die andere Partei zugleich (zu) hohe Monitoring Costs auf sich nehmen müßte, um das Einhalten von Abmachungen und Verträgen beobachten oder kontrollieren zu können, und mit Monitoring deshalb nicht zu rechnen ist. Mit den Kontroll- und Überwachungskosten der einen Seite steigt der Anreiz der anderen, Vereinbarungen zum eigenen Vorteil nicht vollständig zu erfüllen. Solange der Nachteil aus der Vertragsverletzung für den Prinzipal kleiner ist als die Kontrollkosten, besteht für den Agenten kaum die Gefahr, ertappt zu werden[128]. In Situa-

---

[123] Vgl. Hein (1993), S. 78.
[124] Siehe Anmerkungen oben unter Abschnitt 2.3.3.2.
[125] Vgl. Mülhaupt (1980), S. 290, Güde (1995), S. 252.
[126] Vgl. Mülhaupt (1980), S. 287.
[127] Vgl. Alchian/Woodward (1988), S. 69.
[128] Vgl. Picot (1981), S. 159.

tionen, in denen Hidden Action vorliegt, kann der Prinzipal dies dann nicht beurteilen oder nachweisen. Daher ist Moral Hazard des Agenten hier weder justitiabel noch durch explizite Vertragswerke auszuschließen[129].
Auch dem Bankberater als Agent stehen offensichtlich diskretionäre Verhaltensspielräume offen, die Handlungen im Verborgenen zum Nachteil des Kunden ermöglichen. Hohe Plastizität ist dadurch gegeben, daß die Beratungsleistung in der Weitergabe der Ressource Information besteht, die wiederum abhängig vom Willen des beratenden Agenten umfassend oder unzureichend, objektiv richtig oder für die Anlegerziele suboptimal und schädlich ausfallen kann. Je nach Informationsstand und -vermögen können Monitoring Costs für den Vermögensberatungskunden prohibitiv hoch sein und ihn ohne Möglichkeit zur Reaktion[130] dem versteckten Opportunismus des Beraters aussetzen.
Da Anlageleistungen für Private meistens in deren Beisein erfolgen[131] und die Kunden sich im Anschluß an persönliche Beratungsgespräche selbst für ein Anlageinstrument entscheiden, kann Moral Hazard durch Zurückhalten eines vom Berater zugesicherten Leistungsinputs für Anleger nur bedingt ein Verhaltensrisiko darstellen. Unsicherheit besteht hier für den Anleger als Prinzipal demnach weniger über Leistungswillen und Anstrengung des Agenten, als über dessen wahre Handlungsabsichten.

Hold-up:

Hold-up setzt im Grunde eine Annahmenkonstellation voraus, unter der auch die bereits genannten Formen von Verhaltensunsicherheit auftreten[132]. Der wesentliche Unterschied zum Moral Hazard besteht darin, daß der Prinzipal das Verhalten der Gegenseite nach Vertragsabschluß oder impliziter Vereinbarung beobachten kann. Indes ist das Resultat für den Prinzipal im Grundsatz ver-

---

[129] Vgl. Richter/Furubotn (1999), S. 146.

[130] Abgesehen von der Option, auf Beratung und Anlagetransaktionen in diesem Falle gänzlich zu verzichten. Die Möglichkeit des Anbieterwechsels ist keine sinnvolle Reaktion, weil andernorts grundsätzlich mit identischen Schwierigkeiten zu rechnen ist.

[131] Im Gegensatz dazu sind Vermögensverwaltungsleistungen für Anleger kaum beobachtbar; der Verwalter entscheidet in der Regel selbst.

[132] Siehe Beginn des Abschnitts, verkürzt: Ex ante nicht determiniertes, vom Willen abhängiges Ex post-Verhalten eines zu Eigennutz und Opportunismus neigenden Agenten, der über plastische Ressourcen verfügt.

gleichbar: Das Verhalten wird seinen impliziten Erwartungen an die vertragliche Vereinbarung nicht gerecht, bei opportunistischem Ausnützen von juristischen Freiräumen aufgrund lückenhafter Verträge verbleibt dem Prinzipal auch hier keine justitiable Handhabe gegen den Agenten. Hold-up kann (wie der Begriff besagt - *hold-up* bedeutet Überfall) ganz plötzlich erfolgen. Da beim Moral Hazard wie beim Hold-up der anderen Seite durch nicht vorhersehbares Verhalten willentlich (hier gar in offener Form) Schaden zugefügt wird[133], wird Hold-up hier, entgegen verbreiteter Meinung, als Sonderfall der Moral Hazard-Problematik betrachtet.

Hold-up erfährt der Auftraggeber, wenn der Auftragnehmer, anstatt großzügig, kulant und partnerschaftlich aufzutreten, sich kleinlich, formaljuristisch und egoistisch gibt und die erwartete „Fairneß" vermissen läßt[134]. Dieses Verhalten wird für den Prinzipal trotz gegebener Beobachtbarkeit zum Unsicherheitsproblem, weil er durch irreversible Investitionen und Entscheidungen Ressourcen spezifisch eingesetzt und gebunden hat. Diese haben den Charakter von Sunk Costs, deren Rentabilität vom Wohlverhalten des Agenten abhängt[135].

Die Befürchtung von Bankkunden, daß beziehungsspezifische Investitionen in Form von Zeitaufwand, Mühe oder Preisgabe vertraulicher Informationen[136] durch nachlassende moralische Haltung des zuständigen Beraters ausgebeutet werden könnten, ist recht leicht nachvollziehbar. So stellen z.B. offensichtliche Schlampigkeit, laxes Auftreten, schwindende Freundlichkeit und nachlassender Einsatz, unpünktliche Ausführung von Transaktionen oder auch der Fall einer allzu kleinlichen Auslegung des juristisch nicht eindeutig definierten Begriffs der wirtschaftlichen Notlage[137] typische Hold-up-Situationen dar. Auch ein

---

[133] Vgl. Spremann (1990), S. 568.

[134] Vgl. z.B. Alchian/Woodward (1988), S. 67f., Spremann (1990), S. 569, Schäfer (1995a), S. 537.

[135] Vgl. Spremann (1990), S. 569, Schäfer (1995a), S. 537, Kaas (1995b), S. 27.

[136] Vgl. Schäfer (1995b), S. 122.

[137] Die Feststellung einer wirtschaftlichen Notlage des Anlegers durch die Bank ist bei bestimmten mehrjährigen Ansparplänen Voraussetzung für eine vorzeitige Verfügung durch den Sparer ohne die Berechnung von Vorschußzinsen; vgl. Schäfer (1995a), S. 537.
Zu Anforderungen und Erwartungen von Privatkunden vgl. z.B. die Befragung von Bekker/Herges/Steitz (1991).

Übermaß an automatisch und regelmäßig anfallender, jedoch gebührenpflichtiger Serviceleistung kann als Hold-up wahrgenommen werden.
Zuweilen wird, neben der Qualitätsunsicherheit und der Verhaltensunsicherheit durch Moral Hazard, die sogenannte *Hidden Intention* als Ausgangspunkt von Hold-up-Opportunismus betrachtet und unzweckmäßigerweise als ein dritter Grundtyp asymmetrischer Information aufgeführt[138]. Unsicherheit darüber, ob der Partner vertragliche Vereinbarungen tatsächlich einhält (Hidden Intention), besteht unter der Eigennutzprämisse jedoch keineswegs: Jeder kann mit Vertragsverletzungen rechnen, wenn sich dem Gegenüber dadurch Vorteile bieten. Selbst unter Abrücken von der genannten Prämisse wäre die bezeichnete Unsicherheit nichts anderes als ein Fall von Qualitätsunsicherheit[139].

3.3.2.4 Rollentausch: Endogene Unsicherheit als Problem für Anbieter von Anlageleistungen

Zur Verdeutlichung von Absatzwiderständen auf der Nachfragerseite war zuvor eine verstärkt nachfragerorientierte Perspektive einzunehmen. An dieser Stelle soll nun deutlich werden, daß die Rollenverteilung nicht immer allein den Anleger als schlechter informierten Partner vorsehen kann, der mit Unsicherheit und Opportunismus der anderen Seite konfrontiert ist. Verhaltens-, Qualitätsunsicherheit und opportunistisches Ausnützen von Informationsvorsprüngen spielt auch im Verhalten des Anlegers gegenüber dem Kreditinstitut eine wichtige Rolle.
So kann beispielsweise ein potentieller Anleger nicht vorhandene Anlageabsichten vorgeben, um kostenlose Beratungs- oder Serviceleistungen zu erhalten[140] - eine Form von Nachfrageropportunismus, dem sich auch andere Dienstleister ausgesetzt sehen, die bereits in der Akquisitionsphase wichtige, für den Nachfrager bereits verwertbare Informationen preisgeben müssen[141]. Op-

---

[138] Vgl. z.B. Spremann (1990), Weiber/Adler (1995b), Kaas (1995b).
[139] Vgl. auch Neus (1998), S. 87f.
[140] Vgl. Kaas (1991), S. 364.
[141] Dieser Sachverhalt wird von Schade/Schott als „Dilemma der Leistungsbegründung" bezeichnet; vgl. Schade/Schott (1993), S. 499. Zur Relevanz für Unternehmensberater vgl. Becker/Schade (1995), S. 328.

portunistisches Verhalten liegt auch vor, wenn Kunden mit hohem Bekanntheitsgrad oder Meinungsführer mit Rufschädigung oder ihrem Einfluß auf Medien und andere Kunden drohen, für sich und jene Kunden beste Konditionen und umfassende Information verlangen, ihre Anlagekonten möglicherweise jedoch längst bei Konkurrenzinstituten führen.
Täuschung durch Hidden Characteristics liegt z.B. vor, wenn Anleger zur Aufnahme in einen kleineren Kreis exklusiv betreuter Kunden nicht vorhandenes liquides Vermögen vortäuschen.
Ein typischer Fall des Nachfrager-Hold-up ist das Austesten des Wertes der Absatzbeziehung in einer Phase, in der nicht erstmalig ein Geschäft mit einem bestimmten Anbieter abgeschlossen wird, sondern in der vielmehr Folgeaufträge ausgehandelt werden. So kann sich gerade der Anleger versucht sehen, seinen Berater mit der Forderung nach drastisch verbesserten Anlagekonditionen zu überraschen, allein um zu sehen, wie weit die Situation - im Volksmund - „auszureizen“ ist, oder um immerhin zu signalisieren, daß er sich der eigenen Verhandlungsmacht durchaus bewußt ist, was wiederum bei künftigen Verhandlungen nützlich sein könnte. Andere Kunden unternehmen den Versuch, bei jeder angebotenen Zinskondition eine wenn auch minimale Erhöhung herauszuschlagen (landläufig „feilschen“ genannt). Um die Forderungen durchzusetzen oder ihnen zumindest Ernsthaftigkeit zu verleihen, droht der Anleger dabei, ausdrücklich oder implizit, mit dem Abbruch der Kooperation. Entscheidend ist, daß der Anleger weiß, daß das Kreditinstitut an einer Fortsetzung interessiert sein muß, da bis dahin bezüglich seiner Person Ressourcen bereits spezifisch eingesetzt und gebunden wurden, die nur dann rentabel sind, wenn weitere Abschlüsse folgen. Allerdings hat auch der Anleger Interesse am Weiterbestehen der Absatzbeziehung, sofern auch er bis dahin spezifische Investitionen geleistet hat. Dies verdeutlicht, daß Hinhalten und opportunistisches Gängeln unter Transaktionspartnern nur dann wahrscheinlich ist, wenn Bindung einseitig erfolgt[142] und der weniger Gebundene der anderen Seite damit drohen kann, deren

[142] Vgl. Kaas (1995b), S. 27, 35ff. Zur Problematik asymmetrischer Bindung siehe ausführlich unten Abschnitte 4.3.2 und 4.3.3.

(umfangreichere) spezifische Investitionen bei Beziehungsabbruch zu Sunk Costs zu machen, sofern seinen Forderungen nicht nachgegeben wird[143].
Einseitige Bindung des Kreditinstituts durch Einsatz kundenspezifischer Ressourcen steht in direktem Zusammenhang mit der Verarbeitung des externen Faktors[144]. Mit zunehmender Integrativität sind Qualität und Umfang von Anlageleistungen auch von der Bereitschaft und Fähigkeit des Anlegers abhängig, die erwartete informatorische Mitwirkung einzubringen[145]. Mit dem externen Faktor gelangt also Qualitäts- und Verhaltensunsicherheit in den Leistungserstellungsprozeß des Kreditinstituts[146].

Unter der Zielsetzung, Absatzwiderstände abzubauen und Wettbewerbsvorteile zu erreichen, ist bei der institutionellen Ausgestaltung von Absatzbeziehungen im Anlagegeschäft der Universalbanken primär an der Behebung von Informations- und Unsicherheitsproblemen der Anleger (in der Rolle von Prinzipalen) anzusetzen. Dennoch ist die Tatsache, daß auch das Kreditinstitut zeitweise in der Rolle des schlechter informierten Parts übervorteilt werden kann, nicht zu vernachlässigen, weil letztlich alle Maßnahmen zur Zielerreichung nicht nur für den Anleger attraktiv, sondern auch mit den Anbieterzielen vereinbar und ökonomisch vertretbar sein müssen.
Grundsätzlich, so wurde in den letzten beiden Abschnitten gezeigt, besteht auf beiden Seiten Anlaß, mit Opportunismus der anderen Seite zu rechnen. Asymmetrische Information besteht insofern nicht. Unterschiedliche Informationsstände bestehen allein bezüglich des Inputs von Kreditinstitut und Nachfrager, für den Nachfrager ex ante insbesondere auch darüber, wo sich dem Berater überhaupt Gelegenheit zu Opportunismus bietet.

---

[143] Diese Überlegung setzt vereinfachend voraus, daß die Marktpartner über die Höhe spezifischer Investitionen der anderen Seite informiert sind und daß Sunk Costs gleicher Höhe auf beiden Seiten zur Wahrnehmung gleich großer Nutzeneinbußen führen.
[144] Siehe oben S. 68.
[145] Vgl. Kleinaltenkamp (1997), S. 352, Jacob (1995), S. 80ff.
[146] Vgl. Süchting (1994), S. 451.

3.4 VERHALTEN BEI DER KONFRONTATION MIT TRANSAKTIONSKOSTEN UND ENDOGENER UNSICHERHEIT

3.4.1 Zur Effizienz der Koordination im Wege relationaler Vertragsverhältnisse

Im folgenden wird zunächst das Verhalten von Kreditinstitut und Nachfrager bezüglich zweier grundsätzlicher Sachverhalte betrachtet. Zuerst ist unter Berücksichtigung von Transaktionskosten im allgemeinen zu erklären, warum sich die Partner bei der Abwicklung von Anlagetransaktionen grundsätzlich auf einen geringen Grad expliziter Regelungen einigen (3.4.1). Dann stellt sich die Frage nach dem Informationsverhalten auf der Anlegerseite: Unsicherheits*reduktion* wird als typisches Verhaltensmuster der Reaktion auf Qualitäts- und Verhaltensunsicherheit gesehen (3.4.2). Daraufhin entwickeln sich institutionelle Arrangements, derer sich die Marktseiten als Reaktion auf die Unsicherheitssituation gemeinsam bedienen (3.4.3). In diesem Zusammenhang wird - im Vorgriff auf Kapitel 5 - erläutert, inwiefern neben dem Verhalten der Bank im Rahmen der Leistungsbegründung auch Leistungs*findung* dazu beitragen kann, die Bank-Kunde-Beziehung im Vermögensanlagebereich um Informations- und Unsicherheitsprobleme zu entlasten und zugleich Differenzierung zu bewirken (3.4.4).

Jedes Absatzverhältnis weist einen bestimmten Regelungsgrad auf. Damit ist das Verhältnis von expliziten Vertragsbestandteilen zu impliziten, informellen Regelungen und Vereinbarungen gemeint, auf das sich die Akteure zur Abwicklung von Transaktionen einigen.
Die expliziten Vertragsbestandteile beschränken sich im Vermögensanlagegeschäft mit Privaten weitgehend auf die Anerkennung der Allgemeinen Geschäftsbedingungen (AGB) und Erklärungen des Anlegers bei Kontoeröffnungen und bei der Anweisung, Vermögensdispositionen vorzunehmen. Das Verhalten der Akteure, Rechte und Pflichten, Leistungen und Gegenleistungen werden im oder für den Fortlauf der Absatzbeziehung jedoch nicht weiter explizit definiert. Im persönlichen Dialog zwischen Berater und Kunde entwickeln

sich über informelle Absprachen und implizite Vereinbarungen Erfahrungen und gegenseitige Verhaltenserwartungen. Die Konkretisierung und Anpassung des relationalen Vertragsverhältnisses an veränderte Situationen erfolgt in gleicher Weise.
Nach Williamson[147] unterscheiden sich Transaktionen bezüglich bestimmter Merkmale, die zugleich auf die Höhe der Transaktionskosten hinweisen. Diese Transaktionsmerkmale sind Unsicherheit, Faktorspezifität und Häufigkeit. Je nach Ausprägung läßt sich auf unterschiedliche effiziente Kooperationsformen, in der Transaktionskostentheorie auch als Vertrags- oder Koordinationsformen bezeichnet, schließen. Die Vermutung, daß der relationale Vertrag mit hohem Anteil an impliziten Regelungen im Vermögensanlagegeschäft effizient ist, trifft auf Bestätigung, da diese Koordinationsform unter der Ausprägung der genannten Merkmale Unsicherheit, Faktorspezifität und Häufigkeit bei Anlagetransaktionen geringere Transaktionskosten verursacht als klassische Verträge, die auf vollständige, explizite Regelung von Leistung und Gegenleistung für alle Eventualitäten (Idealfall des Kontingenzvertrags) abzielen.

(1) Zur Unsicherheit: In den vorangehenden Abschnitten und Kapiteln wurde bereits dargelegt, warum und in welcher Form Unsicherheits- und Informationsprobleme gerade mit dem Absatz von Anlageleistungen einhergehen. Begrenzt rational handelnde Akteure versuchen, Unsicherheit durch bilaterale Abmachungen zu reduzieren. Vermögensanlagetransaktionen sind erkennbar nur durch unvollkommene vertragliche Abmachungen effizient zu koordinieren. Prohibitiv bzw. unverhältnismäßig hohe Kosten des perfekten oder überwiegend expliziten Vertrags werden umgangen; überwiegend implizite Vertragsbestandteile regeln offensichtlich günstiger, wie Anlagetransaktionen von Fall zu Fall abzuwickeln sind. Eine die Transaktionskosten senkende Wirkung über die Phasen von Kooperationsanbahnung und Vertragsabschluß hinaus tritt allerdings nur dann ein, wenn die offenkundige Schwäche dieser weichen, impliziten Arrangements - die mangelnde rechtliche Durchsetzbarkeit - nicht zum Tragen kommt. Das heißt, daß Transaktionskostenvorteile durch implizite Verträge bei Betrachtung der gesamten Absatzbeziehung nur Bestand haben, wenn

---

[147] Vgl. hier und im folgenden Williamson (1985).

sie nicht im gleichen Maße das Eintreten endogener Unsicherheitsprobleme - und damit Transaktionskostennachteile an anderer Stelle - wahrscheinlich machen. Dies erfordert von Kreditinstitut und Kunde, glaubhaft zu signalisieren, daß eine pflichtgemäße Erfüllung der impliziten Ansprüche bei geringstmöglichen Kosten für Überwachung und Durchsetzung von der anderen Seite erwartet werden kann. Günstige Signale gehen hierfür vom beiderseitigen Aufbau von solchen Institutionen aus, die stabile gegenseitige Verhaltenserwartungen schaffen und Opportunismus vorbeugen: Bank und Kunde gehen dauerhafte Geschäftsbeziehungen ein, bauen Reputation und gegenseitiges Vertrauen auf[148].

(2) Zur Faktorspezifität: Die Abwicklung von erklärungsbedürftigen Anlagetransaktionen erfordert von Bank und Kunde spezifische Investitionen[149]. Diese werden auf der Bankseite durch die Verarbeitung des externen Faktors hervorgerufen. Die Anpassung eingesetzter Ressourcen an individuelle Bedürfnisse und unterschiedliche Finanzsituationen von Anlegern, die sich zudem im Zeitablauf verändern, verlangt für beide Seiten Spielräume im Regelungsgrad der Kooperation, die im Rahmen expliziter Verträge nicht gegeben sein können, es sei denn bei als unrealistisch zu erachtender Antizipation aller möglichen Verläufe einer Beratungsleistung. Andererseits bewirken spezifische Investitionen - so auch die der Anleger in Form von Zeitaufwand, Mühe oder Preisgabe persönlicher Daten -, daß aufgrund der entstehenden Bindung justitiable explizite Verträge an Notwendigkeit verlieren und trotzdem partnerschaftliches Verhalten wahrscheinlicher wird als opportunistisches Ausnützen formaler Vertragslücken. Dies ist der Fall, weil Bank und Anleger sich daran gebunden sehen, die gegenseitigen Verhaltenserwartungen nicht zu enttäuschen. Sie würden sonst die bevorstehende Transaktion oder mehrere künftige mit jenem Partner gefährden, durch den allein die spezifischen Investitionen auch zu Einzahlungen führen können[150].

---

[148] Siehe ausführlich hierzu Abschnitt 3.4.3 und Kapitel 4.

[149] Zum Begriff der Spezifität in diesem Zusammenhang vgl. Williamson (1985), S. 52ff.

[150] Spezifische Investitionen bzw. Ressourceneinsätze grenzen vorliegende Transaktionen von Austauschgütertransaktionen ab, vgl. hierzu Alchian/Woodward (1988), S. 66, Kaas (1995b), S. 23.

(3) Zur Häufigkeit (in Kombination mit Variabilität): Auf die Pflege einmal hergestellter Absatzbeziehungen, die aufgrund rhythmisch wiederkehrenden Nachfragebedarfs wiederkehrende Transaktionen zur Folge haben, sind Kreditinstitute genauso bedacht wie z.B. Steuerberater oder Friseure[151]. Die Notwendigkeit bzw. Effizienz einer flexiblen Regelung solcher Kooperationen im Vermögensberatungsgeschäft durch „weiche" implizite Vertragsbestandteile wird bei Betrachtung der Bedarfssituation der Kunden deutlich. Da nämlich Ausgaben und Einnahmen privater Haushalte in der Regel nicht synchron verlaufen und sich die Liquiditätssituation von Anlegern ständig verändert, ergeben sich regelmäßig Möglichkeiten und Erfordernisse der Anpassung des Anlageportefeuilles. Daraus ergibt sich eine Folge von Transaktionen, deren Durchführung im Verlauf der Absatzbeziehung in aller Regel nur dann noch formale vertragliche Elemente erfordert, wenn der Anleger als Entscheidungsträger die Bank zu einer Änderung der Portefeuillezusammensetzung autorisiert, wobei bei jedem dieser Anlageverträge die Allgemeinen Geschäftsbeziehungen (AGB) einbezogen werden müssen[152]. Alle anderen Regelungen erfolgen in der Regel implizit und äußern sich in Verhaltenserwartungen, die sich im Zuge der Ansammlung von Erfahrungen und Wissen über die andere Seite konkretisieren und anpassen. Z.B. wird es sich der Anleger nicht schriftlich bestätigen lassen, daß der Berater ihm in einer Folgeberatung alle entscheidungsrelevanten Informationen gegeben und alle geeigneten Anlageinstrumente zur Auswahl gestellt hat (was ohnehin schwer zu verifizieren wäre), sondern gegebenenfalls nachfragen und im übrigen auf die Erbringung zugesicherter oder erwarteter Beratungsqualität

---

[151] Vgl. Süchting (1992), S. 273.

[152] Vgl. § 2 AGB-Gesetz (AGBG). Die AGB der Banken in der neuen Fassung vom 1.1.1993 enthalten die rechtlichen Rahmenbedingungen für die gesamte Geschäftsverbindung mit dem Kunden und werden bei Aufnahme der Geschäftsverbindung für alle künftigen Einzelgeschäfte vereinbart, nur in Teilbereichen durch Sonderbedingungen ergänzt. Die Tatsache, daß die Anerkennung durch den Kunden und das Einbeziehen der AGB nicht ausdrücklich, sondern auch per Kenntnisnahme eines deutlich sichtbar angebrachten Aushangs erfolgen kann, läßt die eigentliche Intention erkennen. Die AGB sollen keine Rechtsnorm darstellen, sondern hinsichtlich der Vertragsgerechtigkeit ein strukturelles Gleichgewicht zwischen Bank und Kunde gewährleisten, damit letztlich gegenseitiges Vertrauen fördern und Unsicherheit reduzieren. Zum anderen soll das standardisierte Einbeziehen der AGB insbesondere im Mengengeschäft der Kreditinstitute Transaktionskosten senken; vgl. Schwintowski/Schäfer (1997), S. 11f.

vertrauen. Umgekehrt wird sich kein Berater nach einer Transaktion bestätigen lassen[153], daß alle in der Sache erforderlichen Informationen geliefert wurden und auf Unterzeichnung eines Gesprächsprotokolls drängen. Umfassende und immer wieder von neuem zu vereinbarende explizite Regelungskataloge würden häufig wiederkehrende, *ähnliche*, bei Beratungsleistungen inhaltlich zwangsläufig aber *nicht identische* Transaktionen mit unnötig hohen Transaktionskosten beladen. Denn als Institution verursachen solche Regelwerke Kosten, können dort jedoch kaum weitere Unsicherheit reduzieren, wo diese im Zuge der sich zwangsläufig herausbildenden gegenseitigen Verhaltenserwartungen längst günstiger abgebaut wird. Im Grunde drückt ein geringer Regelungsgrad bei solchen wiederholt anfallenden Transaktionen aus, daß sich ein mit der Fixkostendegression, mit *Economies of scale* und Lerneffekten vergleichbarer Effekt nicht nur bei den klassischen Produktionskosten einstellt, sondern auch die durchschnittlichen Kosten der Koordination von Transaktionen senkt.

Ergänzend ist hier anzumerken, daß in Bank-Kunde-Beziehungen durchaus ein höherer Regelungsgrad effizient sein *kann*, wenn diese durch weniger Variabilität, durch wiederkehrende aber identische und vollstandardisierte Transaktionen gekennzeichnet sind (Merkmal der Häufigkeit *ohne* Variabilität)[154]. Diese Situationsbeschreibung trifft jedoch, so scheint es, gerade auf Kundenbeziehungen mit dem Schwerpunkt im anspruchsvolleren Leistungsbereich der Vermögensberatung und mit variablerer Bedarfssituation nicht zu.

---

[153] Unberührt davon bleiben die für den internen Gebrauch bestimmten Aufzeichnungen im Rahmen der Dokumentationspflicht nach § 34 Wertpapierhandelsgesetz (WpHG). Die Kosten dieser Regelung lassen sich hinsichtlich erzielbarer Unsicherheitsreduktion bei Anlegern allenfalls im Neukundengeschäft (also bei erst- oder einmaliger Transaktion) rechtfertigen, immer weniger aber bei nachfolgenden Transaktionen, da hier andere Institutionen wie z.B. Vertrauen wirksam werden.

[154] Vgl. hierzu analog Gutenbergs *Substitutionsprinzip der Organisation*, wonach die Tendenz zur generellen Regelung von Vorgängen mit abnehmender Variabilität betrieblicher Tatbestände zunimmt; vgl. Gutenberg (1969), S. 238.

3.4.2 Informationsverhalten der Anleger

Konfrontiert mit Unsicherheits- und Informationsproblemen bleibt dem Anleger, wie gesehen, die Ideallösung eines vollständigen, alle Unwägbarkeiten explizit vorwegnehmenden Vertrags vorenthalten. Im Zuge unvollständig geregelter Vertragsverhältnisse können verschiedene Reaktionen bezüglich des Informationsverhaltens folgen. Grundsätzlich kann zwischen *Resignation, Entscheidungsdelegation* und *Unsicherheitsreduktion* unterschieden werden.

(1) Resignation: Dem Verzicht auf jede Aktion zur Verbesserung der Unsicherheitssituation liegt im einen Fall die Hoffnung auf das Wohlverhalten der anderen Marktseite zugrunde. Die wahrgenommene Unsicherheit verringert die Attraktivität bzw. den erwarteten Nutzenwert der Bankleistung.
In der Erwartung jederzeit möglichen opportunistischen Verhaltens der Anbieterseite ist im anderen Fall ein Ausweichen der Anleger in beratungs- und risikolose, mit minimalen Transaktionskosten verbundene Anlageformen konsequent und wahrscheinlich. Transaktionswiderstände erweisen sich hier als subjektiv nicht überwindbar, als Alternative zum kategorischen Verzicht auf Geldanlage werden notgedrungen einfachste Leistungen gewählt. In der Realität ist dieses Verhalten häufig zu beobachten, wo Anleger ihr gesamtes Anlagevermögen auf Sparkonten, Giro- oder Telefon-Abruf-Konten halten.

(2) Entscheidungsdelegation: Häufig zu beobachten ist auch die Übertragung der Entscheidung auf eine Person des Vertrauens. Unsicherheitsreduktion nimmt der Anleger dadurch wahr, daß dieser Person mehr Vertrauen entgegengebracht wird als dem Bankberater. Besser informiert und besseren Willens, so wird vermutet, schlüpft diese Person in die Rolle des Anlegers. Mitunter können zwischen Anleger und Vertrauensperson weitere Agency-Probleme auftreten, derer sich der Anleger weit weniger bewußt ist als im Verhältnis zum Bankberater. Dies tritt besonders dort in Erscheinung, wo der Vertraute nicht nur als ausgewiesener Fachmann, sondern zugleich selbst als Finanzintermediär fungiert, der eigene Ziele verfolgt. So ist z.B. zu erwarten und zu erklären, daß wenig fachkundige Anleger, in deren Verwandten- oder Bekanntenkreis sich ein Versicherungsvermittler findet, über alle Gebühr mit dessen Versicherungsprodukten bestückt sind, im Falle des Bausparfachmanns in gleicher Weise mit Bausparverträgen. Was der Anleger subjektiv als nutzenmaximale (weil unsicherheitsminimierende) Lösung empfindet, ist bei objektiver Betrachtung wohl ein Glücksfall - allerdings allein für den provisionsmaximierenden Vertrauten selbst. Informationsnachteile und ungerechtfertigtes Vertrauen decken in dieser Situation Opportunismus und Falschberatung und bleiben dem Anleger in der Regel lange oder für immer verborgen.

(3) Unsicherheitsreduktion: Wenn Anleger selbst entscheiden und eine Entscheidungssituation größtmöglicher Sicherheit herbeiführen wollen, bleibt die aktive, gezielte Reduktion von Unsicherheit. Dabei läßt sich das Reduktionsverhalten von Nachfragern in drei Komponenten aufteilen[155], in Abhängigkeit davon, ob das Informationsdefizit Such-, Erfahrungs- oder Vertrauenseigenschaften des Angebots betrifft. So bestehen die wirkungsvollsten Unsicherheitsreduktionsmaßnahmen bei Sucheigenschaften in direkter, leistungsbezogener Informationssuche[156], bei Erfahrungseigenschaften in der Suche nach Substituten solcher leistungsbezogener Informationen[157]. Diese Substitutinformationen[158] liegen in Signalen vor, die z.B. vom Preis und von der Höhe der Werbeausgaben ausgehen können, aber auch von Leistungsgarantien[159]. Wenn der Nachfrager sich, so bei Vertrauenseigenschaften, weder vor noch nach der

---

155 Die nachfolgende Strukturierung des Unsicherheitsreduktionsverhaltens entwickelten Weiber/Adler im Rahmen eines aus informationsökonomischer Sicht erstellten Partialmodells zum Verlauf von Kaufprozessen; vgl. Weiber/Adler (1995a), S. 62ff. Der Beitrag gibt auch einen knappen Überblick über andere Theoriebereiche, die sich mit Strategien der Unsicherheitsreduktion im Kaufprozeß befassen, sowie Hinweise auf weiterführende Fachbeiträge.

156 Durch Beobachtung oder Prüfung.

157 Möglicherweise zusätzlich in der Suche nach Substituten leistungsübergreifender Informationen, siehe Anschließendes.

158 Verbreitet wird hier der Terminus *Informationssubstitute* verwendet. Dieser Begriff erscheint irreführend, da Informationen als solche nicht ersetzt werden. Auch Substitute von Informationen sind Informationen, lediglich anderer Art.

159 Während (erhöhter) Preis und höhere Werbeausgaben nur dann als Qualitätssignal dienen können, wenn ein wirksamer Reputationsmechanismus vorliegt - zur *price premium* vgl. Klein/Leffler (1981), S. 618ff. - wirken Garantien direkt als Substitutinformation. In beiden Fällen wirken Signale nur, wenn der Nachfrager nach Feststellung schlechter Leistungserfüllung die Möglichkeit besitzt, den Anbieter dafür zu sanktionieren. Vgl. hierzu und zur Wirkung ausgewählter Qualitätssignale Tolle (1994), S. 929-935.

Kaufentscheidung ein Qualitätsurteil bilden kann, so sind allein leistungs*übergreifende* Substitutinformationen heranzuziehen, z.B. Reputation, Image und Bekanntheitsgrad des Anbieters[160]. Leistungsübergreifende Substitutinformationen sind auf dem Markt allgemein bekannte Informationen und betreffen den Anbieter insgesamt sowie dessen Marktstellung[161].

Für das Kreditinstitut steht der aktive, auf Unsicherheitsreduktion bedachte Nachfrager im Mittelpunkt des Interesses[162].
Aufgrund der Dominanz von Erfahrungs- und Vertrauenseigenschaften gegenüber Sucheigenschaften wird bei Anlageleistungen das Informationsverhalten der Nachfrager durch Substitutinformationen bestimmt. Deren Wirkung ist nicht nur *vor* einer vertraglichen Vereinbarung, einer Abmachung oder Kaufentscheidung, sondern auch danach, insbesondere im Verlauf einer Absatzbeziehung, für die Unsicherheitsposition des Nachfragers relevant. Im absatzwirtschaftlichen Gestaltungsbereich des Anbieters liegt es nun, dafür zu sorgen, daß der Nachfrager solche für den Abbau von Unsicherheit geeignete Substitutinformationen unter geringstmöglichem Suchaufwand erhält. Signaling und Screening sind die Mechanismen, die Informationsdefizite auf beiden Marktseiten reduzieren und die Funktionsfähigkeit des Marktes verbessern.

3.4.3 Kooperationsdesigns: Institutionen zwischen Bank und Anleger

Wenn der Informationssuche des schlechter informierten Transaktionspartners (*Screening*) von der anderen Seite durch Signale gezielt zugearbeitet wird

---

[160] Vgl. Weiber/Adler (1995a), S. 72ff.: Die zu vermutenden, soweit jedoch hypothetischen Zusammenhänge zwischen Eigenschaftstypen und Unsicherheitsreduktionsverhalten werden hier mittels Kausalanalyse einer empirischen Überprüfung unterzogen.

[161] Vgl. Weiber/Adler (1995a), S. 67 u. 69.

[162] Allgemeine Verhaltensänderungen auf der Nachfragerseite lassen vollkommene Resignation vor der Informationssuche beim Nachfrager immer seltener auftreten. Der Delegation an Vertrauenspersonen kann das Kreditinstitut Konkurrenz bieten, indem es eine attraktivere Position anstrebt bezüglich der bei Delegation relevanten leistungsübergreifenden Substitutinformationen und der erwarteten Leistungsqualität.

(*Signaling*)[163], um so Unsicherheit abzubauen und Transaktionen zu fördern, entstehen Institutionen. Sie treten als Kooperationsformen oder Kooperationsdesigns in Erscheinung. Kooperationsdesigns, die von der Anbieterseite auf Übermittlung von Substitutinformationen gerichtet sind, können nur entstehen, wenn beide Marktseiten einen Anreiz haben, auf Opportunismus zu verzichten, anstatt ohne Rücksicht auf Transaktionspartner zu jedem Zeitpunkt den eigenen Vorteil durchzusetzen[164]. Ein Anreiz zu solchem Verhalten besteht dann, wenn es sich für Anbieter wie Nachfrager lohnt. In der Erwartung der Bank muß dann der Erfolg durch Verzicht auf opportunistisches Verhalten langfristig größer sein als gegenteiliges Verhalten. Dies trifft z.B. zu, wenn die offene oder versteckte Verschlechterung einer zugesagten Leistungsqualität zwar kurzfristig Vorteile bringt, sich langfristig hingegen als nachteilig erweist[165]. Offensichtlich bestehen solche Anreizkonstellationen auf dem Vermögensanlagemarkt, denn sonst wäre permanent mit Marktversagen und Marktzusammenbruch zu rechnen.

Daß es hierzu nicht kommt, liegt zunächst daran, daß Marktbeziehungen in der Realität nicht anonym bleiben und nicht zeitlos sind. Stattdessen versuchen die Akteure, Erfahrungen miteinander zu sammeln und persönliche, **dauerhafte Geschäftsbeziehungen** aufzubauen, Merkmale eines zumindest partiell personalisierten Marktes[166]. Solche Geschäftsbeziehungen können als übergeordnete Institution zwischen Bank und Kunde angesehen werden, da sie gegenseitige Verhaltenserwartungen schaffen, Verhalten stabilisieren und Opportunismus zumindest eindämmen[167]. Basis der Kooperationsform einer stabilen Geschäftsbeziehung ist die Tatsache, daß Kreditinstitute beim Nachfrager **Goodwill**[168] bzw. **Reputation** aufbauen, womit das **Vertrauenskapital** bei den Kunden gemeint ist[169]. Das beim Kunden aufgebaute Vertrauen ist ein entscheidender Punkt für das Funktionieren der Geschäftsbeziehung. Denn wenn jener sich in

---

163 Siehe oben S. 51.
164 Vgl. Kaas (1992), S. 892.
165 Vgl. Tolle (1994), S. 928.
166 Vgl. Kaas (1992), S. 894.
167 Vgl. Kaas (1995b), S. 27.
168 Vgl. Ungern-Sternberg/Weizsäcker (1981), S. 613.
169 Vgl. Albach (1980), S. 3.

seinen Verhaltenserwartungen gegenüber dem Anbieter getäuscht sieht oder desgleichen auch nur vermutet, kann er die Reputation des Anbieters beschädigen oder zerstören. So kann der getäuschte Anleger Wohlfahrtspositionen des Kreditinstituts nicht nur dadurch zerstören, daß er selbst die Geschäftsbeziehung abbricht und dem Anbieter Reputationsrenten aus künftigen Geschäften verloren gehen[170]. Die Bestrafung des Anbieters kann inbesondere dadurch erfolgen, daß dessen Reputation (im Sinne des guten Rufs) durch Aussenden negativer Signale an den Gesamtmarkt beeinträchtigt[171] wird - ein allgemeiner Imageverlust kann die Folge sein. Anbieterreputation und aufgebautes Vertrauen liegen wie ein Pfand in der Hand des Prinzipals[172]. Anbieter werden bestrebt sein, sich so zu verhalten, daß dieses nicht gefährdet wird.
Die Operationalisierung der Kooperationsform der stabilen Geschäftsbeziehung geht über die Institutionen Reputation und Vertrauen hinaus. Der Aufbau von Reputation und gegenseitigem Vertrauen zwischen Bank und Kunde kann nur über weitere Institutionen erfolgen, wie **Kundenbindung, glaubwürdige Selbstbindung, Kundenzufriedenheit, Qualität und Kundenorientierung**[173]. Auf nicht anonymen Märkten, wo Akteure dauerhafte Geschäftsbeziehungen anstreben und Anbieter auf den Erhalt der Reputation bedacht sind, **treten „härtere“ Kooperationsdesigns in den Hintergrund**. Dies sind solche, die stark formalisiert und präzise geregelt sind, deren Inhalt bei Eintreten objektiv feststellbarer Bedingungen strikt durchgesetzt wird[174]. So ist gerade im Vermögensanlagegeschäft der Banken, im Vergleich zu bereits genannten Designs, eine eher geringe Bedeutung von harten Designs wie z.B. von umfassenden Vertragswerken, Selbstbindung durch Entschädigungsregeln bzw. Garantien und auch erfolgsabhängiger Entlohnung zu konstatieren.

Im Marketingmix klassischer Absatzinstrumente ist der Aufbau von Reputation und Vertrauen, verbunden mit einem entsprechenden Signaling, nicht ohne weiteres einzuordnen. Beide werden daher als marktergänzende Institutionen

---

[170] Siehe hierzu im einzelnen unten Abschnitt 4.3.
[171] Vgl. Schäfer (1995), S. 539.
[172] Vgl. Spremann (1988), S. 619.
[173] Zu diesen Kooperationsdesigns siehe auch unten Abschnitt 4.4.
[174] Vgl. Spremann (1990), S. 577, Schade/Schott (1993b), S. 497, 500f.

bezeichnet[175]. Im Grunde stellen Reputation und Vertrauen übergreifende Institutionen dar, die sich bei Universalbanken im bankpolitischen Ziel der Herstellung dauerhafter Geschäftsbeziehungen zu Kunden manifestieren.
Aufgrund grundsätzlicher Glaubwürdigkeitsprobleme des Signaling bei Erfahrungs- und insbesondere bei Vertrauensgütern[176] soll auf Maßnahmen im Bereich der Kommunikationspolitik im weiteren nicht explizit eingegangen werden. Das Problem jeglicher Werbung liegt darin, daß jeder „dieselbe inhaltlose Behauptung zu denselben Kosten veröffentlichen kann"[177]. Eine geeigneterweise negative Korrelation zwischen Signalkosten und gewünschter Eigenschaft - womit Signaling für denjenigen Anbieter günstiger wäre, der über die signalisierte gute Eigenschaft tatsächlich verfügt - liegt nicht zwingend vor. Auch steht nicht fest, daß wahrheitsgetreues Signalisieren letztlich zu höheren Signalerträgen führt. Trotzdem können hohe Investitionen in die Werbung den Charakter von *credible commitments*[178] haben und Werbesignale glaubwürdig machen[179].
Ähnliche Wirkungsmechanismen sind bei der Distributionspolitik als weiteres Marketinginstrument denkbar. Distributionspolitische Entscheidungen können die Glaubwürdigkeit unterstützen[180].

Die soweit genannten Instrumente beschreiben Marketing als Aufgabe der Leistungsbegründung. Allerdings können auch die verbleibenden, der Leistungs*findung* zuzuordnenden Instrumente, die Produkt- und Sortimentspolitik sowie die Preispolitik, Institutionen darstellen. Wie sich zeigen wird, können auch Entscheidungen im Bereich der Leistungs*findung* zum Abbau von Informationsasymmetrie und Unsicherheit beitragen.

---

[175] Vgl. Kaas (1995b), S. 30.
[176] Vgl. Kaas (1995b), S. 22, 30, Kaas (1990), S. 544; zu Erfahrungsgütern vgl. Nelson (1970) u. (1974).
[177] Ungern-Sternberg/Weizsäcker (1981), S. 619.
[178] Vgl. Williamson (1983), Nelson (1974).
[179] Ergänzend siehe Anmerkungen S. 155. Ob die Höhe der Werbeausgaben tatsächlich ein zuverlässiges Signal für die Qualität oder das Preis-Qualität-Verhältnis ist, wird durchaus kontrovers diskutiert. Theoretische Modelle und empirische Befunde bringen hier gegensätzliche Ergebnisse hervor. Einen Überblick mit Literaturhinweisen liefert Tolle (1994), S. 930-934.
[180] Vgl. Kaas (1995b), S. 30.

3.4.4 Unsicherheitsmanagement bei der Leistungsfindung

Zur Behebung oder Verringerung von Informations- und Unsicherheitsproblemen eignet sich nicht allein die Übermittlung von Informationen und Substitutinformationen. Während die genannten Kooperationsdesigns Geschäftsbeziehung, Vertrauen und Reputation Institutionen darstellen, die an der Leistungsbegründung ansetzen, können Maßnahmen und Entscheidungen mit demselben Ziel auch unmittelbar der Leistungsfindung zuzuordnen sein. Dazu sind zunächst Screening-Aktivitäten des Anbieters erforderlich um herauszufinden, wie Leistungsangebote zu gestalten sind, damit sie der Zielgruppe der Nachfrager überhaupt präferenzwürdig erscheinen und nachgefragt werden[181]. Für die Reduktion von Unsicherheit ist hierbei entscheidend, daß getroffene Entscheidungen über die Struktur des Angebots und über Leistungsmerkmale zugleich wie Signale an die Nachfragerseite wirken, Informationen oder Substitutinformationen liefern und mit der Wirkung einer Institution Unsicherheit zu reduzieren in der Lage sind. Für das Vermögensanlagegeschäft sind die hier relevanten Maßnahmen und Entscheidungen weitgehend der Produkt- und Sortimentspolitik sowie der Preispolitik zuzuordnen[182].

3.5 ZWISCHENFAZIT

(1) Aus institutionenökonomischer Sicht weist die Bank-Kunde-Beziehung im Vermögensanlagegeschäft typische Merkmale einer Agency-Beziehung zwischen einem Auftraggeber (Prinzipal, hier der Anleger) und einem Auftragnehmer (Agent, hier die Bank, aus Anlegersicht repräsentiert durch den Berater) auf: Unsicherheit und unvollständige Information verursachen Transaktionskosten; auf der Basis asymmetrischer Information ist über Eigennützigkeit hinaus mit opportunistischem Verhalten zu rechnen; begrenzte individuelle Rationalität der Akteure läßt die vollständige, explizite Regelung der Absatzbeziehung

---

[181] Vgl. Kaas (1990), S. 543.
[182] Siehe hierzu unten Abschnitte 5.2 und 5.3.

nicht zu; im Rahmen relationaler Verträge sind weitere, implizite Institutionen erforderlich (ad 3.1).

(2) Marketing kann insgesamt als Institution verstanden werden. Durch gezielte Antizipation und konsequente Reduktion von Unsicherheit auf der Nachfragerseite kann Marketing im Vermögensberatungsgeschäft Marktwiderstände besonders wirksam verringern (ad 3.2.1).
Eine verbesserte Unsicherheitsposition impliziert bei Berücksichtigung real existierender Transaktionskosten für den Anleger ein günstigeres Verhältnis zwischen Preis und Leistung. Bei der Verteilung von Marktanteilen einer auf einem bestimmten Volumenniveau de facto kontinuierlich gegebenen Gesamtnachfrage nach Geldanlagen verbessert das Kreditinstitut durch Unsicherheitsreduktion seine relative Wettbewerbsposition (ad 3.2.2).
Universalbanken traditionellen Zuschnitts werden im Vermögensanlagegeschäft gegenüber Non-banks, Near-banks und Direktbanken dauerhafte Wettbewerbsvorteile nur erreichen, wenn Differenzierung (mittels Verfolgen von Präferenzstrategien) angestrebt wird. Zusatzkosten für die filiale Vertriebsstruktur und präferenzorientierte Leistungsgestaltung („Einmaligkeit") erfordern und rechtfertigen höhere Preise. Die Differenzierungsaufgabe besteht zugleich in Unsicherheitsreduktion und im Anbieten anspruchsvollerer, beratungsintensiverer Vermögensanlageleistungen (ad 3.2.3).

(3) Da Anlageleistungen oberhalb des Mengengeschäfts in hohem Maße Erfahrungs- und Vertrauenseigenschaften aufweisen, dem Nachfrager zunehmend komplex erscheinen und über einige typische Kontraktgutmerkmale verfügen, gehen mit solchen Transaktionen vergleichsweise große leistungsimmanente Unsicherheits- und Informationsprobleme einher. Der erfolgreiche Absatz höherwertiger Leistungen hängt daher noch mehr von einem wirksamen Unsicherheitsmanagement ab (ad 3.3.1).
Störungen von Transaktionen betreffen zunächst den Anleger als Auftraggeber. Die Beeinträchtigung kann in Qualitäts- und in Verhaltensunsicherheit vorliegen. Asymmetrische Information über *Skill* und *Effort* der Anbieterseite lassen unterschiedliche Spielarten von Opportunismus zu, der über zu erwartende Eigennützigkeit weit hinausgeht. Endogene Unsicherheit stellt sich aber auch für

Anbieter von Anlageleistungen als Transaktionsproblem dar, insbesondere als Folge der Verarbeitung des externen Faktors und wenn Nachfrager einseitige Bindungen des Kreditinstituts auszunützen versuchen (ad 3.3.2).

(4) Kreditinstitut und Anleger regeln Absatzbeziehungen mit überwiegend impliziten Vertragsbestandteilen. Aufgrund beiderseitig steigender Transaktionskosten bei einem höheren Regelungsgrad kann grundsätzlich von einer effizienten Koordinationsform ausgegangen werden. Bei der Unsicherheitsreduktion sind Privatkunden überwiegend auf Substitutinformationen angewiesen. Leistungsübergreifende Substitutinformationen gehen am wirksamsten vom übergeordneten Kooperationsdesign einer persönlichen, dauerhaften Geschäftsbeziehung aus. Diese implizite Institution baut zentral auf gegenseitigem Vertrauen und Reputation auf. Des weiteren sind Entscheidungen im Rahmen der Produkt- und Sortimentspolitik sowie der Preispolitik in der Lage, bereits bei der Leistungs*findung* leistungsbezogene Informationen und Substitutinformationen zu liefern und Unsicherheit zu reduzieren (ad 3.4).

(5) Ausblick: Das folgende Kapitel befaßt sich mit der Wirkungsweise bestimmter Institutionen in der Bank-Kunde-Beziehung und mit deren Eignung zur Unsicherheitsreduktion im Vermögensberatungsgeschäft. Zunächst ist das umfassende Kooperationsdesign der stabilen Geschäftsbeziehung zwischen Bank und Anleger hinsichtlich Bedeutung, Nutzen und Funktionsweise zu hinterfragen. Dies schließt explizit die Auseinandersetzung mit gegenseitiger Bindung ein. Außerdem ist auf Reputation, Vertrauen und weitere Institutionen einzugehen, die zur Operationalisierung der Geschäftsbeziehung beitragen (Kapitel 4).

Anschließend (Kapitel 5) wird gezeigt, inwiefern Unsicherheitsreduktion im Vermögensanlagegeschäft Aufgabe der Leistungsfindung sein kann[183]. An dieser Stelle wird die Wirkung grundlegender Entscheidungen bzw. Maßnahmen der Produkt- und Sortimentspolitik sowie der Preissetzung auf die Entwicklung

[183] Anmerkung: Institutionenökonomische Beiträge zur Leistungs*findung* liegen (im Gegensatz zur Leistungsbegründung) nach Kenntnis des Verfassers in nur ganz geringer Anzahl vor, so z.B. bei Jacob (1995).

von Geschäftsbeziehungen herauszustellen sein. Dabei werden wiederum der Einfluß auf die Unsicherheitsposition der Marktpartner und die Bindungswirkungen im Mittelpunkt stehen.

4. DIE STABILE GESCHÄFTSBEZIEHUNG - RAHMENINSTITUTION DER BANK-ANLEGER-BEZIEHUNG

4.1 GESCHÄFTSBEZIEHUNG, BANKLOYALITÄT UND KUNDENBINDUNG

4.1.1 Begrifflicher Zusammenhang

Zur Abgrenzung der Begriffe wird die Geschäftsbeziehung vorab als Form der Kooperation zwischen Bank und Kunde betrachtet, in deren Rahmen das Verhalten der Bank über einen persönlichen Beziehungsaufbau auf Kundenbindung gerichtet ist (Relationship-Banking), um auf der Nachfragerseite das Verhaltensphänomen der Bankloyalität zu erzeugen.

Der Begriff Geschäftsbeziehung steht für eine beiderseitig auf Dauer gerichtete Absatzbeziehung zwischen Marktteilnehmern. Dem Geschäftsgebaren von Unternehmern bzw. Kaufleuten untereinander (Business-to-Business-Bereich) entlehnt, mag die Geschäftsbeziehung zur Beschreibung der Bank-Privatkunden-Beziehung ungewohnt erscheinen. Nichtsdestoweniger beschreibt der Begriff dieses von der persönlichen Ebene mit geprägte Absatzverhältnis gleichermaßen treffend, zudem kurz und prägnant.

Wenn in den folgenden Abschnitten von Geschäftsbeziehungen und deren Vorteilhaftigkeit die Rede ist, so wird dabei der Aufbau von gerechtfertigtem gegenseitigem Vertrauen zwischen Kunde und Bank vorausgesetzt. Gleichwohl entsteht dieses Vertrauen weder zwingend - auch nicht in anhaltenden Kooperationen[1] - noch von selbst, wie später Abschnitt 4.4 zeigen wird.

---

[1] Vgl. hierzu die Anmerkungen unter Fußnote 7 im folgenden Abschnitt.

4.1.2 Zur Bedeutung von Geschäftsbeziehungen

Die Kooperationsform der langfristigen Geschäftsbeziehung mit Privatkunden wird von allen Anbietern im Universalbankensektor angestrebt. Der kundennahe Vertrieb über Zweigstellen und Filialen und der persönliche Kontakt zwischen Bankpersonal und Nachfrager bilden hierfür seit Jahrzehnten die Grundlage. Anbieter erwarten und Nachfrager wünschen, daß diese Vertriebsform trotz neuer Konkurrenz und neuer Kommunikationstechnologien weitgehend erhalten bleibt[2]. Das polarisierte Angebot von Bankleistungen[3] wird eine deutliche Trennung in *Transaction-Banking* und *Relationship-Banking*[4] nach sich ziehen. Einfaches Mengengeschäft wird schnell, im 24-Stunden-Service, automatisiert und preisgünstig anzubieten sein (Transaction-Banking). Alle anderen, anspruchsvolleren Bankleistungen sind dem Personal Banking Customer über individuelle Beratung auf der persönlichen Beziehungsebene zu offerieren (Relationship-Banking), wobei hoher Kundennutzen höhere Preise rechtfertigt. Der erfolgreiche Aufbau einer Beziehung zum Kunden zielt auf Bindung des Kunden und zeigt sich in bankloyalem Verhalten. Betrachtet man den Wechsel der Bankverbindung oder die Zunahme von Mehrfachbankverbindungen eines Kunden als unloyales Verhalten, so ist in den vergangenen Jahrzehnten eine allgemein rückläufige Bankloyalität zu verzeichnen[5].

Da anspruchsvollere Anlageleistungen besondere Unsicherheits- und Informationsprobleme implizieren, versprechen das Angebot von und vor allem die Nachfrage nach solchen Leistungen im institutionellen Rahmen einer dauerhaften, von Reputationsaufbau und gegenseitigem Vertrauen geprägten Absatzbeziehung (relationship) beiden Marktseiten Vorteile gegenüber Transaktionen außerhalb dieser Beziehung[6]. Kennzeichnend für derlei Geschäftsbeziehungen

---

[2] Siehe oben S. 2-4.
[3] Siehe oben Abschnitt 3.2.3.
[4] Vgl. Heitmüller (1997), S. 456.
[5] Vgl. Süchting (1991), S. 36.
[6] Im einzelnen hierzu siehe unten Abschnitt 4.2.2.

ist die vorab in der Regel nicht begrenzte Dauer[7] und ein niedriger Grad an expliziter vertraglicher Regelung.

4.1.3 Konkreter: bankloyales Verhalten und Bindung

Die nähere, transaktionskostentheoretische Erkenntnisse einbeziehende Betrachtung von Bedingungen des Ent- und Bestehens von Geschäftsbeziehungen erfordert zunächst eine Präzisierung jenes Nachfragerverhaltens, das Kreditinstitute herbeizuführen versuchen. Dabei ist Bankloyalität vom bloßen Wiederkaufverhalten abzugrenzen.

Mit dem Begriff Bankloyalität hat sich in der Finanzdienstleistungsbranche ein eigener Begriff für allgemein als Kundentreue bezeichnetes Nachfragerverhalten etabliert. Darin kommt eine besonders dauerhafte und enge Absatzbezie-

---

[7] Hierin unterscheiden sich Geschäftsbeziehungen von Kontraktgütertransaktionen; vgl. Kaas (1995b), S. 24 u. 34.
Aus spieltheoretischer Sicht ist der offene Zeithorizont bei Moral-Hazard-Situationen von essentieller Bedeutung für den Aufbau von Reputation, vgl. Milgrom/Roberts (1982), S. 305f., Schauenberg (1991), S. 339. Wissen nämlich Anbieter und Nachfrager, zu welchem Zeitpunkt die Absatzbeziehung beendet sein wird (Situation endlich wiederholter Spiele bzw. endlicher Zeithorizont), so läßt sich im Wege der Rückwärtsinduktion zeigen, daß für den Anbieter (Agent) mangels künftiger Sanktionsmöglichkeiten durch den Nachfrager (Prinzipal) nicht nur in der letzten Periode ein Anreiz besteht, sich unkooperativ zu zeigen oder schlechte Qualität zu liefern, sondern auch schon in jeder Vorperiode. In der Folge kann Marktversagen durch Qualitäts- und Preisverfall eintreten. Die Anwendung des Rekursionsprinzips ist allerdings hinfällig, wenn zusätzlich zur Verhaltensunsicherheit Qualitätsunsicherheit über Eigenschaften des Agenten angenommen wird, womit das Verhalten des Agenten in der finalen Runde nicht mehr mit Sicherheit vorausgesagt werden kann; er könnte sich nun auch zu kooperativem Verhalten veranlaßt sehen, um die Einschätzung der unbekannten Eigenschaften durch die andere Marktseite (positiv) zu verändern, vgl. Neus (1995), S. 42. Ein dem Marktversagen durch „Melken" der Reputation gegen Ende der Kooperation ähnlicher Effekt tritt bei dem sogenannten Endspieleffekt ein. Zu den genannten spieltheoretischen Erkenntnissen und Phänomenen im Detail vgl. z.B. Rau-Bredow (1996), Holler/Illing (1996), S. 20ff. Vor dem Hintergrund, daß Bankberater gegen Ende der Geschäftsbeziehung, wenn fortgesetztes Wohlwollen für die Anbieterseite keine künftigen Mehreinzahlungen mehr verspricht, zu Moral Hazard neigen könnten, ist es nur zu verständlich, daß Bankkunden ihr Kreditinstitut selbst nach langjähriger, freundschaftlicher Beziehung mitunter erst dann von der Beendigung einer reibungslosen Kooperation (z.B. wegen Umzug) unterrichten, wenn die letzte Transaktion bereits abgewickelt ist.

hung zum Ausdruck[8]. Allein die Bereitschaft, dauerhaft Leistungen eines bestimmten Kreditinstituts nachzufragen[9], mag wohl als Kriterium dienen, einen Stammkunden von einem Zufallskunden zu unterscheiden, der die Geschäftsverbindung nur für einen einmaligen Absatzakt aufnimmt. Gleichwohl beschreibt das Verhalten des so definierten Stammkunden das, wofür Bankloyalität steht, nur unvollständig. Die besondere Bindung und Bindungsneigung, die bankloyale Nachfrager nach vertrauensempfindlichen Dienstleistungen auszeichnet, wird durch undifferenziertes Wiederkaufverhalten[10] nicht ausgedrückt und auch durch die produkttechnische Bedingtheit von Folgetransaktionen[11] nicht hinreichend erklärt. Bankloyalität ist gekennzeichnet durch Bindung, die in der Regel, neben anderen Faktoren, auf innerer Überzeugung[12], auf einer positiven Einstellung[13] beruht. Diese innere Verbindung zwischen einzelnen Transaktionen in Geschäftsverbindungen kann sach- bzw. leistungsbezogen sein, wird sich in vielen Fällen auf die Person des Bankangestellten, mitunter auf das Gesamtunternehmen beziehen[14]. Aufgrund des Gewichts dieser Motivationskomponente im Relationship-Banking sind echte Geschäftsbeziehungen einerseits nicht ohne weiteres aufzubauen und zu pflegen, andererseits werden die Vorteile einmal aufgebauter stabiler Kundenbeziehungen von beiden Seiten in der Regel nicht grundlos gefährdet.

---

8 Vgl. Engelhardt/Freiling (1997), S. 2.

9 Vgl. Süchting (1992), S. 269.

10 Dieses könnte rein zufälliger Art oder allein auf den Mangel an Alternativen zurückzuführen sein, vgl. Polan (1995), S. 18.

11 So ist nach Süchting bereits Stammkunde, wer Leistungen nachfragt, die ein Zeitelement enthalten, wie z.B. Konten; vgl. Süchting (1972), S. 272. Von dieser Definition wird allerdings später implizit abgerückt, indem Bankloyalität auf lerntheoretische Erkenntnisse zurückgeführt und der Bankangestellte als eigentlicher Präferenzträger erkannt wird.

12 Vgl. Bühler (1996), S. 21.

13 Vgl. Polan (1995), S. 18, McGoldrick/Greenland (1994), S. 78.

14 Vgl. Plinke (1989), S. 308. Diese Aspekte der Kundentreue sind in unterschiedlichem Maße natürlich auch bei Absatzbeziehungen in anderen Branchen vorzufinden.

4.2 ZU VORTEILHAFTIGKEIT UND SPEZIFISCHEM NUTZEN VON GESCHÄFTSBEZIEHUNGEN IM ANLAGEGESCHÄFT

4.2.1 Bleibende Quantifizierungsprobleme

Wenn das Bank-Kunde-Verhältnis, im Kern die Bank-Anleger-Beziehung, von institutionellen Arrangements des Relationship-Banking geprägt wird, so kann der Grund nur darin liegen, daß Kooperationsdesigns mit den Merkmalen der Geschäftsbeziehung auf beiden Marktseiten mehr Nutzen stiften als Transaction-Banking. Entstehung und Erhaltung von Geschäftsbeziehungen können verständlicher, Gestaltungs- und Steuerungsmöglichkeiten sichtbar gemacht werden, wenn geklärt ist, wann Geschäftsbeziehungen vorteilhaft sind und worin der spezifische Nutzen einer derartigen Kooperationsform besteht.

Aus investitionstheoretischer Sicht kann die Geschäftsbeziehung von beiden Marktseiten als eine Reihe von Auszahlungen betrachtet werden, der mit zeitlicher Verzögerung eine Reihe unsicherer Einzahlungen folgt. Der Kapitalwert ist das richtige Kriterium für Vorteilhaftigkeitsüberlegungen, wenn auf beiden Seiten ausschließlich Vermögensziele verfolgt werden[15]. Ergänzungsbedarf besteht an dieser Stelle auf der Seite der Anleger, da hier auch nichtökonomische, von persönlichen Präferenzen abhängige Ziele von Bedeutung sind[16].

Die Vorteilhaftigkeit der Investition in eine Geschäftsbeziehung rechnerisch zu bestimmen, ist aus verschiedenen Gründen nur beschränkt möglich. So sind monetäre und gerade nichtmonetäre Nutzenbeiträge schwer zu erkennen und vor allem schwer zu quantifizieren. Eine weitere wesentliche Schwierigkeit liegt darin, daß künftige Ein- und Auszahlungen, die sich nach Addition in beziehungsspezifischen Mehreinzahlungen niederschlagen, bezüglich Höhe und Zeitpunkt nicht sicher sind, sondern Erwartungsgrößen bzw. Schätzwerte darstellen. Die Dauer der Geschäftsbeziehung und der erwartete Zusatznutzen hängen von der Interaktion zwischen den Marktseiten ab, also von wechselseitigen

---

15 Vgl. etwa Plinke (1989), S. 317.
16 Siehe oben S. 36f.

Reaktionen und Verhaltensweisen im Verlauf der Kooperation, was die Prognose erschwert.

Es bedarf letztlich nicht zwingend eines Verfahrens, das den Wert von Geschäftsbeziehungen dem Ertrags- oder Zukunftserfolgswert eines Unternehmens vergleichbar kalkuliert, um die Vorteilhaftigkeitsfrage zu beantworten.
Als sichere Erkenntnis gilt, daß Geschäftsbeziehungen um so rentabler werden, also um so höhere (Mehr-)Einzahlungen auslösen bzw. erwarten lassen, je länger sie andauern. Dann nämlich können über viele Perioden hinweg sogenannte Reputations- oder Vertrauensrenten abgeschöpft werden, die nur noch geringe, allenfalls sporadische Aufwendungen für Erhaltung und Pflege der Kooperation erfordern[17].
Je mehr Quellen von Mehreinzahlungen tatsächlich existieren und je ergiebiger sie sich den Akteuren darstellen, um so wahrscheinlicher wird die Vorteilhaftigkeit der Geschäftsbeziehung gegenüber isolierten Transaktionen.

Wo rühren nun diese Mehreinzahlungen her, das heißt, worin können spezifische Vorteile der Geschäftsbeziehung gegenüber der Alternative Transaction-Banking für den Anleger und für das Kreditinstitut liegen (siehe nachfolgender Abschnitt 4.2.2)? Wie beeinflußt das Verhalten auf beiden Seiten die Dauerhaftigkeit der Kooperation und damit die Wahrscheinlichkeit, daß mögliche bzw. erwartete Mehreinzahlungen reale Zusatznutzen schaffen können (Abschnitt 4.3)?

---

[17] Vgl. hierzu unten Abschnitt 4.3.2.

4.2.2 Spezifischer Zusatznutzen

4.2.2.1 Relationaler Kundennutzen

4.2.2.1.1 Reduzierung von Transaktionskosten aus endogener Unsicherheit

Privaten Anlegern wird weithin Risikoaversion zugeschrieben. Sie sind gegenüber Unsicherheit also nicht indifferent, sondern bestrebt, Unsicherheit zu reduzieren und bereit, dafür Transaktionskosten in Kauf zu nehmen. Beratungsintensive Anlageleistungen sind dergestalt, daß leistungsbezogene Informationssuche nur wenig zur Reduktion von Unsicherheit endogener Natur beitragen kann. Unsicherheitsreduktion erfolgt hier weithin durch Substitutinformationen[18]. Im institutionellen Rahmen einer dauerhaften Geschäftsbeziehung erfolgt Unsicherheitsreduktion in denkbar umfassendster Weise, da durch das konstitutive Element gegenseitigen Vertrauens Unsicherheit bezüglich der Vertrauens- und auch bezüglich der Erfahrungseigenschaften des Leistungsangebots abgebaut wird. Vertrauen ist einerseits leistungsübergreifende Substitutinformation und ersetzt andererseits leistungsbezogene Substitutinformationen.
Jedwede Unsicherheitsreduktion trägt zur Minimierung von Transaktionskosten bei. Transaktionen sind dann mit weniger Zeit, Mühe und Kosten für Informationssuche und -auswertung sowie mit geringerem Kontrollaufwand verbunden. Durch die Vereinfachung der Entscheidungsfindung werden Transaktionen effizienter[19]. Da Nachfrager endogene Unsicherheit bei Anlagetransaktionen störender bzw. nachteiliger empfinden als bei anderen Transaktionen, kann von einer entsprechend starken Wahrnehmung von Zusatznutzen durch Reduktion von Unsicherheit in Geschäftsbeziehungen ausgegangen werden.

(1) Zur Reduktion von Qualitätsunsicherheit[20]:

(a) Anbahnungskosten, die Anleger vor oder im Verlauf des Erstkontaktes mit einem Kreditinstitut eingehen, stellen Risikokosten dar. Ex ante besteht Unsi-

---

[18] Siehe oben S. 87.
[19] Vgl. auch Schäfer (1995b), S. 126.
[20] Zur Qualitätsunsicherheit auf Anlegerseite s.o. Abschnitt 3.3.2.2.

cherheit darüber, ob die Kosten vergeblich eingegangen wurden oder ob bei erfüllten Kundenerwartungen ein erster Geschäftsabschluß erfolgt. In beginnenden Geschäftsbeziehungen sammeln Anleger Erfahrungswerte über Leistungspotentiale des Kreditinstituts, womit Investitionen in anfängliche Informationssuche und Kennenlernen des Partners bei Folgetransaktionen entfallen. So erübrigen sich später zum Beispiel Zeit und Mühe, sich erneut ein Bild von der fachlichen Kompetenz des Beraters zu machen oder einen Überblick über das Sortiment an Anlageinstrumenten und über wesentliche Produktmerkmale zu gewinnen.

(b) Bezüglich der Beratungsleistung sind die standardisierten Leistungsbestandteile bekannt. Der Anleger ist mit der Konzeption vertraut, die dem Ablaufschema einer Beratungsleistung des anbietenden Unternehmens zugrunde liegt. Die Ausgestaltung integrativer Leistungsbestandteile erfordert weniger Informationsinput, da persönliche Daten zur finanziellen Situation des Nachfragers dem Berater bereits bekannt sind. Damit sinkt zugleich das Risiko anlegerinduzierter Falschberatungen[21] bei Folgetransaktionen.

(c) Die genannten Apekte von Unsicherheitsreduktion schlagen sich darin nieder, daß für Folgetransaktionen bestimmte Unsicherheitsmomente nicht mehr auftreten und Transaktionskosten für deren Beseitigung nicht mehr anfallen. Unbeachtet ist soweit die Möglichkeit der anbietenden Bank, ihr Erscheinungsbild beim Kunden selbst zu steuern, indem Informationen über - gegebenenfalls gar nicht zutreffende - eigene Stärken und Vorteile zugänglich gemacht und verbreitet, Defizite dagegen verschwiegen werden. Unsicherheit über derlei opportunistisches Ausnützen von Informationsvorsprüngen (Hidden Characteristics) der Bank wird durch die Erkenntnis des Anlegers abgebaut, daß auch die Bank im Verlauf der Geschäftsbeziehung gewisse Bindungen eingegangen ist, die in ökonomischem Interesse am Fortbestehen der Kooperation oder auch in moralischer Bindung und persönlicher Sympathie liegen können.

Damit wird aus Kundensicht zunehmend unwahrscheinlich, daß sich der Bankberater der Gefahr aussetzt, im Verlauf der Geschäftsbeziehung solcher Täu-

---

[21] Damit ist die Möglichkeit gemeint, daß suboptimale Beratungsleistungen und dementsprechende Anlageentscheidungen zustande kommen, wenn der Anleger z.B. versäumt, vollständige Angaben zu bestehenden Anlagen bei anderen Instituten zu machen.

schungsmanöver über Angebot und Leistungspotentiale entlarvt zu werden und dann nicht nur den Kunden zu verlieren, sondern auch die Reputation am Markt zu gefährden. Die unsicherheitsreduzierende Wirkung von Geschäftsbeziehungen zeigt sich darin, daß Hidden Characteristics weniger wahrscheinlich und demzufolge der Aufwand von Transaktionskosten zur Vorbeugung gegen unkooperatives Verhalten weniger dringend erscheinen.

(2) Zur Reduktion von Verhaltensunsicherheit[22]:

(a) Anlegerunsicherheit besteht nicht allein bezüglich der tatsächlichen Eigenschaften von Leistungspotentialen der Bank, sondern auch bezüglich des Anbieter*verhaltens*, das sich nach dem Treffen von Vereinbarungen, nach Verträgen oder erstmaliger Anlagetransaktion einstellt. Kunden sehen sich dem Risiko ausgesetzt, daß sie von Beratern willentlich geschädigt werden, ohne über rechtliche oder andere Sanktionsmöglichkeiten zu verfügen, mangels Beobachtbarkeit (Moral Hazard) oder mangels Nachweisbarkeit faktischer Vertragsverletzung (Hold-up). In Geschäftsbeziehungen, die von Vertrauen geprägt sind und deren Erhalten erkennbar auch im Interesse der Bank liegt, besteht weniger Verhaltensunsicherheit. Damit nimmt auch der Aufwand ab, den jene Kunden für Unsicherheitsreduktion betreiben. Denn im Vergleich zu Gelegenheitskunden sind sie sicherer z.B. davor, daß das Kreditinstitut es unterläßt, sie wie zugesichert von aktuellen Kapitalmarktentwicklungen zu unterrichten, um rechtzeitig Vermögensumschichtungen einleiten zu können[23]. Langjährige Hausbankkunden gehen auch davon aus, daß ihr Berater Informationsvorteile und diskretionäre Verhaltensspielräume nicht einseitig zu ihrem Nachteil ausnützt, indem er bestimmte Anlageinstrumente z.B. ausschließlich empfiehlt, weil dies der Bereinigung des Bankportefeuilles dienlich ist. Moral Hazard durch Anlageberater (hier Agenten), ermöglicht durch die Plastizität der Ressource Information und das Wissen um hohe Monitoring Costs der Anleger (hier Prinzipale), wird in stabilen Geschäftsbeziehungen zunächst dadurch unwahrscheinlicher, daß das Beraterverhalten vom ökonomischen Interesse an Folgegeschäften beeinflußt wird. Wenn Anbieter in Geschäftsbeziehungen Anstrengungen

---

[22] Zur Verhaltensunsicherheit auf Anlegerseite s.o. Abschnitt 3.3.2.3.

[23] Typisches Beispiel für Shirking im Vermögensanlagegeschäft.

unternehmen, dem vom Nachfrager entgegengebrachten Vertrauen gerecht zu werden, so ist dies im Regelfall nicht auf Altruismus zurückzuführen. Auch für Berater besteht ein ökonomischer Anreiz zum Verzicht auf opportunistisches Verhalten, da die Wahrscheinlichkeit künftiger Geschäfte mit jenem Kunden steigt[24].

(b) Darüber hinaus ist eher zu erwarten, daß hier auf versteckte Schädigung durch den Berater auch dann verzichtet wird, wenn *nicht* damit zu rechnen ist, daß dem Berater solches Verhalten überhaupt jemals nachzuweisen sein wird[25]. Die Kommunikation von beziehungsspezifischem Zusatznutzen signalisiert auf diese Weise glaubhaft, daß Anbietervertrauen eine lohnende Investition darstellt und daß anbieterseitig echtes Interesse an einer langfristigen Kooperation besteht. Aufgrund dieser Signalwirkung werden kluge Berater ihre Kunden gerade dann von Vorteilen aus der Geschäftsbeziehung in Kenntnis setzen, wenn der spezifische Nutzen für den Anleger erkennbar zu Lasten des Kreditinstituts geht oder offensichtlich auf Gefälligkeit, Wohlwollen und Uneigennützigkeit des Beraters beruht. Vertrauen und die Erwartung weiterer Vorteile aus der Kooperation nehmen somit zu, gleichermaßen die Bindung des Kunden, allerdings auch die des Anbieters.

(c) Das Hold-up-Risiko des Anlegers erstreckt sich auf die Kosten der Durchsetzung impliziter oder expliziter Ansprüche oder auf die Höhe der möglichen Nutzeneinbußen bzw. auf die Höhe der Opportunitätskosten, die als versunkene Kosten im Falle des Ausscheidens aus der Geschäftsbeziehung drohen. In einer von Vertrauen geprägten, dauerhaften Kooperation zwischen Anlageberater und Privatkunde steigt hingegen der Erwartungswert unsicherer künftiger Rückflüsse aus den über längere Zeit erfolgten spezifischen Investitionen des Anlegers. Hold-up-Risiko und Unsicherheit über das beobachtbare Verhalten des Beraters nehmen ab, da hier für Letztgenannten dieselben Anreize zum Verzicht auf Opportunismus bestehen wie zuvor bei der Möglichkeit der Schädigung des Prinzipalen im Verborgenen (Hidden Action). Wenn Kreditinstituten daran liegt,

---

[24] Damit nimmt die Wahrscheinlichkeit jeder Form von künftigem relationalem Anbieternutzen zu, siehe unten Abschnitt 4.2.2.2.

[25] Dies ist bei Unsicherheit bezüglich echter Vertrauenseigenschaften von Anlageleistungen der Fall.

sich mühsam aufgebautes Vertrauen zu erhalten, wird der Verzicht auf Hold-up bereits dadurch wahrscheinlicher, daß die Chance zur Unsicherheitsreduktion bezüglich echter Vertrauenseigenschaften von Anlageleistungen als vertan betrachtet werden kann, wenn sich Enttäuschung schon bezüglich typischer Erfahrungsleistungen aufgrund von Anbieter-Hold-up einstellt. So wissen Berater genau, daß solche Anleger, die mit ihnen über längere Zeit hinweg verschiedene Anlagetransaktionen abgewickelt, dabei auch zeitliche, informationelle und emotionale Investitionen in die Hausbankbeziehung vorgenommen haben, auf nachlassende Freundlichkeit, aufkommende Nachlässigkeit oder Kleinlichkeit wegen der sunk cost-bedingten Wechselbarrieren nicht sofort mit der Beendigung der Geschäftsbeziehung reagieren werden. Wohl aber ist davon auszugehen, daß geschaffene Vertrauenspositionen dadurch beschädigt werden und vorangegangene eigene Investitionen in den Vertrauensaufbau weniger rentabel sein werden, da bei schwindender Kundenbindung von geringeren künftigen Mehreinzahlungen aus Geschäftsbeziehungen auszugehen ist.

4.2.2.1.2 Zusatznutzen aus Leistungsverbesserung

(1) Konkurrenzvorteil um knappe Ressourcen der Bank

Ressourcen, die das Kreditinstitut zur Erstellung von Anlageleistungen einsetzt, sind in der Regel durch Knappheit gekennzeichnet. Dies trifft insbesondere auf die Arbeitszeit zu, auf die Beraterqualifikation[26] und den Einsatz moderner Kommunikationstechnologie zur Datenverarbeitung und -auswertung. Da Anleger aufgrund der Knappheitssituation in direkter Konkurrenz um die zu verteilenden Ressourcen stehen, ist zu erwarten, daß solche Nachfrager bevorzugt werden, mit denen die Bank ihrerseits die rentableren Transaktionen und maximale Gewinne erwartet. So wird gerade der Berater mit hoher Qualifikation, dessen Beratungsleistung von einer größeren Kundenanzahl nachgefragt wird, jederzeit solche Kunden mit größerem Zeitaufwand, mit ausführlicherer und individuellerer Beratung bedienen, die ihm als treue, gegebenenfalls langjährig verbundene Anleger bekannt sind. Die Bevorzugung bei der Verteilung knapper

---

[26] Vgl. Schäfer (1995b), S. 126.

Ressourcen berechtigt Anleger letztlich zur Erwartung qualitativ höherer Beratungsleistungen mit der Folge besserer Anlageentscheidungen und besserer Leistungsergebnisse. Der erhöhte Produktnutzen liegt demzufolge in der Erwartung größerer Vermögensmehrung.
Diese Bevorzugung geht zunächst zu Lasten der Transaction-Banking-Kunden. Bei Bevorzugung einer bestimmten Kundengruppe führen Ressourcenknappheit und Kapazitätsengpässe nämlich fast zwangsläufig auch zu Vernachlässigung und Mindernutzen bei verbleibenden Geschäftsbeziehungskunden. Einen Zusatznutzen können also einzelne erwarten, vielleicht die überwiegende Mehrheit, nicht aber zwingend die Gesamtheit dieser Kunden.

(2) Preisvorteile durch Sonderkonditionen

Das Interesse der Kreditinstitute an der Kundenbindung wird besonders dadurch deutlich, daß Anlageberater in Geschäftsbeziehungen häufig nicht nur dann bessere als die offiziell gültigen Konditionen gewähren, wenn Kunden damit drohen, die Transaktion bei einem anderen Institut abzuwickeln, sondern Preisnachlässe oder Sonderkonditionen zur Festigung der Kundenbindung auch von sich aus anbieten[27]. So werden „guten" Kunden z.B. Vergünstigungen im Bereich der Depotführungsgebühr, heruntergesetzte Ausgabeaufschläge bei der Anlage in Investmentfonds oder höhere Festgeldverzinsungen angeboten. Solche Großzügigkeiten stellen für die Bank kurzfristig gesehen freiwillige Gewinneinbußen dar, bei investiver Betrachtung haben sie durch in der Folge anfallenden relationalen Anbieternutzen einen positiven Kapitalerwartungswert. Für Nachfrager verbessert sich das Preis-Leistungsverhältnis der angebotenen Bankleistung. Preisnachlässe und höhere Verzinsung fördern die Vermögenszielerreichung unmittelbar.

---

[27] Erhöhte Kundenbindung ist zu erwarten, wenn es dem Anbieter mit derlei Entgegenkommen gelingt, glaubhaft zu machen, daß er nicht nur jetzt sondern auch in Zukunft bereit ist, an den Kunden einen Teil seines beziehungsspezifischen Zusatznutzens weiterzugeben, wenn dieser nur selbst an der Geschäftsbeziehung festhält und dies durch künftige Transaktionen unter Beweis stellt. Unabhängig davon ist aus Kundensicht zu diesem Zeitpunkt nicht sicher, ob die Erwartungen in das Anbieterverhalten gerechtfertigt sind.

4.2.2.1.3 Nichtökonomische Nutzenbeiträge

Nichtökonomische Nutzenaspekte fallen bei Anlegern dort ins Gewicht, wo schwer quantifizierbare, individuell verschiedene Präferenzen in gewachsenen Geschäftsbeziehungen mehr entsprochen wird, als bei anonymen Transaktionen mit wechselnden Anbietern. Insbesondere die persönliche Beziehung zum Bankangestellten, damit verbunden Vertrauen und Vertrautheit, das Gefühl von Sicherheit und „Gutaufgehobensein" tragen bei bestimmten Anlegern erheblich zu Zufriedenheit und positiver emotionaler Umrahmung von Anlagetransaktionen bei. Der Stellenwert dieses Nutzenaspekts hängt von der individuell verschiedenen Art und Weise ab, mit der Residualunsicherheit bewältigt wird. Je störender Unsicherheit empfunden wird, die durch Informationsaktivitäten nicht abgebaut werden kann oder bewußt nicht abgebaut wird, um so wichtiger wird die Institution Vertrauen. So kann hinreichend Vertrauen bei einem Anleger bereits durch einen gewissen Bekanntheitsgrad des Anbieters geschaffen werden, während ein anderer Anleger auch beim renommiertesten Institut und mit besten Konditionen erst dann zufrieden und mit einem guten Gefühl die Filiale verläßt, wenn er vor der Transaktion den persönlichen Rat und Zuspruch des vertrauten Beraters vernommen hat. Zufriedenheit durch ein positives emotionales Umfeld liefert im Anlagegeschäft mit der breiten Privatkundschaft einen nicht zu vernachlässigenden Beitrag zum Gesamtnutzen des Angebots. Der Aufbau dauerhafter Geschäftsbeziehungen, in deren Rahmen Vertrauen entsteht und sich auf die Person eines bestimmten Beraters richtet[28], entspricht direkt dieser Nutzenwahrnehmung.

Fazit: Der Zusatznutzen von Geschäftsbeziehungen besteht auf der Nachfragerseite im wesentlichen in der Reduktion endogener Unsicherheit, die sich zuvor[29] als wichtiger Absatzwiderstand im Vermögensberatungsgeschäft erwies. Wie zuletzt dargestellt, können auch nichtökonomische Nutzenzuwächse aus Geschäftsbeziehungen resultieren. Selbst produktbezogener Zusatznutzen wirkt

---

[28] Diese Form von Zusatznutzen kann abgesehen vom Vertrauen zur Beraterperson auch von der entstandenen Vertrautheit mit den Räumlichkeiten, dem Leistungssortiment des Kreditinstituts usw. entstehen.

[29] Siehe oben u.a. Abschnitt 3.3.2.

indirekt unsicherheitsreduzierend, da hierdurch die Erwartung von Vermögenswachstum steigt, wobei die Erreichung des Vermögensziels für den Nachfrager grundsätzlich mit Unsicherheit versehen ist[30].

4.2.2.2 Relationaler Anbieternutzen

4.2.2.2.1 Nutzen mit direkter Erfolgswirkung

Kreditinstitute begründen Anstrengungen des Beziehungsmarketing damit, daß Kundenbindung und Geschäfte mit loyalen Kunden ökonomisch sinnvoll und dem Gewinnziel zuträglich sind. Direkt gewinnwirksame Mehreinzahlungen aus Geschäftsbeziehungen ergeben sich aus dem Ausnützen entstehender Preisspielräume im monopolistischen Bereich, aus Mengeneffekten und Akquisitionskosteneinsparungen. Im Gegensatz zu den im darauffolgenden Abschnitt genannten Nutzenaspekten mit *indirekter* Erfolgswirkung schlagen sie sich leicht erkennbar (an Zahlen) und unmittelbar im Betriebsergebnis nieder, weswegen ihnen eine *direkte* Erfolgswirkung zugesprochen werden kann.

(1) Monopolistischer Bereich und fundamentale Transformation
Wenn Kreditinstitute erfolgreich dauerhafte Geschäftsbeziehungen unterhalten, zeigt sich dies am bankloyalen Verhalten der Kunden. Diese haben positive Erfahrungen mit dem Kreditinstitut gemacht und sind in der Lernkurve weiter aufgestiegen. In dieser Situation nimmt die Attraktivität solcher Konkurrenzinstitute ab, die stark über den Preis konkurrieren. Mit der abnehmenden Preisempfindlichkeit der Bankkunden nimmt der monopolistische Bereich der Bank zu[31]. Der Bereich, in dem Kunden bereit sind, Zugeständnisse in Form höherer Preise zu machen, um sich die Annehmlichkeiten der Kooperation zu erhalten, steigt[32]. Anleger lassen sich nach langjähriger Beziehung zum Kreditinstitut durch vergleichsweise hohe Gebühren oder gesonderte Honorare für Beratung weniger stören, weil in dieser Phase Präferenzwirkungen des akquisitorischen

---

[30] Siehe oben S. 34 u. 37ff.
[31] Vgl. Süchting (1972), S. 295.
[32] Vgl. Süchting (1998), S. 13.

Potentials[33] des Anbieters weniger vom Preis bestimmt werden als zu Beginn der Absatzbeziehung. Die Erfahrung von Unsicherheitsreduktion und sinkenden Transaktionskosten sowie von anderen beziehungsspezifischen Nutzenaspekten lassen niedrige Preise als Wettbewerbsvorteil in den Hintergrund treten. Sinkende Preiselastizität der Nachfrage eröffnet so zunächst die Möglichkeit der Durchsetzung höherer Preise[34] in Geschäftsbeziehungen. Dauerhaft oder über das gesamte Sortiment hinweg überhöhte Preise können aufgebautes Vertrauen und die Stabilität der Absatzbeziehung insgesamt allerdings beeinträchtigen.

In der Transaktionskostentheorie wird das Entstehen von Preisspielräumen auf die sogenannte fundamentale Transformation[35] zurückgeführt, die sich in Geschäftsbeziehungen am wirksamsten zeigt. Dabei sehen sich Bank und Anleger durch die von beiden Seiten zum Beziehungsaufbau vorgenommenen spezifischen Investitionen an das Fortbestehen der Kooperation gebunden. Die Abwicklung von Transaktionen wird damit aus einem vom Wettbewerb geprägten Bietprozeß herausgenommen und in eine Situation überführt, in der sich beiden Partnern monopolähnliche Marktstellungen auftun. Da beiderseitige Investitionen und Bindungen erfolgen und gegenseitige Abhängigkeit zur Folge haben, kann fundamentale Transformation im Anlagegeschäft Preisverschiebungen nach oben wie auch nach unten auslösen. Höhere Preise (bzw. niedrigere Zinsangebote) sind eher dann durchsetzbar, wenn höhere Bindungen auf Seiten des Anlegers bestehen et vice versa. Da das Kreditinstitut durch einmal gemachte Investitionen und Erfahrungen künftige Transaktionen mit diesem Kunden effizienter durchführen kann als die Konkurrenz (*First Mover Advantage*), ist es nach der fundamentalen Transformation auch in der Lage, solche Vorteile zur Erhöhung der Kundenbindung an den Nachfrager weiterzugeben und die Konkurrenz im Preis zu unterbieten[36]. An die Stelle direkter Gewinnsteigerung tritt dann die Aussicht auf langfristig zu erzielende Mehreinnahmen.

In Geschäftsbeziehungen werden also von Anbietern und Nachfragern Abweichungen - in beide Richtungen - von den außerhalb dieser Kooperation als ver-

---

[33] Vgl. Gutenberg (1984), S. 238.
[34] Vgl. Meffert/Bruhn (1997), S. 145.
[35] Vgl. Williamson (1985), S. 61-63.
[36] Vgl. z.B. Fischer (1994), S. 583, Bogaschewsky (1995), S. 167.

bindlich betrachteten Preisen und Konditionen akzeptiert. Dieser Spielraum besteht in Geschäftsbeziehungen bezüglich der Preise und Konditionen, aber auch bezüglich aller anderen zwischen Kunde und Bank zu verteilenden Größen[37].

(2) Mengeneffekte

Das Bestehen einer langjährigen Geschäftsbeziehungen setzt nicht zwingend die Exklusivität der Bankverbindung voraus. Aus der Sicht des Kreditinstituts sind die Potentiale einer vertrauensvollen Anlegerbeziehung allerdings nicht ausgeschöpft, solange der Kunde nicht alle Vermögensberatungstransaktionen im eigenen Haus abwickelt. Unter den Verhältnissen wirklicher Geschäftsbeziehungen (Bindung und Loyalität) sind Anleger nicht nur mit größerer Wahrscheinlichkeit dazu bereit, weitere Anlagetransaktionen an gleicher Stelle abzuwickeln, sondern werden dies auch verstärkt nur noch mit diesem Anbieter und keinem anderen tun. Zusätzliche Nutzenerwartungen und posititive Erfahrungen von Kunden vorausgesetzt, können sogenannte Hauptbankbeziehungen zu exklusiven Absatzbeziehungen, damit zu Geschäftsbeziehungen engster Form, werden[38].

Exklusivität muß nicht auf Mengeneffekte bei Anlageleistungen begrenzt bleiben, sondern kann durch das einmal erworbene Vertrauenskapital auf andere Leistungsbereiche übertragen werden (*Cross-Selling*), so z.B. auf hauseigene oder im Allfinanzverbund mit anderen Unternehmen angebotene Bauspar- oder Versicherungsleistungen[39].

---

[37] Vgl. unten Abschnitt 4.3.2.

[38] Dafür wird zuweilen der Begriff der Geschäftsfreundschaft gebraucht. Bei der Mehrzahl der Bankkunden ist eine konstante, wechselstabile Hauptbankbeziehung vorzufinden, neben der noch weitere, selektiv genutzte Bankverbindungen unterhalten werden, vgl. Bekker/Herges/Steitz (1991), S. 23. Daß es vielen Kreditinstituten bzw. Beratern nicht gelingt, Kunden wirklich zu binden, beziehungsspezifischen Nutzen zu bieten und zu vermitteln, geht daraus hervor, daß die Loyalität oft gerade dann schwächer wird - vgl. Bühler (1996), S. 20 -, wenn die Nachfrage über einfaches Standardgeschäft hinausgeht und anspruchsvollere, mit mehr Unsicherheit verbundene Leistungen, z.B. anspruchsvollere Anlageleistungen, umfaßt. Um so rentierlicher erscheint unter diesem Aspekt die Intensivierung von Hauptbankbeziehungen.

[39] Vgl. z.B. Gröschel (1993), S. 510. Süchting spricht im gleichen Zusammenhang vom Angebot, *Finanzzentrum* des Kunden zu sein; vgl. Süchting (1972), S. 287.

Dauerhafte Geschäftsbeziehungen bringen auch die Chance auf beziehungsexterne Steigerung der Anzahl von Transaktionen bzw. der Transaktionsvolumina mit sich. Denn treue Kunden sind eher dazu bereit, ihre Bank oder ihren Berater an Dritte weiterzuempfehlen[40] und werden somit zu einem wirksamen und zugleich günstigen Marketing- und Akquisitionsinstrument.

(3) Effizienz durch Einsparung und Verteilung von Akquisitionskosten

Kein Finanzdienstleister kann ganz ohne die Gewinnung von Neukunden auf Dauer bestehen und erfolgreich sein. Akquisitionsanstrengungen erfordern insgesamt um so weniger Aufwand, je mehr das Kreditinstitut von der kostenlosen Werbung durch Mund-zu-Mund-Propaganda profitiert, von glaubwürdigen Qualitätssignalen, die von langjährigen, treuen Kunden ausgehen. Mit steigender Altkundenzahl sinken somit zunächst die durchschnittlichen Kosten für die Anbahnung einer neuen Geschäftsbeziehung[41].

Mit dieser Erkenntnis ist allerdings noch nichts über die Effizienz von Transaktionen in Geschäftsbeziehungen gegenüber einer gleich großen Anzahl von Transaktionen mit immer wieder neu zu gewinnenden Kunden gesagt. Offenbar fällt dieser Vergleich deutlich zugunsten des Relationship-Banking aus, denn die Aufwendungen für eine Neukundenakquisition werden weithin um ein Mehrfaches höher veranschlagt als die Kosten, einen zufriedenen Kunden zu halten[42] und zur Folgetransaktion zu bewegen. Viele der Bankkunden, die trotz neuer Anbieter die Filiale aufsuchen, bekunden implizit Interesse an persönlicher Betreuung und Beratung durch den Bankberater. Diese Kunden verfügen in der Regel über weniger Fachkenntnisse, empfinden durch dieses Informationsdefizit mehr Unsicherheit und wünschen gewöhnlich umfassendere Information als typische Direktbankkunden. Demzufolge sind gerade hier in der Phase des Aufbaus von Geschäftsbeziehungen, das heißt bei der Erzeugung von Zufriedenheit durch positive Erfahrungen und bei der Entwicklung von Vertrauen im Vorfeld eines ersten Geschäftsabschlusses einschließlich der Abwicklung einiger weiterer Transaktionen, relativ hohe Aufwendungen in den Kundenkontakt

---

[40] Vgl. auch Schäfer (1995b), S. 127.
[41] Vgl. Schade/Schott (1993b) S. 498.
[42] Vgl. etwa Knauber et al. (1997), S. 301.

erforderlich. Der Bankangestellte kann sich zu Beginn dennoch nicht sicher sein, ob Neukunden zur Entwicklung von Loyalität überhaupt bereit oder von Beginn an nur an Einzeltransaktionen interessiert sind. Anfänglich hohe Investitionen in die Betreuung werden also zwangsläufig in einigen Fällen in solche Kunden investiert, die für Bindung kaum zugänglich sind und für Geschäftsbeziehungen nicht in Frage kommen. Folglich ist die erste bzw. sind die ersten Transaktionen mit *Personal Banking Customers* im Durchschnitt immer vergleichsweise unergiebig, Folgetransaktionen dagegen effizienter.

Neben den im vorigen Abschnitt genannten Preis- und Mengeneffekten werden Transaktionen im fortschreitenden Stadium von Geschäftsbeziehungen rentabler, weil der Finanzdienstleister auch den Nachfrager besser kennenlernt und mit geringerem Einsatz von Zeit gezielter auf dessen Bedürfnisse einzugehen vermag[43]. Demnach werden Geschäftsbeziehungen rentabler, wenn die Anfangsinvestitionen auf möglichst viele Folgetransaktionen verteilt werden können, wenn aufwendigen anfänglichen Transaktionen möglichst viele kostengünstigere und effizientere[44] folgen, die Deckungsbeiträge erwirtschaften und schließlich zu Mehreinzahlungen führen. Also wird die Strategie der konsequenten Kundenbindung für das Kreditinstitut im Vergleich zur Strategie der Neukundengewinnung um so profitabler, je länger die aufgebauten Geschäftsbeziehungen Bestand haben[45].

---

[43] Einsparungen beim Einsatzfaktor Arbeitszeit fallen bei Vorbereitung, Durchführung und Nachbereitung von Beratungsgesprächen an, z.B. durch gezielte Versorgung mit Informationen oder durch Vermeidung von Rücksprachen und Nachverhandlungen mit unzufriedenen Kunden; vgl. auch Süchting (1998), S. 12.

[44] Des weiteren sind Folgetransaktionen effizienter, weil sich im Laufe der Beziehung bei steigendem Einkommen des Anlegers in der Regel auch höhere Anlagevolumina pro Transaktion ergeben und provisions- und gebührenträchtigere Kapitalanlagen (bis hin zur Immobilie) oder Cross-Selling-Leistungen (kapitalisierende Lebensversicherungen, Darlehen, usw.) nachgefragt werden. Zur Analogie zum Lebenszykluskonzept vgl. z.B. Süchting (1994), S. 451f.

[45] Vgl. auch die empirischen Studien von Reichheld/Sasser (1991), S. 108ff. Hier wird auch belegt, daß oft bereits relativ geringe Senkungen der Abwanderungsrate von Stammkunden zu unverhältnismäßig großen Gewinnsteigerungen führen.

4.2.2.2.2 Nutzen mit indirekter Erfolgswirkung

(1) Kosteneinsparung aus der Reduktion von Unsicherheit

In Abschnitt 3.3.2.4 wurde dargelegt, daß auch auf der Seite des Kreditinstituts endogene Unsicherheit im Vermögensanlagegeschäft von Bedeutung ist. Dieses *Interaktionsrisiko* in der Beziehung mit dem Anlegerkunden schlägt sich in Opportunitätskosten nieder, die entstehen, wenn Ressourcen bei der einmaligen oder wiederholten Bedienung von Kunden unrentabel eingesetzt werden, weil die aus verschiedenen Gründen Interesse am Geschäftsabschluß lediglich vortäuschen oder Investitionen der Bank in die Absatzbeziehung auszunutzen beginnen, z.B. durch zunehmend überzogene Preis- und Konditionenforderungen oder zeitlich ausufernde Beratungsgespräche[46]. Bei zunehmender Anzahl von Kunden, die das Kreditinstitut unter Aufbau von Vertrauen tatsächlich an sich binden kann, verringert sich das Risiko der Ressourcenverschwendung bzw. der Fehlinvestition in Kunden, die das Kreditinstitut im Grunde nicht haben will, oft aber zu halten gezwungen ist, z.B. bei noch rückzuführenden Krediten.

Das Interaktionsrisiko sinkt in Geschäftsbeziehungen bereits dadurch, daß der Berater sich darauf einstellen kann, wie sich ein bestimmtes Verhalten dem Anleger gegenüber auswirkt[47]. Impliziten Verhaltenserwartungen, die nicht unmittelbar ein Verteilungsproblem zwischen den Akteuren betreffen, kann leichter entsprochen werden. Unwahrscheinlicher wird damit der ungewollte Abbruch von Absatzverhältnissen als Folge von Diskrepanzen zwischen individuellen Nachfragerpräferenzen und korrigierbarem Verhalten des Beraters.

Erfolgreiche Strategien der Kundenbindung haben bei Kreditinstituten, wie bei anderen Unternehmen auch, niedrigere Kundenfluktuationsraten zur Folge. Bei einem höheren Anteil von stabilen Geschäftsbeziehungen an der Summe aller

---

[46] Zum Beitrag von Relationship-Banking zur Lösung von Hold-up-Problemen des Kreditinstituts siehe auch Trosky (1996), S. 243 u. 245. Im Gegensatz zu Anlagebeziehungen besteht in Kreditbeziehungen ein wirksames Instrument zur Lösung bzw. Minderung von Kunden-Hold-up: Indem opportunistisches Verhalten der Schutzgemeinschaft für allgemeine Kreditsicherung (SCHUFA) mitgeteilt wird, kann der Kunde dadurch sanktioniert werden, daß per Kollektivierung der Information über sein Verhalten alle künftigen Kreditaufnahmen eingeschränkt oder verteuert werden; vgl. hierzu ansatzweise Trosky (1996), S. 243.

[47] Vgl. Diller/Kusterer (1988), S. 212.

Kundenbeziehungen besteht für das Kreditinstitut höhere Sicherheit bezüglich der Kapazitäts- und Personalplanung, da mit weniger starken Auslastungsschwankungen zu rechnen ist[48]. Bei erfolgreicher Kundenbindung fallen Opportunitätskosten in Form von Kapazitätsanpassungs- oder Leerkosten niedriger aus, da auf eine langfristige Verstetigung des gesamten Geschäftsablaufs hingewirkt wird. Die Reduktion beziehungsexogener Unsicherheit dieser Art ist für Kreditinstitute vor allem dann von Vorteil, wenn neue Wettbewerber mit neuen Produkten oder neuen Vertriebstechnologien in den Markt einbrechen und nicht sofort die Möglichkeit zur Imitation oder zur Ergreifung anderer Gegenmaßnahmen besteht. Andere Beispiele, die zu Schwankungen der Gesamtnachfrage nach Anlageleistungen führen, sind vorübergehende Imageverluste - eigene oder einzelner anderer Institute -, gezielte Imagekampagnen direkter Konkurrenten und mögliche Rufschädigungen der gesamten Branche. Kontinuität ergibt sich daraus, daß in stabilen Geschäftsbeziehungen aufgrund der Vertrauensposition der Bank negative Mengeneffekte, d.h. abnehmende Transaktionsfrequenz und -volumina, geringer ausfallen. Zudem ist bei „Beziehungskunden“ in solchen Situationen aufgrund der höheren Wechselkosten weniger mit der Extremreaktion des Anbieterwechsels zu rechnen als bei Gelegenheitskunden.

(2) Imagewirkungen: Festigung der Reputation

Im Zusammenhang mit der Bedeutung eines guten Images des Unternehmens bei den Nachfragern rückt in der Neuen Institutionenökonomik, insbesondere in der absatzorientierten Informationsökonomik, die Institution der Reputation in den Mittelpunkt der Betrachtung[49]. Für ein Kreditinstitut, das keinen ausgesprochen guten Ruf genießt, kann der Aufbau von Vertrauen beim Anleger, wenn überhaupt, nur unter großen Anstrengungen gelingen. Bankleistungen sind vertrauensempfindlich, anspruchsvollere Anlageleistungen werden zudem als komplexer wahrgenommen, verfügen über mehr Vertrauenseigenschaften und sind verstärkt mit Unsicherheitsproblemen behaftet, die als Absatzwider-

---

[48] Vgl. Gröschel (1993), S. 511.

[49] Vgl. z.B. Kaas (1990), S. 545f. und (1992), S. 894ff., Schäfer (1995a), S. 541f., Spremann (1988), Trosky (1996), S. 247ff.

stand wirken. Um so deutlicher wird, daß Erfolg und Konkurrenzfähigkeit im Vermögensberatungsgeschäft eng an die institutionelle Wirkung der Reputation des Kreditinstituts gebunden sind. Von der allgemeinen Reputation, die das Kreditinstitut bei einzelnen Kunden oder auch in der Öffentlichkeit insgesamt genießt, kann die spezifische Reputation unterschieden werden, die sich ein Berater bei einzelnen Kunden erwirbt. Die Veränderung einer Form von Reputation kann sich mit gleicher Richtung zumindest teilweise auf die andere übertragen.

Daß zufriedene, treue Kunden als kostengünstige Werbeträger das öffentliche Erscheinungsbild beeinflussen und zur Imageverbesserung wirksam beitragen, wurde bereits dargestellt. An dieser Stelle ist hervorzuheben, welche Bedeutung gerade die *nicht* zufriedenen Kunden für die Aufrechterhaltung der Reputation haben. „... the loss of one customer may not be important in the numbers game, the nine people he tells of his dissatisfaction, and the likely snowball effect, are.“[50] Diese Aussage trifft den Kern eines vielfach beobachteten und bestätigten Verhaltensmusters: Unzufriedene Kunden kommunizieren negative Erfahrungen mit einer um ein Mehrfaches höheren Anzahl von Personen als zufriedene Kunden dies in umgekehrter Weise tun[51]. Offensichtlich wird die Gefährdung der Reputation, wenn unzufriedene Kunden zuweilen erhebliche Aktivitäten entwickeln, um das Ansehen des Anbieters bei bestehenden und potentiellen Kunden zu schädigen, wobei dann nach Anlässen zur Beschwerde geradezu gesucht wird[52].

Reputationsverluste wieder wettzumachen, ist in der Finanzdienstleistungsbranche ein langwieriges und teures Unterfangen. Banken, die Kundenbindung anstreben und mehr Transaktionen im Rahmen von stabilen Geschäftsbeziehungen abwickeln, reduzieren bei hoher Kapazitätsauslastung im selben Maße die Anzahl der Transaktionen mit Gelegenheitskunden. Risikokosten der Wiederherstellung von Reputation sinken bei konsequentem Relationship-Banking gegen-

---

50 Bicker (1996), S. 35.

51 Vgl. Schroth (1997), S. 587, Klingsporn (1996), S. 38. Ein grobes Beispiel zur Umrechnung von allgemeiner Kundenunzufriedenheit in Ertragsentgang der Bank findet sich bei Bühler (1996), S. 21.

52 Zur Verdeutlichung der Gefahr, die von solchen sogenannten Querulanten für Anbieter ausgeht, sprechen Heskett et al. (1994) in diesem Zusammenhang gar von *terrorists*.

über dem Transaction-Banking. Denn in bestehenden Geschäftsbeziehungen ist es vergleichsweise unwahrscheinlich, daß sich Kundenunzufriedenheit bei hin und wieder auftretenden Enttäuschungen über einzelne Vorfälle in negativer Kommunikation im Kundenumfeld und weitergehend in allgemeinen Reputationsverlusten auswirkt. Die beiderseitige Betrachtung des Wertes der gesamten Beziehung und nicht der Vorteilhaftigkeit einer isolierten Transaktion gibt beiden Seiten die Möglichkeit, punktueller Unzufriedenheit der anderen Seite im weiteren Verlauf der Beziehung entgegenzuwirken.

Die Stabilität der Anbieterreputation nimmt mit dem Anteil an gebundenen Kunden im Kundenportfeuille des Kreditinstituts zu, Risikokosten der Imageschädigung durch unzufriedene Kunden nehmen ab.

(3) Markteintrittsbarrieren

Stabile Geschäftsbeziehungen setzen Vertrauen voraus, das wiederum nur über einen längeren Zeitraum hinweg aufgebaut werden kann. Die Stabilität von Geschäftsverbindungen erschwert den Marktzutritt neuer Wettbewerber, die über vergleichbare Vertrauenspositionen nicht verfügen können[53]. Der Schutzwall, der von bestehenden Geschäftsbeziehungen ausgeht, besteht in der bereits vollzogenen Reduktion von Unsicherheits- und Informationsproblemen des Nachfragers, die sich beim Wechsel zu dem neuen Anbieter erneut einstellen würden, mitsamt der zur Reduktion erforderlichen Transaktionskosten. Da ex ante Unsicherheit darüber besteht, ob sich mit dem neuen Anbieter tatsächlich eine Geschäftbeziehung realisieren läßt, besteht bei einem Ausscheiden aus einer Geschäftsbeziehung immer auch das Risiko, daß die eingegangenen Wechselkosten bei mehreren Anläufen zum Beziehungsaufbau mehrfach zu Sunk Costs werden. Die ökonomische Rechtfertigung des Wechsels aus einer Geschäftsbeziehung zu einem neuen bzw. anderen Anbieter wird damit immer schwieriger, da künftige Einzahlungen aus Transaktionen zunächst alle angefallenen versunkenen Kosten wettmachen müssen, bevor in der Summe Vorteile aus einem oder mehreren Anbieterwechseln gegenüber der fortgesetzten Geschäftsbeziehung zu verzeichnen sind.

---

[53] Vgl. Gröschel (1993), S. 510.

Durch die Abwicklung von Anlagetransaktionen im Rahmen von Geschäftsbeziehungen baut das Kreditinstitut also Wechselbarrieren des Nachfragers auf, die es selbst in eine günstige In-Supplier-Situation[54] bringen, während für alle anderen Out-Supplier Markteintrittsbarrieren entstehen.
Die Erfolgswirkung des Aufbaus solcher Maßnahmen zur Abschottung des eigenen Marktes ist um so größer, je mehr sich der Wettbewerb auf die Verteilung von Marktanteilen eines weitgehend erschlossenen Marktes richtet. Von nachwachsenden Kundengenerationen abgesehen trifft dies auf das Vermögensberatungsgeschäft mit Privatkunden weitgehend zu. Noch größer sollte das Interesse an langfristigen, stabilen Geschäftsbeziehungen bei Kreditinstituten sein, die auf einem regional begrenzten Markt operieren. So ist die Sicherung des Marktanteils durch Relationship-Banking in Deutschland insbesondere für Sparkassen und Genossenschaftsbanken ein essentieller Erfolgsfaktor, da diese Institute dauerhaft darauf angewiesen sind, Erträge aus dem örtlichen Geschäftsgebiet zu ziehen[55].

4.2.3 Resümee zu Stabilität und Vorteilhaftigkeit

Die Vorteilhaftigkeit von Relationship-Banking gegenüber Transaction-Banking ist für Universalbanken Ansporn, Geschäftsbeziehungen bei erkennbar positivem Verlauf möglichst lange zu erhalten. Die zu erwartende Dauer von Geschäftsbeziehungen ist maximal bei höchstmöglicher Beziehungsstabilität. Hohe Stabilität bedeutet, daß im Falle von Schwierigkeiten oder Konflikten zwischen Bank und Kunde eine hohe Anpassungsflexibilität zutage tritt, Verhaltenskorrekturen der Akteure bewirkt und auf ein für beide Seiten vorteilhaftes Verbleiben in der Geschäftsbeziehung hinwirkt. Stabilität ist Voraussetzung für die Realisierung von Effizienzvorteilen durch Transaktionen innerhalb der Beziehung gegenüber solchen außerhalb derselben.

---

[54] Zu den Begriffen vgl. auch Plinke (1989), S. 307.
[55] Vgl. Gröschel (1993), S. 512.

Im Leistungsbereich vollstandardisierter, einfacher Mengengeschäfte bieten neue Anbieter in Discountermanier von traditionellen Universalbanken nicht wettzumachende Preisvorteile. So bleibt Kreditinstituten mit bestehenden Filialnetzen die Möglichkeit, mit anspruchsvolleren Leistungen aufzutreten, bei denen im Preis nicht der alles entscheidende Wettbewerbsvorteil liegt. Dieser ist im oben gezeigten Zusatznutzen anzustreben, der Kunden bei Transaktionen im Rahmen einer stabilen, dauerhaften Geschäftsbeziehung geboten werden kann. Hierzu eignet sich das kontaktintensive Vermögensanlagegeschäft besonders, wie gezeigt wurde. Wenn Relationship-Banking in diesem Geschäftsfeld mit zunehmender Exklusivität der Beziehungen einhergeht, besteht für Universalbanken die Chance, das reine Mengengeschäft auch bei hohen Preisen im Hause zu halten bzw. zurückzugewinnen. Die Betrachtung der Realität liefert jedoch das Bild kontinuierlich abnehmender Kundenloyalität und zunehmender Wechselbereitschaft. Vor der Neuakquisition zum Aufbau neuer Geschäftsbeziehungen stehen filialgestützte Geschäftsbanken also primär vor dem Problem, wie die (zahlreichen noch) bestehenden, langjährigen Kundenbeziehungen zu erhalten und an Stabilität zu verbessern sind.

Über Maßnahmen im Rahmen von Leistungsbegründung und Leistungsfindung könnte fundierter entschieden werden, wenn Abläufe bestehender Geschäftsbeziehungen besser nachzuvollziehen und leichter vorauszusehen, kurzum transparenter wären. So soll im folgenden Abschnitt der Versuch unternommen werden, in einem Modell zu veranschaulichen, wie und wann Stabilität im Verlauf der Geschäftsbeziehung im Vermögensanlagegeschäft „funktioniert". Damit verbunden ist der Versuch, die oben genannte Anpassungsflexibilität auf der Anbieterseite nicht mehr ganz dem (mehr oder minder ausgeprägten) Spürsinn des Beraters zu überlassen, sondern sie - über das Verständnis der Wirkung von Aktionen in der Geschäftsbeziehung auf deren Stabilität - einer gewissen Steuerbarkeit zugänglich zu machen.

4.3 BINDUNG UND DAS ERHALTEN VON GESCHÄFTSBEZIEHUNGEN

4.3.1 Faktoren der Bindung

Voraussetzung für die Stabilität von Geschäftsbeziehungen sind Bindungen. Bindungswirkung geht aus von

- **spezifischen Investitionen** (ökonomische Bindung),
- **relationalem Nutzen** (überwiegend ökonomische Bindung) und
- **„Shared Values" oder „Commitment"** (emotionale Bindung).

Die Bindungswirkung spezifischer Investitionen[56] wird dadurch sichtbar, daß spezifisch eingesetzte Ressourcen jeweils für die Seite, die die Investitionen aufgebracht hat, außerhalb der Beziehung versunkende Kosten darstellen. Alle Kosten für den Aufbau von Geschäftsbeziehungen stellen damit ökonomische Wechselbarrieren dar. Opportunitätskosten dieser Art werden auf der Kundenseite mit Institutswechselkosten oder Switching Costs[57] umschrieben, fallen aber in ähnlicher Weise auch für das Kreditinstitut an, wenn ein langjähriger Kunde verloren geht und durch einen Neukunden ersetzt wird.

Relationaler Nutzen bindet die Akteure aneinander, da dieser Nutzen ausschließlich in der Geschäftsbeziehung zu realisieren ist[58]. Spezifischer Nutzen aus Geschäftsbeziehungen bewirkt überwiegend ökonomische Bindung, allerdings können nichtökonomische Nutzenaspekte bei Kunden[59] auch Bindung emotionaler Art auslösen.

---

[56] Vgl. Kaas (1995b), S. 36.

[57] Vgl. Schäfer (1995b), S. 123, Plinke (1989), S. 312.
Auch Bindung aufgrund von Gewohnheit oder Bequemlichkeit kann auf spezifische Investitionen zurückgeführt werden: Sie drückt aus, daß der Kunde die bei Anbahnung der vorliegenden Absatzbeziehung angefallenen Transaktionskosten für die Bewältigung von Unsicherheit, Unbequemlichkeit und Ungewohntem nicht ohne weiteres noch einmal in Kauf zu nehmen bereit ist.

[58] Zu Nutzenaspekten s.o. Abschnitt 4.2.2.

[59] S.o. Abschnitt 4.2.2.1.3.

Wenn emotionale Bindung dagegen nicht auf Nutzenwahrnehmung bzw. -erwartung sondern eher auf innerer bzw. moralischer Verpflichtung (Commitment[60] oder Shared Values[61]) beruht, so kann von moralischer Bindung gesprochen werden. Sie tritt vornehmlich bei Kunden gegenüber dem Bankpersonal auf.

Je größer die Ausprägung der genannten Bindungsfaktoren jeweils ausfällt, um so stärker binden sich Anbieter bzw. Nachfrager. Zwar setzt Stabilität Bindung voraus, die unmittelbare Folge von Bindungen ist zunächst jedoch das Entstehen von Verhaltensspielräumen. Die Stabilität von Geschäftsbeziehungen hängt unmittelbar von der Nutzung dieser Spielräume durch die Marktpartner im Zeitverlauf ab.

4.3.2 Verhaltensspielräume als Folge von Bindungen

4.3.2.1 Beispiel: Anlagekonditionen

Wenn Anleger erstmalig Transaktionen mit einem Kreditinstitut abwickeln oder dies mit ständig wechselnden Anbietern zu tun pflegen (siehe Abb. 3, Phase I: Transaction-Banking, Marktlösung mit isolierten Transaktionen), so setzt eine Einigung voraus, daß der vom Anleger geforderte Zins (Zinsuntergrenze ZU) unter, höchstens auf gleicher Höhe mit dem Zinsangebot der Bank (Zinsobergrenze ZO) liegt. Mit dem Aufbau einer Geschäftsbeziehung (Phase II) erfolgen von beiden Seiten spezifische Investitionen, zum Beispiel durch den bewußten Aufbau von Vertrauen. Auf beiden Seiten bestätigt und festigt sich die Erwartung, aus einem engeren, partnerschaftlichen Absatzverhältnis spezifischen Zusatznutzen zu ziehen: Unsicherheit über die „Qualitäten" der anderen Marktseite und deren Verhalten wird abgebaut, indem sich Erfahrungswerte mit

---

[60] Vgl. z.B. Diller/Kusterer (1988), S. 218. In dieser Arbeit wird unter Commitment jede Form von Sich-verpflichtet-fühlen verstanden. Zu Unterschieden im Verständnis von Commitment vgl. Lohmann (1997), S. 79.

[61] Vgl. Schäfer (1995b), S. 123 u. 126.

dem Gegenüber einstellen, die bis zu diesem Zeitpunkt glaubhaft Wohlverhalten und Verzicht auf Opportunismus signalisieren. Dies geschieht zunächst im beobachtbaren und - von entscheidender Bedeutung für den schlechter informierten Prinzipal (Anleger) - immer mehr auch im nicht überprüfbaren Bereich. Anleger fühlen sich bei Anlageentscheidungen bei „ihrem" Berater zunehmend gut aufgehoben, sicherer und besser bedient und ihm gegenüber mitunter zu Dankbarkeit und Loyalität verpflichtet. Gegenseitige Bindungen entstehen.

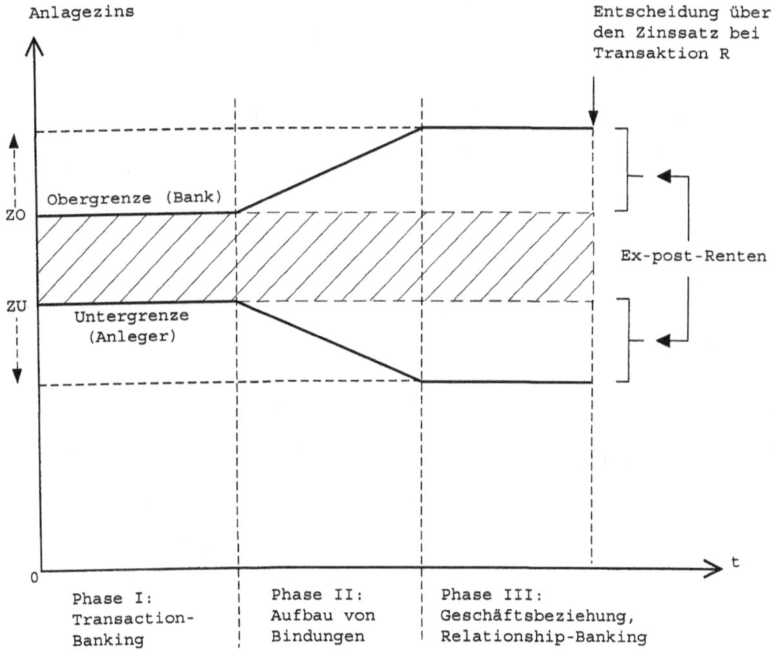

Abb. 3: Verhaltensspielraum bei der Verhandlung von Anlagekonditionen[62].

---

[62] Quelle: in Anlehnung an Kaas (1995b), S. 36. Die unter 4.3 folgenden Abbildungen 4, 5, 6 und 7 sind darauf aufbauend selbsterstellt.

Resultat des Aufbaus solcher Bindungen ist, daß sich bei einer Anlagetransaktion R bei bestehender Geschäftsbeziehung (Phase III, Relationship-Banking) die Zinsobergrenze der Bank ZO nach oben verschoben hat, die Zinsuntergrenze des Anlegers ZU nach unten. In Erwartung künftiger Mehreinzahlungen aus der Geschäftsbeziehung ist die Transaktion R für das Kreditinstitut nun auch zu einem höheren Zinssatz noch vorteilhaft gegenüber einem alternativen Geschäftsabschluß mit einem Kunden in Phase I. Bei gleicher Überlegung wäre nun auch der Anleger bereit, bei dieser Transaktion einen geringeren Zinssatz hinzunehmen. Fundamentale Transformation[63] läßt einen größeren Einigungsbereich, Verhandlungsspielraum, entstehen. Unter der Annahme, daß Bankberater und Anleger alle bindungsrelevanten Faktoren zu schätzen und zu quantifizieren in der Lage sind, stellen die Toleranzgrenzen dieses Verhaltensspielraums Vorteilhaftigkeitsschwellen für die Absatzbeziehung insgesamt dar. Wird die Transaktion R zum Zinssatz in Höhe einer der Toleranzgrenzen abgewickelt, so ist die betreffende Seite in diesem Augenblick indifferent zwischen der Beendigung und der Fortsetzung der Geschäftsbeziehung, da der erwartete beziehungsspezifische Mehrertrag Null ist. In der Verschiebung der Toleranzgrenze drücken sich also der relationale Vorteil und die zunehmende Bindung des jeweiligen Akteurs aus.

Die Wirkung bindungsrelevanter Einflüsse (d.h. der Verlauf der Toleranzgrenzen) ist unter realen Bedingungen Schwankungen unterworfen, die von der variablen Alternativenattraktivität der Konkurrenzanbieter induziert werden. Zur Analyse von Verhaltensspielraum und Stabilität der In-Supplier-Beziehung soll hier und im weiteren vereinfachend von einer konstanten Beurteilung der Out-Supplier-Angebote ausgegangen werden: Toleranzgrenzen können sich im Modell nur aufgrund beziehungsendogener Faktoren verändern.
Mehreinzahlungen, spezifische Erträge oder Nutzenvorteile aus Geschäftsbeziehungen haben den Charakter von Ex-post-Renten[64], die - im Beispiel durch

---

[63] S.o. Abschnitt 4.2.2.2.1(1).

[64] Im Sinne von ex post erzielbaren Renten. Solche Renten aus Geschäftsbeziehungen bestehen bei genauerer Betrachtung nicht gänzlich aus wirklichen ökonomischen Renten. Denn immer dann, wenn eine ex post erzielbare Rente ex ante durch Vorleistungen in gleicher Höhe direkt zu erkaufen war, liegt eine Quasi-Rente vor; vgl. Neus (1998), S. 211. Trotz-

Einigung auf einen Zinssatz bei der Transaktion R - zwischen den Akteuren aufgeteilt werden. Problematisch wird die Aufteilung der Ex-post-Renten dadurch, daß es hierzu zwar keine ökonomisch beste oder moralisch zwingende Lösung gibt[65], solche *Verteilungsakte* wohl aber die Stabilität der Geschäftsbeziehung beeinflussen. Bevor hierauf näher eingegangen wird, soll zunächst das Beispiel Anlagezins auf andere Verteilungsparameter übertragen und verallgemeinert werden.

4.3.2.2 Verallgemeinerung: Aggregation der Verteilungsgrößen

Bei jeder Transaktion gibt es eine Reihe von Produkt- oder Leistungsmerkmalen, deren Ausprägung Gegenstand der Verhandlung zwischen Anbieter und Nachfrager ist. Meist ist der Preis nur einer der Verhandlungs- oder Verteilungsparameter. So existieren im Vermögensanlagegeschäft zwischen Bank und Anleger neben Zinskonditionen und Gebühren weitere zu verhandelnde und zu verteilende Größen, im wesentlichen[66]

- der Zeitaufwand, mit dem Anleger persönlich betreut und beraten werden,
- der Umfang gelieferter Information und allgemeiner Serviceleistung,
- das Ausmaß schriftlicher Dokumentation bei Information und Beratung (Dokumentationsgrad),
- das Ausmaß kundenindividuellen Vorgehens anstelle standardisierter Leistung (Individualisierungsgrad[67]) sowie
- der Umfang eingesetzter Ressourcen und die Leistungsqualität[68] im allgemeinen.

---

dem werden die im Modell dargestellten Renten, die sich aufgrund unterschiedlicher Bindungsfaktoren ergeben (vgl. oben S. 121), im weiteren pauschal, wenn auch nicht ganz korrekt, Ex-post-Renten genannt.

[65] Vgl. Kaas (1995b), S. 38.

[66] Die nachfolgend genannten Leistungsmerkmale sind aufgrund der allgemeinen Formulierung inhaltlich nicht überschneidungsfrei.

[67] Zur Individualisierung s.u. Abschnitt 5.2.2.2.

[68] In Ergänzung zu rein quantitativen Leistungsaspekten. Dies setzt voraus, daß zunehmende Leistungsqualität für die Bank immer mit zusätzlichen Kosten und für den Anleger mit Nutzenzuwachs verbunden ist.

Die Erwartungen über den Leistungsinput, der weitgehend von dem Kreditinstitut erbracht wird, sind bei Beratern und Anlegern individuell verschieden. Damit können die impliziten Erwartungen darüber, in welcher Höhe die Verteilungsparameter im Verlauf der Geschäftsbeziehungen festgelegt und die Ex-post-Renten zwischen den Akteuren aufgeteilt werden, voneinander abweichen. Zur Vorbereitung von Aussagen über die Stabilität einer Geschäftsbeziehung ist es hilfreich, den Verhaltensspielraum bei Aufteilung der Ex-post-Renten aus der Geschäftsbeziehung so darzustellen, daß dieser sich auf alles bezieht, was zwischen Bank und Kunde zur Verteilung ansteht. Demzufolge beziehen sich in Abbildung 4 die Toleranzgrenzen, die den erweiterten Einigungsbereich in der Geschäftsbeziehung begrenzen, nicht mehr auf die Festlegung eines einzelnen Verteilungsparameters (so auf die der Anlagekonditionen in Abbildung 3), sondern stellen eine allgemeine, aggregierte Leistungsobergrenze LO (aus Banksicht) bzw. Leistungsuntergrenze LU (aus Anlegersicht) dar.

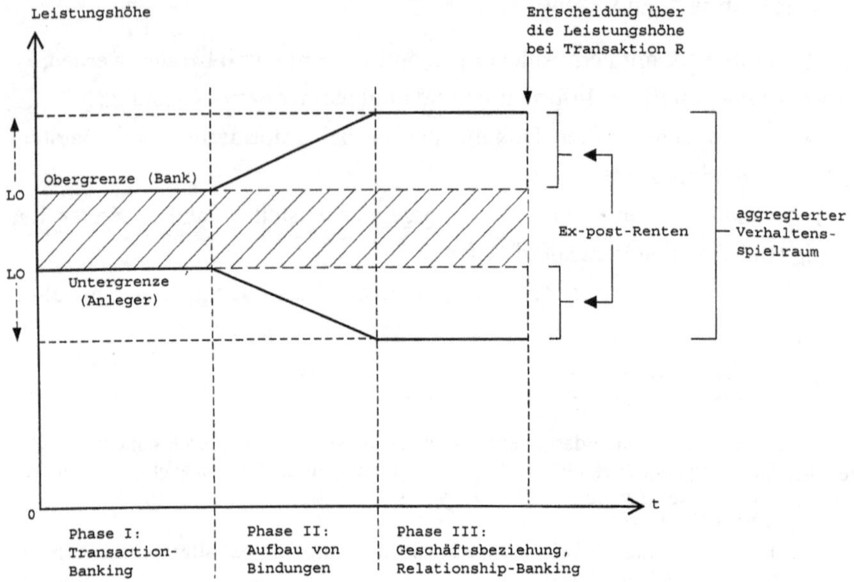

Abb. 4: Verhaltensspielraum bei der Verhandlung allgemeiner Leistungshöhe.

Zum Zweck der Visualisierung des aggregierten Verhaltensspielraums (siehe Abb. 4) ist an dieser Stelle ohne Belang, wie eine Aggregation der Verteilungsparameter zu einer übergeordneten, umfassenden Größe *Leistungshöhe* korrekt und im Detail vorzunehmen ist und welche Verteilungsparameter einfließen sollten. Für eine korrekte Interpretation des aggregierten Verhaltensspielraums, begrenzt durch Toleranzgrenzen der allgemeinen Leistungshöhe, sollen folgende Annahmen genügen: In den Verschiebungen der Toleranzgrenzen schlagen sich alle Faktoren nieder, die Bindungswirkung in einer Geschäftbeziehung haben[69], also insbesondere spezifische Investitionen und relationaler Nutzen[70] auf Bank- und Kundenseite, neben ökonomischen gegebenenfalls auch emotionale Bindungen[71]. Die Gesamtheit aller Bindungsfaktoren bewirkt das Entstehen des Verteilungsspielraums und determiniert die Höhe der insgesamt zu verteilenden Ex-post-Rente. Bei der Ermittlung der Leistungshöhe eines Verteilungsaktes durch ein Verteilungsresultat gehen in die zuvor zur Leistungshöhe zu aggregierenden Parameter allein die Faktoren ein, deren Festlegung ein Verteilungsproblem mit sich führt.

4.3.3 Verteilungsresultate und Stabilität

4.3.3.1 Betrachtung eines einzelnen Verteilungsresultats

Bei der vereinfacht dargestellten Aufteilung der Ex-post-Renten durch einen Verteilungsakt, in welchem zugleich über die Verteilung aller für die Verteilung relevanten Faktoren entschieden wird, kann es zu Verteilungsresultaten in fünf verschiedenen Bereichen B_0 bis B_4 kommen (siehe Abb. 5). Das jeweilige Verteilungsresultat ist dann wie folgt zu interpretieren:

---

69 Siehe oben S. 121f.

70 Zum spezifischen Zusatznutzen aus Geschäftsbeziehungen für Kunden bzw. Anbieter siehe oben Abschnitte 4.2.2.1 und 4.2.2.2.

71 Die graphische Darstellung des Verhaltensspielraums erfaßt nicht die Sunk Costs, die in der Ex-post-Betrachtung allerdings ohnehin irrelevant sind.

B_0: Die Leistungshöhe liegt innerhalb eines Bereichs, in dem die Aufteilung der Ex-post-Renten als gerecht empfunden wird, da sie jedem Akteur die erwartete eigene Ex-post-Rente überläßt. In diesem Bereich liegt auch der Einigungsspielraum für Transaktionen außerhalb der Geschäftsbeziehung.

B_1: Das Kreditinstitut kann dem Anleger Leistungsvorteile (Wettbewerbsvorteile gegenüber Konkurrenten) bieten. Die Transaktion ist für die Bank (noch) vorteilhaft, obgleich die Verteilung der Ex-post-Renten den Anleger hier zu Lasten der Bank begünstigt: Das Beispiel des Verteilungsresultats V_1 sichert dem Kunden A, läßt der Bank nur den Anteil B.

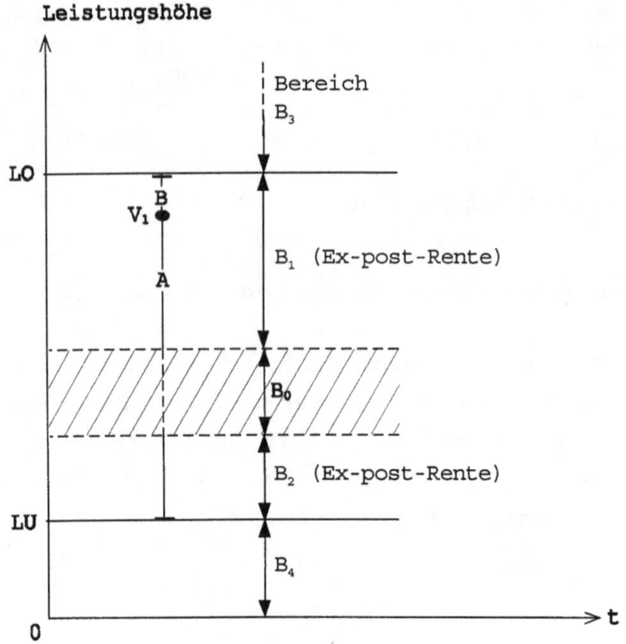

Abb. 5: Bereiche der Aufteilung von Ex-post-Renten aus Geschäftsbeziehungen durch ein Verteilungsresultat.

B_2: Der Anleger nimmt eine geringere Leistungshöhe hin. Die Transaktion ist für ihn (noch) vorteilhaft, obgleich sich die Bank einen Teil seiner Ex-post-Rente aneignet[72].

B_3: Aneignung der gesamten Ex-post-Rente durch den Anleger bei Erreichen der Leistungsobergrenze der Bank (LO). Die Geschäftsbeziehung erweist sich bei Einigung in B_3 für die Bank gegenüber fortgesetzten beziehungsexternen Transaktionen als unterlegene Alternative. Über LO liegende Verteilungsresultate sind nur aufgrund unvollkommener Information und begrenzter Rationalität denkbar.

B_4: Aneignung der gesamten Ex-post-Rente durch das Kreditinstitut bei Erreichen der Leistungsuntergrenze des Anlegers (LU). Analog gilt die Interpretation von B_3 im umgekehrten Sinn.

Verteilungsresultate jenseits der Toleranzgrenze sind für die benachteiligte Seite als derart unbefriedigend zu interpretieren, daß sie zwangsläufig zum Ende der Kooperation führen. Also kommt auch eine einmalige Bevorzugung eines anderen Anbieters oder der Verzicht auf eine einzelne Transaktion seitens der Bank, um die Geschäftsbeziehung anschließend unbeirrt fortzusetzen, nicht in Betracht. Diese definitorische Anmerkung erfolgt allein um zu zeigen, wie weit die Toleranzgrenzen von dem entfernt liegen, was insbesondere der benachteiligte Akteur erwartet bzw. als erträgliche Aufteilung empfindet: Der mit einem solchen Verteilungsresultat angerichtete Schaden - gerade durch zerstörte Vertrauenspositionen - ist in diesem Fall so groß, daß der Abbruch der Absatzbeziehung einer Fortführung schlichtweg vorgezogen wird. Verteilungsresultate auf den Toleranzgrenzen stellen bereits extrem einseitige Verteilungsakte dar,

---

72 Im Verlauf der Grenzen des Bereichs B_0 zeigt sich die Verteilung der Marktmacht zwischen Anbieter und Nachfrager: So ist davon auszugehen, daß im Falle des auf das Vermögensberatungsgeschäft zutreffenden Käufermarktes von beiden Marktseiten auch höher liegende Verteilungsresultate noch als fair und tolerierbar betrachtet werden (Verschiebung der Obergrenze von B_0 nach oben), als dies unter Verkäufermarktverhältnissen zu erwarten wäre (bei entsprechender Verschiebung der Untergrenze nach unten).

mit denen bei einem Mindestmaß an kooperativem Verhalten unter Geschäftspartnern nicht zu rechnen ist.

Das Verteilungsergebnis V_1 (siehe Abb. 5), durch das der Kunde nicht nur seine, sondern zusätzlich einen Teil der Anbieter-Ex-post-Rente erhält, kann auf unterschiedliche Weise zustande kommen: Zunächst ist es möglich, daß das Kreditinstitut dem Kunden einen Teil eines gegenüber der Konkurrenz erzielten Wettbewerbsvorteils überläßt, um ihn von anderweitigen Angeboten abzuschotten und die Bindung an das eigene Haus zu erhöhen. Das Verteilungspendel kann aber auch gegen den Willen der Bank in diese Richtung ausschlagen, wenn der Kunde opportunistisch genug ist, noch mehr von der Ex-post-Rente der Bank zu verlangen, als ihm eventuell bereits angeboten wurde[73].
Im letztgenannten Fall der Entscheidungskoordination spricht die *Verhandlungstheorie* von der Herbeiführung einer nicht-kooperativen Lösung. Einigen sich hingegen Individuen in dem zwischen den Toleranzgrenzen vorliegenden bilateralen Monopol auf ein allseitig akzeptiertes, gegebenenfalls durch eine generelle Regelung ermittelbares Verteilungsresultat, liegt eine kooperative Verhandlungslösung vor. Die Einigung auf eine solche Spielregel zur Ermittlung kooperativer Lösungen kann unter der Berücksichtigung von Verhandlungskosten für alle Beteiligten sinnvoll sein[74].
Im wesentlichen sind hier drei Ansatzpunkte zu nennen, die zu solchen normativen Verhandlungslösungen führen[75]. Dabei ist das Ansinnen eines gerecht verteilten, für beide Partner gleich großen Nutzenzuwachses (egalitäre Lösung) zu unterscheiden von dem, durch Maximierung der Summe der Nutzenwerte den zu verteilenden Betrag in die beste Verwendung zu führen (utilitaristische Lösung) und schließlich von der axiomatischen Lösung nach Nash[76]. Diese beruht auf einer Funktion zur Lösungsbeurteilung, die mit bestimmten Lösungsanforderungen vollständig vereinbar ist. Bei diesen analytischen Lösungsregeln werden durchweg interpersonelle Nutzenvergleiche vorgenommen, die in den ersten beiden Ansätzen auf Werturteilen beruhen. Kritisch zu hinterfragen ist

---

[73] Vgl. Kaas (1995b), S. 36.
[74] Einführend zur Verhandlungstheorie siehe z.B. Neus (1998), S. 65-73.
[75] Vgl. Myerson (1991), S. 375ff.
[76] Vgl. auch Luce/Raiffa (1957), S. 124ff.

auch, ob sich die Partner im voraus an solche Regeln zu binden bereit sind und die Durchsetzbarkeit solcher Abmachungen sicherzustellen ist.

Verhandlungsergebnisse sind grundsätzlich, so auch in der Bank-Kunde-Beziehung, vom Einzelfall abhängig und nicht voraussagbar. Im konkreten Fall wird ein Anleger ein einseitiges Verteilungsresultat gegen das Kreditinstitut letztlich dann durchsetzen, wenn er mit der Beendigung der Geschäftsbeziehung droht. Diese Drohung ist um so wirksamer, je größer der Schaden daraus - nämlich zumindest der Verlust der eigenen Ex-post-Rente - für die Bank und je geringer er für ihn selbst ausfällt[77]. Daraus läßt sich verallgemeinern: Je asymmetrischer Bindungen ausfallen, um so mehr Spielraum für Opportunismus bietet sich für den weniger gebundenden Partner. Hold-up zeigt sich hier insbesondere in der Drohung, die spezifischen Investitionen der anderen Seite zu entwerten. Gegenseitige Drohung mit Sunk Costs ist offensichtlich dann am wenigsten zu erwarten, wenn für beide Akteure gleich viel auf dem Spiel steht, das heißt, wenn symmetrische Bindungen vorliegen[78]. Potentiale gegenseitiger Erpreßbarkeit sind dann kleiner bzw. neutralisieren sich durch Verhandlung; opportunistisches Ausnützen der Bindungsstärke der anderen Seite wird von vornherein unwahrscheinlicher. Je symmetrischer Bindungen zwischen Bank und Kunde sind, um so wahrscheinlicher wird die Erzielung von solchen Verteilungsresultaten, die nicht nur innerhalb der Toleranzgrenzen liegen (und damit das Fortbestehen der Kooperation sichern), sondern auch von beiden Seiten als fair empfunden werden (im Bereich B_0).
Da von unvollkommener Information über die exakte Bindungsstärke der jeweils anderen Partei auszugehen ist, gilt umgekehrt, daß erkennbar einseitige Bindungsverhältnisse bereits den Verdacht des stärker gebundenen Akteurs begünstigen, die vermutlich schwächer gebundene Seite könnte die Bindungsasymmetrie ausnützten. Die Folge ist Mißtrauen und Destabilisierung der Kooperation, unabhängig davon, ob der Verdacht tatsächlich begründet ist oder nicht.

---

[77] Hierbei wird unterstellt, daß beide das Verlustpotential der anderen Seite in etwa einschätzen können.
[78] Vgl. Schade/Schott (1993b), S. 504.

Zunehmende Bindungssymmetrie fördert demnach die Stabilität von Geschäftsbeziehungen.

Der Zusammenhang zwischen der absoluten Höhe eingegangener Bindungen und der Stabilität von Geschäftsbeziehungen ist offensichtlich abhängig von der Symmetrie der Bindungen. Hohe einseitige Bindungen machen das Ausnützen durch die ungebundene Seite einfach und verlocken diese zur opportunistischen, nicht sanktionierbaren Aneignung der Ex-post-Rente des Partners. Der Schluß von zunehmender absoluter Bindung - also von der Breite des Einigungsbereichs in den Abbildungen 3-5 - auf wachsende Stabilität ist demnach nur bei annähernd symmetrisch verteilter Bindung zulässig.
Daß ein breiterer Einigungsbereich zwischen den Toleranzgrenzen zur Stabilität beiträgt, ergibt sich aus folgendem: Bei unterschiedlicher Bewertung eines Verteilungsresultats besteht grundsätzlich die Möglichkeit, daß eine Partei die Toleranzgrenze als überschritten betrachtet und die Beziehung aufkündigt, während sich die andere Partei lediglich einen größeren Teil vom Kuchen der gesamten Ex-post-Rente zu sichern beabsichtigte (und dies womöglich als angemessen empfand), im übrigen jedoch die beiderseitige Attraktivität und die Fortsetzung der Kooperation gesichert sah. Das Risiko, daß Verteilungsresultate in diesem Sinne unbeabsichtigt zum Abbruch von Geschäftsbeziehungen führen, wird bei größeren Einigungsspielräumen geringer. Die Wahrscheinlichkeit der Fortführung der Kooperation nach einem einzelnen, unerwartet einseitigen Verteilungsakt steigt.

Anhand der genannten Merkmale Symmetrie der Bindungen und Breite des Einigungsbereichs läßt sich verdeutlichen, daß bei Aussagen über den Zusammenhang zwischen Verteilungsresultaten und Beziehungsstabilität immer sowohl die Ex-ante- als auch die Ex-post-Stabilität gemeint sind: Liegen nämlich beide Merkmale in höherer Ausprägung vor, so weist dies nicht allein darauf hin, daß (ex ante) mit weniger Spannungen und Konflikten in der Kooperation zu rechnen ist. Genauso kann davon ausgegangen werden, daß ex post, also auch nach dem Auftreten von Konflikten, größere Anpassungsflexibilität gegeben ist, die das Verhalten der Akteure auf die Fortführung der Geschäftsbeziehung hin lenkt.

4.3.3.2 Betrachtung von Verteilungssequenzen

Jedes Verteilungsresultat innerhalb der Toleranzgrenzen wird am Ende eines Einigungsprozesses von den Akteuren schließlich akzeptiert, weil die Geschäftsbeziehung bis zu diesem Zeitpunkt, mitsamt der künftig aus ihr noch zu erwartenden Mehreinzahlungen, gegenüber beziehungsexternen Transaktionen jedem zu einem Vorteil in Höhe der ihm zufallenden Ex-post-Rente verhilft.
In Abhängigkeit von dem nach einem Verteilungsresultat aus dem Fortbestehen der Geschäftsbeziehung erwarteten relationalen Nutzen und von der Wahrnehmung anderer Bindungsfaktoren definiert sich die Position bzw. der Verlauf der jeweiligen Leistungsgrenze neu, bis zur nächsten Verteilungsaktion.

Im Laufe der Geschäftsbeziehung kommt es also zu einer Folge von Verteilungsresultaten (*Verteilungssequenz*) zwischen Bank und Kunde. In Abbildung 6 werden mehrere Sequenzen über vier Verteilungsvorgänge hinweg (V_1 bis V_4) betrachtet.

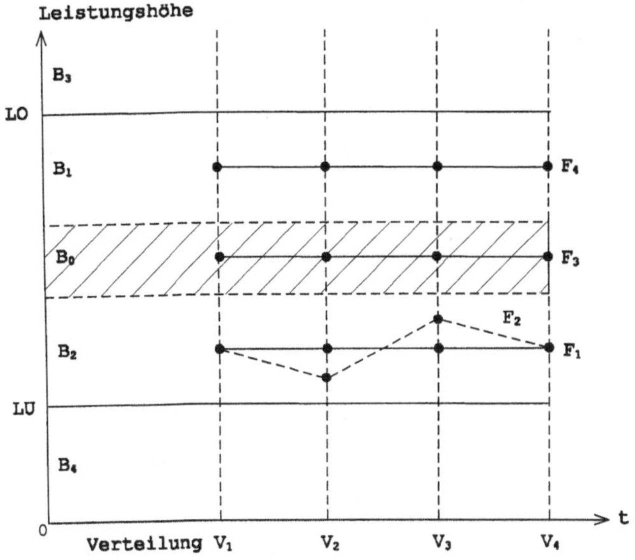

Abb. 6: Verläufe einer Sequenz von Verteilungsresultaten.

Bezüglich der Stabilität der zugrunde liegenden Absatzbeziehung erscheint zunächst plausibel, daß die Stabilität S_1 im Verlauf der Verteilungssequenz F_1 größer ist als S_2 bei der Sequenz F_2: Unter der Kontinuität der Leistungshöhe bei F_1 stellen Bank und Kunde sich und die eigenen Erwartungen auf ein stabiles, gewohntes Leistungsniveau ein. Die Frage der Aufteilung der Ex-post-Rente ist offensichtlich geklärt, im Gegensatz zum schwankenden Verlauf der Sequenz F_2. Hier wird von Fall zu Fall mehr oder weniger neu verhandelt. Die Wahrscheinlichkeit, daß die Fortführung der Geschäftsbeziehung durch ein absichtlich oder unbeabsichtigt im Bereich oder jenseits der Toleranzgrenze (hier der Leistungsuntergrenze LU) realisiertes Verteilungsresultat gefährdet wird, ist im Fall von F_2 größer.

Je weniger Schwankungen Verteilungssequenzen bezüglich der Leistungshöhe aufweisen, um so stabiler ist also die Absatzbeziehung.

F_1 und F_2 stellen insofern einseitige Verteilungssequenzen dar, als sie eine Aufteilung der Ex-post-Rente zur Folge haben, die die Bank zu Lasten des Kunden deutlich besserstellt. Eine in umgekehrter Weise zu F_1 einseitige Verteilung findet mit der Sequenz F_4 statt. Bei einer Folge einseitiger Verteilungsresultate ist die Geschäftsbeziehung mit weniger Stabilität versehen, als wenn jedem Verhandlungspartner in etwa seine Ex-post-Rente zukommt. Letzteres ist der Fall, wenn die Verteilungssequenz im Bereich B_0 liegt, in dem die Aufteilung von beiden Seiten als fair empfunden wird und die Erwartungen bezüglich der Verteilung beiderseitig erfüllt werden[79]. Je näher die Verteilungssequenz am Bereich B_0 einer ausgewogenen Aufteilung liegt (bestenfalls mitten *darin*, so Sequenz F_3 in Abb. 6), als um so stabiler ist der Verlauf der Geschäftsbeziehung anzusehen. Wenn vermögende Bankkunden nachhaltig den Eindruck gewinnen, daß das Kreditinstitut ungleich größere Vorteile aus der Geschäftsbeziehung zieht[80] (so berechtigt im Fall von F_1), können sie sich angehalten und berechtigt sehen, bei der nächsten Verteilung protestartig mit höheren Forderungen an den

---

[79] Wenn auch nicht übertroffen, was zu Lasten der anderen Seite ginge.

[80] Wenn z.B. offenkundig wird, daß die Bank gestiegene Kapitalmarktzinsen regelmäßig überhaupt nicht, mit Verzögerung oder erst auf Anfrage teilweise an den Anleger weitergibt.

Berater heranzutreten oder gar dessen Toleranzgrenze auszutesten. Extreme Ausschläge im Verlauf der Verteilungsresultate und zumindest vorübergehende Destabilisierung sind wahrscheinlicher als bei ausgewogener Verteilungsfolge.

Mit abnehmender Einseitigkeit der Verteilung der Ex-post-Rente gewinnen Geschäftsbeziehungen demnach an Stabilität.

Dies wird durch die begründbare Annahme bestätigt, daß fortgesetzt einseitige Verteilungsresultate mit einer gewissen zeitlichen Verzögerung[81] in der Regel zur Verschiebung der Toleranzgrenzen und damit zu veränderten Bindungsverhältnissen führen (siehe Abb. 7).
Die ursprüngliche Verschiebung von Leistungsuntergrenze und -obergrenze zu den Toleranzgrenzen bei bestehender Geschäftsbeziehung[82] erfolgte ausgehend von den Ex-ante-Erwartungen von Bank und Kunde bezüglich beziehungsspezifischer Vorteile gegenüber beziehungsexternen Transaktionen. Die Ausweitung des Verhandlungsspielraums gründet damit direkt auf der Erwartung, daß jene beziehungsspezifischen Vorteile in Höhe der eigenen Ex-post-Rente später tatsächlich realisiert werden. Wenn der Kunde nun in der Geschäftsbeziehung feststellt, daß sich das Kreditinstitut permanent einen Teil seiner Ex-post-Rente aneignet, dann sinkt der Barwert der künftig aus der Kooperation zu erwartenden Mehreinzahlungen gegenüber der bisherigen Einschätzung. Damit sinkt die Bindung an das anbietende Institut mit der Folge, daß fortan die Toleranzgrenze des Kunden früher erreicht wird als zuvor: Die für den Kunden relevante Leistungsuntergrenze LU wird sich tendenziell heben und sich so an die einseitige Verteilungssequenz anpassen.
Die Anpassung der Toleranzgrenze der Bank wird ebenfalls nach oben erfolgen: Die künftig aus der Geschäftsbeziehung noch zu erwartenden spezifischen Mehreinzahlungen steigen mit der Erfahrung, daß sich in der Vergangenheit wiederholt ein Teil der Ex-post-Rente des Kunden gewinnen ließ.

---

[81] In Abbildung 7 wird eine zweiperiodige Verzögerung der Anpassung von V_1 bis V_3 unterstellt.
[82] Vgl. oben S. 123, Abb. 3.

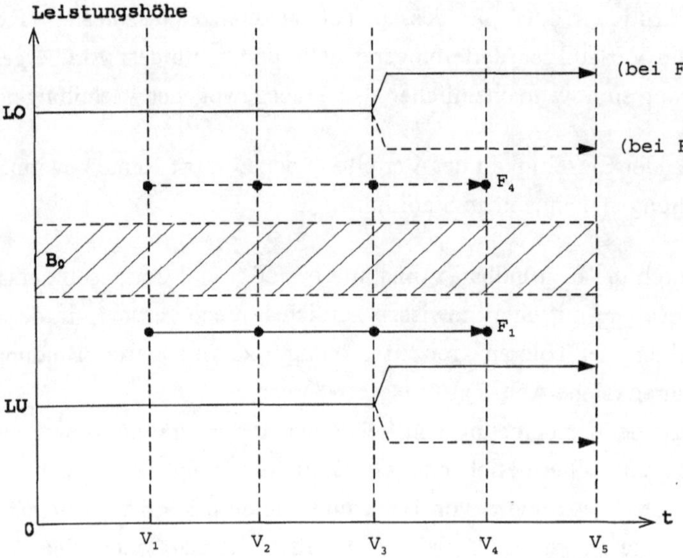

Abb. 7: Anpassung der Toleranzgrenzen an einseitige Verteilungssequenzen.

Aus Abbildung 7 geht hervor, daß bei unverändertem Fortlauf von F_1 die ursprünglich symmetrische Bindung um B_0 nach V_3 in asymmetrische Bindungsverhältnisse mündet, was wiederum Destabilisierung bewirkt[83].
Im umgekehrten Fall fortgesetzter, das Kreditinstitut einseitig benachteiligender Verteilungsresultate (F_4) ist ein vergleichbarer Effekt mit einer Parallelverschiebung der Toleranzgrenzen nach unten zu erwarten.

Zusammenfassend gilt bezüglich der Stabilität S_1, S_2, S_3 und S_4, die jeweils mit den typisierten Verteilungssequenzen F_1, F_2, F_3 und F_4 (siehe Abb. 6) einhergeht:

$S_3 > S_1, S_4$ und $S_1 > S_2$.

[83] Ungeachtet dessen ist diese Destabilisierung mittelfristig revidierbar, wenn sich die Akteure später wieder auf ausgewogenere Aufteilungen der Ex-post-Rente einigen.

4.3.4 Ansatzpunkte zur Steuerung der Stabilität

4.3.4.1 Rahmenbedingungen für Folgerungen aus dem Modell

Die zuvor erfolgte Modellierung von Geschäftsbeziehungen im Zeitablauf durch Visualisierung von Verhandlungsspielräumen, Verteilungsresultaten und Stabilitätswirkungen kann **stilisierte Anhaltspunkte** für die Steuerung des Anbieterverhaltens in bestehenden Kooperationen liefern. Stilisiert, weil Bindungsstärke und gegenseitige Abhängigkeitsverhältnisse nicht nur schwer, im Grunde nur über Schätzungen, zu quantifizieren sind, sondern überdies weitgehend der subjektiven, in aller Regel zudem unterschiedlichen Wahrnehmung von Berater und Bankkunde unterliegen.

Zur Umsetzung des Modells als Instrument der Steuerung von Kundenbeziehungen durch Bankmitarbeiter läßt sich damit zweierlei feststellen: Der Grad der Anwendbarkeit[84] wird erstens dann zunehmen, wenn die **Sensibilität für die Wahrnehmung von Bindungen**, deren Ursachen und Wirkungen zunimmt. Dies ist der Ausgangspunkt für einen Prozeß, in dem der Berater die im konkreten Fall vorliegenden Bindungsverhältnisse einschätzen lernt und sich zunehmend ein Bild von der Lage einzelner Verhandlungsresultate und schließlich vom Verlauf einer ganzen Verteilungssequenz im Modellrahmen machen kann. Zweitens sind vom Modell nur dann praktische Hilfestellungen zu erwarten, wenn der Berater die eigene Einschätzung von beziehungsspezifischen Investitionen und Nutzen auf der Kundenseite sowie die eigene Einschätzung der Leistungshöhe (bzw. der Lage der Verteilungsresultate) **mit den Wahrnehmungen des Kunden abgleichen** kann. Eigene Aufzeichnungen (Kundenakten) können herangezogen werden, um bereits erfolgte Investitionen in Kundenbeziehungen abzuschätzen, Informationsinstrumente der internen Rechnungslegung (z.B. Kontenkalkulation und Kundenerfolgsrechnung) etwa zur Quantifizierung und

---

[84] Von Anwendbarkeit sei die Rede, wenn der Berater sich in der Lage sieht, die Entwicklung einer konkreten Kooperation (insbesondere die Höhe realisierter Verteilungsresultate und die Toleranzgrenzen) zumindest grob in das Modellbild (siehe z.B. Abb. 6) zu übertragen und sich zu vergegenwärtigen.

Gegenüberstellung spezifischer Vorteile und Erfassung ökonomischer Bindung aufgrund erwarteter künftiger Vorteile. Des weiteren können Daten über Angebotsleistungen konkurrierender Marktteilnehmer zur Einschätzung der Bindungsstärke aufgrund eigener Leistungshöhe beitragen. Das Feedback über Wahrnehmungen und Erwartungen *des Kunden* eröffnet sich der Bankseite jedoch allein im Wege der **Kommunikation** von Person zu Person. Regelmäßige Gespräche über die Zufriedenheit mit abgewickelten Transaktionen und ausgehandelten oder unabgesprochen erfolgten Verteilungen sowie über positive wie negative Erfahrungen und künftige Erwartungen an die Kooperation sind Voraussetzung dafür, daß sich der Verlauf der Geschäftsbeziehung im Modell trotz subjektiv verzerrter Wahrnehmungen und asymmetrischer Information realistisch, wenn auch grob vereinfacht, abbilden und nachvollziehen läßt.
Allgemein ist die Bindungswirkung jeglicher Bindungsfaktoren bei solchen Kunden stärker einzuschätzen, deren Situation durch größere Unsicherheit gekennzeichnet ist. Kundenmerkmale, die hier als Indikatoren dienen, sind vor allem der Informationsstand, das Informationsbeschaffungs- und -verarbeitungsvermögen. Je weniger ausgeprägt diese Merkmale beim Nachfrager vorliegen, um so höherer Zusatznutzen kann durch die Bankleistung im institutionellen Rahmen der Geschäftsbeziehung erbracht werden, um so höher sind auch eventuelle Wechselkosten des Nachfragers und auch, aufgrund höherer Monitoring Costs, dessen Abhängigkeit vom Wohlverhalten des Anbieters[85] - Umschreibungen erhöhter Bindung.

Aussagen mit Hilfe des Modells zur Steuerung von Verlauf und Stabilität realer Geschäftsbeziehungen setzen also eine gewisse Sensibilität bei der Wahrnehmung von Bindungen überhaupt voraus sowie eine kontinuierliche Kommunikation mit dem Nachfrager, um dessen Wahrnehmung vorliegender Bindung abschätzen zu können. Im weiteren werden einige stilisierte Folgerungen aus dem Modell entwickelt.

[85] Bzw. von dessen Verzicht auf Hidden Action.

4.3.4.2 Korrektur der Bindungsverhältnisse

Das Modell macht anschaulich, daß es für das Kreditinstitut und den Kunden unter Stabilitätsgesichtspunkten von Vorteil ist, einerseits gleichmäßige Abhängigkeitsverhältnisse durch symmetrische Bindungen anzustreben, andererseits möglichst geradlinige Verteilungssequenzen auf gleichbleibendem Leistungsniveau anzuvisieren und Verteilungsresultate inmitten des Bereiches B_0, zumindest aber möglichst nahe an diesem Bereich zu halten[86].

Bei der Wahrnehmung **einseitiger Anbieterbindung** bieten sich dem Berater mehrere Möglichkeiten, die Bindung des Kunden gezielt zu verstärken:

- Der Kunde wird dazu veranlaßt, seinerseits vermehrt spezifische Investitionen in die Kooperation vorzunehmen: So kann der Mitarbeiter z.B. im Vorfeld beratungsintensiverer Transaktionen (etwa bei Optionen, bei Zeichnung eines Immobilienfonds u.ä.) unter Verweis auf Ansprüche an die Beratungsqualität die Preisgabe zusätzlicher privater Information über die finanziellen Verhältnisse, die Vorlage privater Pläne über die erwartete Liquiditätssituation oder die Wahrnehmung vorbereitender Gesprächstermine durch den Anleger verlangen, ihm zumindest nahelegen[87].
- Der gleiche Effekt ergibt sich, wenn der Kunde an den Investitionen der Bank beteiligt wird: Anstelle von unentgeltlichen Vorleistungen treten Leistungselemente, die separat und unmittelbar durch den Anleger vergütet werden. Als Beispiele seien Honorare für qualifizierte Beratungsgespräche genannt oder Gebühren für die computergestützte Dokumentation individuell aufbereiteter Kundendaten und entscheidungsrelevanter Informationen.

---

[86] Vgl. oben Abschnitte 4.3.3.1 und 4.3.3.2.

[87] Abgesehen von der unmittelbaren Bezahlung spezifischer Leistungselemente durch den Kunden sind Maßnahmen zur Erhöhung der Kundenbindung in der Regel natürlich auch mit mehr oder weniger hohen eigenen spezifischen Investitionen verbunden und erhöhen die Bindung des Instituts selbst. Insofern ist die Bindungswirkung spezifischer Investitionen wohl zumeist beiderseitig, in Abweichung zu Kaas nicht aber grundsätzlich symmetrisch, vgl. Kaas (1995b), S. 36.

- Es gilt zu beachten, daß Bindungen nicht allein auf spezifischen Kundeninvestitionen beruhen. Solche ökonomischen Bindungen stellen für den Anleger eine stete Konfrontation mit Verlusten aufgrund von Wechselkosten dar[88]. Kundenbindung, die auf Zufriedenheit basiert, bedarf immer auch der Bindung durch relationalen Nutzen und motivierende emotionale Faktoren. Zunehmende Bindung wird hier letztlich erreicht, indem individuelle Präferenzen des Kunden erkannt und bedient werden[89].

- Dem Anleger kann ein höherer relationaler Nutzen durch ihm bisher nicht bekannte oder nicht wahrgenommene Leistungselemente vermittelt werden: Z.B. durch die Möglichkeit der vorfälligen Rücknahme von Wertpapieren ohne Zinsabzug für „gute" Kunden des Hauses, durch die Zusage von Treuerabatten bei der künftigen Erstellung aktualisierter Vermögensaufstellungen oder durch die Ankündigung spezieller Serviceleistungen für langjährige Kunden (Versand von Informationsbroschüren, Einladungen zu Mandantenveranstaltungen).

Wenn sich die anbietende Bank durch offensichtlich einseitige Investitionen in Abhängigkeit vom Kunden begibt, hat dies für sie solange keine negativen Folgen, wie Verteilungsresultate trotzdem im von beiden akzeptierten Bereich B_0 liegen: Die Bank bewahrt sich ihre erwartete Ex-post-Rente.
Wenn jedoch asymmetrische Bindung dazu führt, daß der Kunde die Erpreßbarkeit des Kreditinstituts opportunistisch ausnützt und sich über mehrere Perioden bzw. Verteilungsakte hinweg einen Teil der Ex-post-Rente der Bank aneignet (Verteilungssequenz im Bereich B_1), so nimmt Bindungsstärke des Anbieters aufgrund gesunkener Erwartungen an die künftige Profitabilität der Geschäftsbeziehung mit diesem Kunden tendenziell ab, die Bindung des Kunden im Ge-

---

88 Vgl. Polan (1995), S. 47. Zuweilen wird hier von unfreiwilliger Loyalität gesprochen, vgl. Nader (1995), S. 101.

89 Vgl. auch Polan (1995), S. 48, wobei dort die essentielle Bedeutung der Wechselseitigkeit von Bindungen für die Stabilität der Bank-Kunde-Beziehung nicht thematisiert wird. Zu Präferenzstrategie und Differenzierung siehe oben Abschnitt 3.2.3. Wo Kundenbindung überall ansetzen kann, stellen Engelhardt/Freiling unter dem *Instrumentarium der Kundenbindung* zusammen, vgl. Engelhardt/Freiling (1997), S. 8.

genzug tendenziell zu[90]. Ein erkennbares Signal der Bank, daß der Kapitalerwartungswert künftiger Mehrauszahlungen aus dieser Kooperation nach unten revidiert wurde, zeigt der Gegenseite an, daß der Anbieter nicht mehr so viel zu verlieren hat wie zuvor: Die Verhandlungsmacht bezüglich künftiger Verteilungsakte ist wieder ausgeglichener, der Verteilungskonflikt entschärft und die Stabilität größer. In dieser veränderten Verhandlungssituation hat der Bankmitarbeiter die Möglichkeit, die Verteilungssequenz mittelfristig wieder in den B_0-Bereich zu führen, indem zum Beispiel Beratungszeiten bewußt begrenzt und entgeltfreie Vorleistungen gestrichen werden oder Zinsforderungen nicht nachgegeben wird.

Wie gezeigt wurde, kann sich der Berater im Konfliktfall gezwungen sehen, Bindungen des Instituts im Wege sichtbar reduzierter Ertragserwartungen zurückzunehmen, um veränderte Verhandlungspositionen zu signalisieren und opportunistisches Ausnützen von Bindungsasymmetrie zu Lasten der Bank zu begrenzen. Eine bewußte Verringerung eigener Bindung zur Herbeiführung von Bindungssymmetrie, ohne durch Verlust der eigenen Ex-post-Rente dazu gezwungen zu sein, ist im Modellrahmen unplausibel, da es bei Verteilungssequenzen im B_0-Bereich keinen Grund gibt, die in der Bindungsstärke zugleich abgebildeten Rentabilitätserwartungen an die Geschäftsbeziehung (also die Ex-post-Rente) zurückzuschrauben.

Denkbar sind auch **Situationen einseitiger Kundenbindung**. Diese können eintreten, wenn längere Anfahrtswege bzw. -zeiten in Kauf genommen werden oder wenn der Berater in Erfahrung bringt, daß dem Kunden durch die Wahrnehmung von Bankterminen vergleichsweise hohe Opportunitätskosten entstehen[91]. Einer Destabilisierung der Geschäftsbeziehung kann dann durch Signale vorgebeugt werden, die glaubhaft machen, daß das Kreditinstitut diese Situation nicht ausnützen wird. Der Verzicht auf kurzfristige Vorteile opportunistischen Verhaltens zugunsten größerer langfristiger Vorteile bei Fortbestand der Kooperation kann auf unterschiedliche Weise angezeigt werden. So im Wege gezielter

---

90 Zu diesem Mechanismus siehe Abschnitt 4.3.3.2, Abb. 7.

91 Davon ist z.B. auszugehen, wenn der Kunde eigens hierfür Urlaub nimmt oder anmerkt, andere Termine abgesagt zu haben u.ä.

Erhöhung der Anbieterbindung - durch zusätzliche eigene spezifische Investitionen oder durch die Beteiligung an den beziehungsspezifischen Investitionen des Kunden, indem die Bank z.B. einen Teil der Anfahrtskosten übernimmt. Unmißverständliche Signale gehen auch von realisierten Verteilungsresultaten aus, die vom Kunden als fair erkannt werden (im Bereich B_0), weil sie ihm die erhofften Vorteile aus der Bindung auch zukommen lassen. Letztlich kommt derlei Verhalten des Bankmitarbeiters einer Investition in Vertrauen gleich, womit eine Angleichung der Bindungsverhältnisse bewirkt, eine Destabilisierung der Kooperation bei einseitiger Bindung des Kunden immerhin verhindert werden kann.

4.3.4.3 Erkennen und Steuern negativer Verläufe von Geschäftsbeziehungen

Wenn Kunden im Verlauf der Geschäftsbeziehung ein immer größerer Teil der Ex-post-Rente des Kreditinstituts zukommt, verliert die Geschäftsbeziehung aus Anbietersicht zunehmend an Attraktivität gegenüber der Alternative des Transaction-Banking mit isolierten Transaktionen. Im Modell entfernt sich in diesem Fall die die Verteilungsresultate verbindende Linie kontinuierlich vom mittleren Bereich B_0 und nähert sich der (oberen) Toleranzgrenze des Kreditinstituts. Zunehmende Perspektivlosigkeit ist einer solchen Geschäftsbeziehung zu bescheinigen, sobald klar wird, daß künftige Verteilungsresultate diesem Trend wohl folgen und bei Erreichen der Leistungsobergrenze zur Beendigung der Beziehung führen werden.

Wenn das Modell Verläufe von Verteilungssequenzen erkennen läßt, die eindeutig auf ein baldiges Verlassen des Korridors hinweisen, in dem Einigungen unter den Partnern möglich sind, ist möglichst frühzeitig nach sinnvollen Reaktionen durch den Bankmitarbeiter zu fragen. Durch Pochen auf eine starke eigene Verhandlungsposition kann der Bankmitarbeiter im Konfliktfall, wie gesehen, nachfolgend Verteilungsresultate mit niedrigerer Leistungshöhe nur dann gegen den Kunden durchsetzen, wenn dessen Bindung überwiegt. Für jeden anderen Fall erscheint es zumindest ratsam, künftige Investitionen in die Geschäftsbeziehung einzuschränken, mitunter gar völlig einzustellen. Somit läßt sich immerhin auf eine effizientere Ressourcenallokation hinwirken, indem der Leistungsinput vermehrt solchen Geschäftsbeziehungen zugeführt wird, deren Bestehen langfristig Gewinnsteigerungen über die Realisierung von Ex-post-Renten erwarten läßt.

Die Reduzierung von spezifischen Investitionen in Geschäftsbeziehungen, in denen Verteilungssequenzen wie zuvor beschrieben nachhaltig schräg aufwärts verlaufen, muß jedoch nicht zwingend das Ende solcher Kooperationen einläuten. Dies gilt insbesondere dann, wenn zwischen den Parteien in der Einschätzung von Bindung und Leistungshöhe deutliche Diskrepanzen auftreten und dem Kunden nicht bewußt ist, daß vergangene Verteilungsakte so extrem einseitig verliefen, daß der Bankmitarbeiter einen Abbruch der Beziehung bereits ernsthaft in Erwägung zieht. In diesem Fall wird verstärkte Kommunikation zwischen Berater und Kunde dazu beitragen, die Fortsetzung der Kooperation bei gestiegener Stabilität sicherzustellen.

Allerdings müssen Kreditinstitute davon ausgehen, daß Nachfrager unter bestimmten Bedingungen bewußt opportunistisch agieren und - nicht unbedingt offenkundig, doch zielstrebig - die Aneignung der gesamten Ex-post-Rente anvisieren. Damit ist z.B. zu rechnen, wenn die Beendigung der Geschäftsbeziehung für den Kunden zu einem bestimmten Zeitpunkt feststeht[92] oder eine andere Kooperation bereits existiert. Dann besteht ein verstärkter Anreiz, auch aus einer bislang stabilen Geschäftsbeziehung auf Gedeih und Verderb das herauszuholen, was immer möglich ist. Auf der Hand liegt Opportunismus dieser Form auch bei Kunden, die bankloyales Verhalten und die Pflege einer Geschäftsbeziehung lediglich vorgeben, tatsächlich jedoch keinerlei Bindung an irgendein Institut einzugehen bereit sind[93]. Das Feststellen von Verteilungsresultaten, die sich nachhaltig auf die obere Leistungsgrenze hinbewegen, kann

---

92 Unerheblich ist dann, ob dies auf Unzufriedenheit oder auf eine beziehungsexogene Ursache wie Umzug wegen Wechsel der Arbeitsstelle oder Auswanderung etc. zurückzuführen ist.

93 Treffend hier die Anmerkung von Reichheld: „Some customers don't ever stay loyal to one company, no matter what value they receive. The challenge is to avoid as many of these people as possible in favor of customers whose loyalty can be developed", Reichheld (1993), S. 66.

den Berater also in die Lage versetzen, auch eigene Fehleinschätzungen der Kundenintention früher zu erkennen.

Die Abbildung realer Verläufe von Geschäftsbeziehungen durch das Modell fördert letztlich das Erkennen von Kunden, bei denen die Beziehung aus Banksicht einen negativen Verlauf nimmt. Dies erlaubt dem Berater, früher zu reagieren, was auch die Möglichkeit des Abbruchs der Beziehung zu scheinbaren Geschäftsbeziehungskunden, die sich als reine Transaktionskunden herausstellen, einschließt. Darin liegen Ansatzpunkte, die Rentabilität von Geschäftsbeziehungen im Durchschnitt zu erhöhen und den Gesamterfolg des Instituts zu steigern.

4.4 ZU AUFBAU UND OPERATIONALISIERUNG DER INSTITUTION GESCHÄFTSBEZIEHUNG

4.4.1 Überblick

Die stabile Geschäftsbeziehung wurde als übergeordnete Institution dargestellt, die endogene Unsicherheit reduziert und auf Bank- und Kundenseite spezifische Nutzenvorteile gegenüber isolierten Absatzakten des Transaction-Banking ermöglicht. Mit dem Begriff Geschäftsbeziehung ist soweit eine bestimmte Qualität der Absatzbeziehung umschrieben, mit den Bindungsfaktoren[94] das, was die Marktpartner faktisch an die Fortsetzung dieser Kooperation bindet und was dazu verleitet, sich dabei auch in Abhängigkeit von der anderen Seite zu begeben.

Ungenannt sind soweit die eigentlichen Voraussetzungen des Bindungsverhaltens beim Aufbau dieser Kooperationsform, Voraussetzungen, auf denen die institutionelle Wirkung bestehender Geschäftsbeziehungen letztlich beruht.

---

94 S.o. Abschnitt 4.3.1.

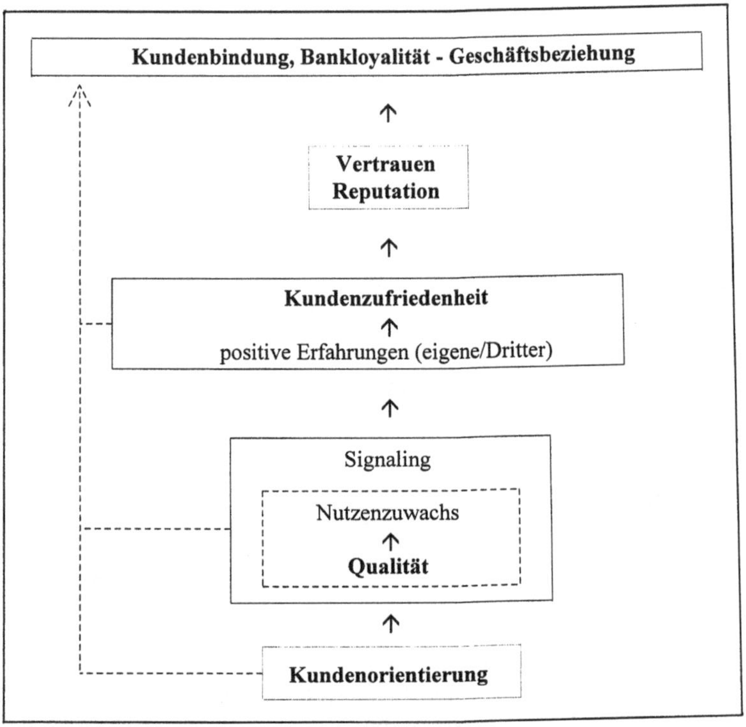

Abb. 8: Operationalisierung und Entwicklung der Institution Geschäftsbeziehung im Anlagegeschäft der Kreditinstitute[95].

Aus Kundensicht setzt die Attraktivität relationaler Absatzverhältnisse das Wi ken konkreter Institutionen bzw. Kooperationsdesigns voraus (siehe Abb. 8 Diese sind zum einen dem absatzpolitischen Verhalten des Anbieters zuzuor nen, so Kundenorientierung und das Signaling von Leistungsqualität. Zum a deren beschreiben sie die Reaktion der Nachfragerseite auf Leistungssignale d Anbieters, womit Kundenzufriedenheit, Wahrnehmung von Reputation u

[95] Quelle: selbsterstellt.

Entwicklung von Vertrauen[96] gemeint sind. Die genannten Konstrukte sind einerseits als Komponenten zu sehen, die innerhalb der bestehenden Geschäftsbeziehung wirken und die Operationalisierung dieser Rahmeninstitution ermöglichen. Andererseits sind sie auch Bausteine, die grundlegend für den Aufbau von Geschäftsbeziehungen im Bank-Kunde-Verhältnis sind, da jedes Konstrukt für sich bindungsförderliches Verhalten des Kunden gegenüber der Bank (z.B. spezifische Investitionen, Commitment) induziert. Dabei beschreiben die Pfeile wesentliche Wirkungszusammenhänge, während etliche andere denkbare Kausalitäten und Interdependenzen der Übersichtlichkeit halber nicht abgebildet werden[97]. Zu den Stichworten Kundenorientierung, Qualität (bzw. Qualitätsmanagement, Total-Quality-Management u.ä.), Kundenzufriedenheit sowie Image, Vertrauen und Reputation existiert für den Finanzdienstleistungsbereich eine Fülle an absatzwirtschaftlichen oder marketingverwandten Literaturbeiträgen[98]. Im folgenden ist hierzu lediglich auf einige Punkte einzugehen, die im Kontext des Anlagegeschäfts relevant erscheinen.

4.4.2 Vertrauen und Reputation

Die Wirkungsweise der Institution Reputation und die Bedeutung von Aufbau und Erhalten von Reputation[99] bzw. Vertrauenskapital als Basis von stabilen Geschäftsbeziehungen wurden bereits hervorgehoben. Wenn Banken in einem mehr oder weniger langwierigen Prozeß der Reputationsaufbau gelingt[100], wird

---

[96] Vertrauen entsteht in gewisser Weise auch auf der Bankseite gegenüber dem Kunden.

[97] So können z.B. Vertrauen und Reputation umgekehrt wiederum Kundenzufriedenheit bewirken, Kundenorientierung kann direkt die Zufriedenheit mit dem Angebot und das Vertrauen in den Anbieter erhöhen. Vgl. auch das *Modell eines relationalen Marketing für Bankdienstleistungen (RMB-Modell)* bei Schäfer (1995b), S. 123-129.

[98] Vgl. jüngeren Datums z.B. Lohmann (1997), Zollner (1995), Nader (1995) und Schmitz (1996), denen umfassend weitere einschlägige Quellen zu entnehmen sind.

[99] S.o. Abschnitte 3.4.3 und 4.2.2.2.2, Punkte (2) u. (3); zur Bedeutung von Reputation beim Absatz von Bankdienstleistungen vgl. auch Schäfer (1995a), S. 539-542, Schäfer (1995b), S. 127-129; zu Reputation im allgemeinen Kontext z.B. Spremann (1988), S. 618-620, Schade/Schott (1993b), S. 500f.

[100] Zur Bedeutung vorliegender Information über den Zeithorizont des Bestehens - die Spieltheorie spricht hier von der Anzahl der Spielstufen - von Kooperationen für den Aufbau von Reputation s.o. S. 99.

der vorzuweisenden Reputation im Gegenzug Vertrauen der Kundschaft entgegengebracht[101]. Die Investition in Reputation erweist sich als um so vorteilhafter, je stabiler Geschäftsbeziehungen sind, das heißt je länger sie bestehen und dem Kreditinstitut das Abschöpfen sogenannter Reputationsrenten ermöglichen. Dabei liegen die positiven „Spätfolgen" von Reputationsaufbau nicht allein im Bewegungsspielraum auf der Gutenberg'schen Preis-Absatz-Kurve, sondern stehen in engem Zusammenhang mit allen anderen relationalen Nutzenvorteilen des Kreditinstituts, so unter anderem mit Mengeneffekten, Akquisitionskosteneinsparungen und Unsicherheitsreduktion auf der Anbieterseite[102].

Unternehmerreputation und Vertrauen tragen zentral zur Lösung des Problems der Leistungsbegründung bei und sparen dem Anbieter in vielfacher Hinsicht Transaktionskosten ein. Die Realisierung dieser Vorteile gelingt nur, wenn Vertrauen begründet ist, also auf Kundennutzen beruht. Genau dann ist gegenüber Kooperationen ohne Vertrauensaufbau ein höheres Niveau des Paretooptimums zu erreichen[103]. Mehrfach belegt[104] wurde, daß sich gerade im Vermögensanlagegeschäft der Kreditinstitute den Institutionen Vertrauen und Reputation bei der Reduktion von Nachfragerunsicherheit ein großes Wirkungsfeld bietet. Die Schlüsselfunktion des Vertrauenskapitals beim Unsicherheitsreduktionsverhalten des Anlegers ergibt sich daraus, daß aufgebaute Reputation unter der leistungsspezifischen Dominanz von Vertrauens- und Erfahrungseigenschaften gegenüber Sucheigenschaften die wirksamste leistungsübergreifende Substitutinformation liefert. Bei Anbietern, die im Falle von Vertrauenseigenschaften auf (nicht beobachtbaren) Opportunismus verzichten, vertrauen

---

[101] Vgl. Trosky (1996), S. 248.

[102] Siehe oben Gliederungspunkte 4.2.2.2 und 4.2.3.

[103] Vgl. Albach (1980), S. 5, Kaas (1990), S. 545, Kaas (1992), S. 897.

[104] So zunächst mit der verstärkt transaktionsstörenden Wirkung von Unsicherheit bei der Geldanlage durch Privatkunden (s.o. Abschnitt 1.2), zudem bei Vorliegen von Eigenschaften bei Bankdienstleistungen bzw. Anlageleistungen im speziellen, die beträchtliche Informations- und Unsicherheitsprobleme aufwerfen (s.o. Abschnitte 2.2.2, 2.3.3 bzw. 3.3.1, 3.3.2); dann dadurch, daß Vertrauen als Basis der Rahmeninstitution Geschäftsbeziehung umfassend zur Reduzierung von Transaktionskosten wegen beziehungsendogener Unsicherheit beiträgt (siehe Abschnitt 4.2.2.1.1) und damit die Höhe des Anlegernutzens aus der Geschäftsbeziehung entscheidend mitbestimmt.

Anleger mit Grund auch darauf, daß sie bezüglich Such- und Erfahrungseigenschaften nicht getäuscht werden.
Reputation und Vertrauen wirken wie ein selbstverpflichtendes Signal an die Nachfragerseite. Dies läßt sich daraus ableiten, daß der Anbieter in der Regel nicht weiß, welche Eigenschaften ein bestimmter Kunde als Such-, Erfahrungs- oder Vertrauenseigenschaften auffaßt. Wenn der Anbieter also beabsichtigt, eine gute Reputation nicht zu gefährden, so wird er gut damit beraten sein, sich in dieser Unsicherheitssituation bei jedem Kunden so korrekt zu verhalten als sei es ein *Expert Buyer*. Dieser zeichnet sich dadurch aus, daß er auch solche Eigenschaften ex post noch als Erfahrungseigenschaften zu beurteilen vermag, die von fast allen anderen Kunden als Vertrauenseigenschaften wahrgenommen werden[105].
Leistungsbezogene (Substitut-)Informationen verlieren bei vorhandener Reputation an Bedeutung, werden graduell entbehrlich. Angesichts der Unmöglichkeit kontingenter Verträge kommt Unsicherheitsreduktion durch Reputation bzw. Vertrauen als Form eines impliziten Kontraktes[106] hier voll zur Wirkung, was sich letztlich in der Attraktivität der Geschäftsbeziehung als Kooperationsform für Privatkunden bestätigt.

Bei der Entgegennahme von Einlagen und der Vermittlung von Geldvermögen ist das Kreditinstitut in der Rolle des Agenten von dem Ruf abhängig, daß das von Anlegern entgegengebrachte Vertrauen in der Vergangenheit nicht mißbraucht wurde[107]. So haben es neue Teilnehmer auf dem Markt für Finanzdienstleistungen schwer, das Vertrauen von Kunden zu finden, weil noch kein Reputationskapital aufgebaut werden konnte. Um Kunden zu gewinnen, müssen den potentiellen Kunden als Kompensation für Unsicherheit ein höherer Habenzins, günstigere Konditionen oder andere Leistungsvorteile angeboten werden[108], zumindest bis der Reputationsaufbau erfolgt ist. Außer diesen Investi-

---

[105] Vgl. Weiber/Adler (1995a), S. 70.
[106] Vgl. Schäfer (1995a), S. 539.
[107] Vgl. Trosky (1996), S. 250.
[108] Entscheidend sind hier Signaling und Selbstbindung des Agenten, vor allem das Leisten zugesagter Qualität mit dem Ziel der Vertrauensbildung unter Verzicht auf kurzfristig auf

tionen in Reputationsaufbau müssen auch Marktneulinge bereits in der Markteintrittsphase Opportunitätskosten tragen, die in vergleichbarer Form allen vorhandenen Marktteilnehmern zur Erhaltung von einmal erworbener Reputation anfallen: Kosten des fortgesetzten Verzichts auf kurzfristig erfolgversprechendes opportunistisches Agieren, Opportunitätskosten, die mit der Erfüllung der von Vertrauen geprägten Kundenerwartungen einhergehen[109].

Universalbanken traditioneller Art wird eine gewisse Reputation gemeinhin zuerkannt[110]. Dieser gute Ruf fußt darauf, daß das betreffende Institut in der Vergangenheit als seriöses Unternehmen aufgetreten ist und nicht als windiger Marktpartner, dessen Geschäftspraktiken Außenstehenden verborgen bleiben und wechselhaften Erfolg aufweisen. Diese Seite der Reputation hängt stark mit dem Vertrauen in die allgemeine Institutssicherheit zusammen und wird maßgeblich dadurch erworben, daß das Verhalten in der Vergangenheit den Regulierungsvorschriften der Institution Bankenaufsicht entsprach. Der Vorteil, den altbekannte Institute hier gegenüber neuen Anbietern aufzuweisen haben, bezieht sich also allein auf eine öffentlich einsehbare, regelkonforme Geschäftshistorie. Die daraus erworbene Institutsreputation begünstigt wohl die Ausgangssituation beim Aufbau von jenem Vertrauenskapital, das im Rahmen einer konkreten Kooperation zwischen Bankmitarbeiter und Kunde wirkt. Darüber hinaus dürfte der gute Ruf des Instituts wenig Auswirkungen haben auf den Prozeß der Vertrauensbildung in personalisierten Geschäftsbeziehungen. Wettbewerbsvorteile gegenüber anderen Anbietergruppen sind mit Bank-Anleger-Beziehungen durch die Institution Vertrauen nur zu erzielen, wenn Universalbanken solche Anlageleistungen anbieten, bei denen Unsicherheitsreduktion erwünscht ist, das heißt Nutzen stiftet, und das Ersetzen von Informationsanstrengungen durch personengebundenen Vertrauensaufbau durch den

---

dem anonymen Markt erzielbare Deckungsbeiträge; vgl. Shapiro (1983), S. 500, Kaas (1992), S. 896.

[109] So können Opportunitätskosten für Branchenneulinge im Finanzdienstleistungsbereich gerade darin bestehen, angesichts der erhöhten Aufwendungen für den Aufbau von Reputationskapital der Versuchung zu widerstehen, auf eine risikoreichere Anlagepolitik einzuschwenken und die anvertrauten Vermögen ohne Wissen der Anleger zu gefährden. Letzteres würde das Unternehmen allerdings der erhöhten Gefahr aussetzen, niemals Reputation zu erlangen; vgl. ähnlich Trosky (1996), S. 250.

[110] Vgl. o.V. (1992), S. 46.

Kunden honoriert wird: bei anspruchsvolleren, beratungs- und serviceintensiven Leistungen, die in den Konkurrentensortimenten der Non- und Near-banks sowie Direktbanken[111] zumeist fehlen.

Aufbau und Erhaltung von Vertrauen und Reputation setzen ein entsprechendes Verhalten des Bankmitarbeiters voraus. Die Bedeutung des Potentialfaktors Personal[112] bedarf hier, wie auch im allgemeinen hinsichtlich der Realisierung von relationalem Nutzen aus Bankloyalität und stabilen Geschäftsbeziehungen, keiner weiteren Erläuterung. Ein anderer Punkt scheint in diesem Zusammenhang erwähnenswert.
Mit zunehmender Zahl der Bankmitarbeiter erhält die vorhandene Reputation des Kreditinstituts zunehmend Kollektivgutcharakter. Die Produktion dieses Gutes, also der Aufbau und die Erhaltung der Reputation, erfordert die Anstrengung jedes Einzelnen und kommt letztlich allen zugute. Verweigert der einzelne Mitarbeiter jedoch den zur Erhaltung der Reputation erforderlichen persönlichen Einsatz, so trägt er die negativen Konsequenzen (Reputationsverlust und Gewinneinbußen *des Instituts*) nicht allein, sondern läßt alle anderen Angestellten daran partizipieren[113]. Der Anreiz für einen Mitarbeiter, die Reputation des Arbeitgebers außer acht zu lassen und sich als Trittbrettfahrer zu betätigen, ist folglich in einem größeren Institut größer als in einem kleinen[114].

---

[111] Vgl. o.V. (1997).
[112] Vgl. auch Schäfer (1995a), S. 542. Süchting spricht vom Bankangestellten selbst als *zentraler Präferenzträger*, Süchting (1991), S. 28.
[113] Diese Argumentation trifft im typischen Fall der ergebnisunabhängigen Entlohnung eines Angestellten zu, wobei unterstellt wird, daß der einzelne Mitarbeiter Einkommensverluste aufgrund des Fixlohns zwar nicht unmittelbar hinnehmen, als mittelfristige Folge nachhaltiger Gewinneinbußen des Unternehmens dennoch erwarten muß. Eine direkte Sanktionierung von Reputationsschädigung ist nur möglich, wenn diese beobachtbar ist und einzelnen Personen zugeordnet werden kann.
[114] Vgl. auch Kreps (1990), S. 767f.

4.4.3 Kundenzufriedenheit, Qualität und Kundenorientierung

Aufbau und Erhaltung von Vertrauen und Reputation setzen **Zufriedenheit** bei Nachfragern voraus (vgl. Abb. 8). Zufriedene Kunden sind loyaler[115], unzufriedene Kunden lassen sich kaum an einen Anbieter binden und werden von sich aus nichts zur Bindung und zur Entwicklung einer Geschäftsbeziehung beitragen. Auch wenn einer Bank ein guter Ruf vorauseilt, wird der Bankmitarbeiter selbst das Vertrauen des Kunden gewinnen und rechtfertigen müssen. Ob dies gelingt, hängt von der Transaktionshistorie zwischen Kunde und Bankmitarbeiter ab. Bestätigt sie ex post die ex ante abgesendeten Signale der Bank, ist eine notwendige Voraussetzung für Kundenzufriedenheit gegeben. Zufriedenheit bedeutet zunächst, daß Unsicherheit über Erfahrungseigenschaften abgebaut wurde. Zufriedene Kunden erwarten, auch in Zukunft bezüglich Erfahrungseigenschaften nicht enttäuscht zu werden. Bedeutsamer für den Aufbau von Geschäftsbeziehungen erscheint jedoch die Möglichkeit, vom Erfüllungsgrad beobachtbarer Erfahrungseigenschaften einen Parallelschluß[116] auf den Erfüllungsgrad verborgener Vertrauenseigenschaften vorzunehmen: Positive Erfahrungen schaffen Vertrauen. Als Indikatoren für die Vertrauenswürdigkeit des Anbieters können neben den eigenen auch positive Erfahrungen und Urteile Dritter dienen[117]. Vertrauensaufbau ist allenfalls dann nicht vollständig von Zufriedenheit aufgrund persönlicher Erfahrung abhängig, wenn das Institut bzw. der Bankmitarbeiter selbst einen bekanntermaßen guten Ruf vorweisen kann. Daraus wird zum einen wiederum die zentrale Bedeutung von Reputation beim Aufbau von Geschäftsbeziehungen ersichtlich, zum anderen die Abhängigkeit eines Branchenneulings beim Erwerb von Vertrauenskapital von der Zufriedenheit allererster Kunden.

Die Beschreibung der Funktion von Kundenzufriedenheit als „Transmissionsriemen zwischen kurzfristigem Verkaufserfolg und langfristigem Geschäftserfolg[118]" erscheint bei den von Unsicherheit und Vertrauenseigenschaften gekennzeichneten Anlageleistungen besonders treffend. Das Eintreten von Zufrie-

---

[115] Vgl. Lohmann (1997), S. 149f., Nader (1995), S. 100-104.
[116] Vgl. Weiber/Adler (1995), S. 70, in Anlehnung an Kaas.
[117] Vgl. Adler (1996), S. 133.
[118] Simon/Homburg (1995), S. 19.

denheit wird allgemein unterstellt, wenn die Erwartungen des Kunden an Verlauf und Ergebnis von Anlageleistungen vor und bei Vertragsabschluß bzw. Inanspruchnahme durch die Leistungswahrnehmung erfüllt werden[119]. Die bloße Erfüllung von Kundenerwartungen bewirkt eine moderate Zufriedenheit, die allerdings beim Nachfrager in der Regel weder eine eindeutige noch nachhaltige Präferenzwirkung zu erzielen vermag. Erst durch das Übertreffen von Kundenerwartungen ist offenbar ein gewisses höheres Maß an Zufriedenheit erzielbar, das maßgeblich Kundenbindung und -loyalität bewirkt[120]. Der empirische Nachweis[121] ist ohne weiteres auf die Situation von Universalbanken im hart umkämpften Privatkundengeschäft übertragbar: Kunden, die angeben, lediglich zufrieden zu sein, sind in erheblicher Anzahl immer noch abwanderungswillig[122].

Unter der geschäftspolitischen Zielsetzung langfristiger Kundenbeziehungen sollte also Kundenzufriedenheit durch Anlageleistungen angestrebt werden, die mehr Nutzenzuwachs bieten, als es die Nachfragerseite bei ohnehin niedrigerem Informationsstand gerade eben erwartet. Bezüglich der Beratungsleistung heißt dies vornehmlich: Höhere **Qualität** als sie der breiten Privatkundschaft im erwarteten, weil weithin so gewohnten, schwerpunktmäßigen Vertrieb von Anlageinstrumenten bisher offeriert wurde. Dies ist letztlich an die Umsetzung allgemeiner Qualitätsgrundsätze[123] gebunden, die bis heute nur im Top-Kunden-Bereich, insbesondere in der Vermögensverwaltung, konsequent vorgenommen wird[124].

---

[119] Vgl. z.B. Simon/Homburg (1995), S. 164. Die Nähe zum und Wechselwirkung mit dem Vertrauensaufbau zeigt sich darin, daß Kundenzufriedenheit zugleich daher rührt und dazu führt, daß die subjektive Wahrscheinlichkeit für die Erfüllung der Erwartungen bei künftigen Transaktionen zunimmt.

[120] Vgl. Matzler/Hinterhuber/Handlbaur (1997), S. 736.

[121] Bei Xerox wurde nachgewiesen, daß sich Kunden, die sich als sehr zufrieden bezeichneten, um ein Sechsfaches loyaler zeigten, als solche, die lediglich zufrieden waren; vgl. Heskett et al. (1994).

[122] So bestätigt für Privatkunden der Commerzbank AG bei Schroth (1997), S. 588, vgl. auch Geffroy (1997), S. 11.

[123] Zu Qualitätsaspekten der Vermögensanlageberatung s.o. S. 29f.

[124] Was daran liegen kann, daß Qualität auch eine Frage des Preises ist.

Von risikoaversen Privatkunden ausgehend, deren Wahrnehmung von Nutzen bzw. Qualität durch Unsicherheitsreduktion zunimmt, wird Leistungsbegründung zur zentralen Marketingaufgabe. Kunden suchen und verarbeiten leistungsbezogene Informationen. Sie lassen sich unter Käufermarktbedingungen von den Leistungsvorteilen eines bestimmten Anbieters nur überzeugen, wenn der Kundennutzen dabei glaubwürdig signalisiert wird. Dies gilt vornehmlich im Vorfeld einer ersten Transaktion mit einem Kreditinstitut, in abgeschwächter Form aber auch für langjährige Geschäftsbeziehungen: Vertrauen sucht Bestätigung, was die Kooperation wiederum erhält und festigt.

Formen und Möglichkeiten des Signaling zum Abbau des Informationsnachteils des Kunden wurden in der Informationsökonomik vielfach dargestellt[125]. Letztlich sollen alle Signalingmaßnahmen die Nachfrager von einem guten Verhältnis zwischen Nutzenwert und Preis der Produkte überzeugen. Daraus leiten sich auch die grundsätzlichen wettbewerbsstrategischen Optionen der Filialbank ab[126]: die wenig erfolgversprechende Kostenführerschaft oder die Möglichkeit, durch gezielte Stärken bezüglich bestimmter qualitativer Leistungsmerkmale einen besonders hohen Nutzenwert anzubieten (Differenzierung). Wollen Kreditinstitute Nutzenvorteile durch die Beschaffenheit bestimmter Leistungseigenschaften bieten, so ist diesbezüglich hohe Qualität zu schaffen - und zu signalisieren.

Bei der übergreifenden Signalwirkung von Vertrauen und Reputation rücken andere Qualitätssignale im Anlagegeschäft mit Privatkunden in den Hintergrund[127], vor allem im institutionellen Rahmen bereits bestehender, stabiler Geschäftsbeziehungen. In der Phase des Aufbaus von Vertrauen und Reputation ist das **Signaling von Qualität** dennoch unabdingbar. Wenn sich Anleger auf leistungsübergreifende Substitutinformationen (Reputation, Image, allgemeiner Bekanntheitsgrad) nicht blindlings verlassen und auf das Verhältnis zum Berater übertragen wollen oder können, wenn sich Unsicherheit andererseits auch durch direkte, leistungsbezogene Information (mangels Sucheigenschaften)

---

[125] Überblicksartig z.B. Kaas (1992), S. 892-897; Signaling als ureigenste Marketingaufgabe vgl. Kaas (1990); mit Bankenbezug bei Klische (1995), S. 72-75, Schäfer (1995a), S. 539-541.

[126] S.o. Abschnitt 3.2.3.

[127] Siehe auch Anmerkung zu sogenannten härteren Designs, S. 90.

nicht hinreichend reduzieren läßt, dann werden als Qualitätsindikatoren ersatzweise solche Signale herangezogen, deren Wahrheitsgehalt wenigstens ex post anhand von Erfahrungseigenschaften beurteilbar ist. Zur Unsicherheitsreduktion taugen Signale, die diese leistungsbezogene Substitutinformation kommunizieren, allerdings erst dann, wenn Bankkunden außer der Ex-post-Beobachtbarkeit auch über eine Möglichkeit verfügen, den Anbieter für den Fall zu sanktionieren, daß die eingetretene Leistungsqualität enttäuscht und im Widerspruch zur signalisierten Qualität steht[128]. Aufgrund allgemeiner Glaubwürdigkeitsprobleme der Information durch Werbung[129] (im Sinne des direkten Bewerbens bestimmter Nicht-Sucheigenschaften des Werbeobjekts) werden zumeist Garantien, der Preis und die Höhe der Werbeausgaben als mögliche Signale genannt[130], die als Ersatzinformationen auf hohe Qualität schließen lassen könnten.

Bei *Garantien*[131] und anderen vertraglichen Selbstbindungen des Anbieters besteht der Sanktionsmechanismus darin, daß ein grundsätzlich unvollkommen geregeltes Absatzverhältnis partiell durch explizite vertragliche Regelungen ersetzt wird, die dem Nachfrager bei Nichterfüllung zugesagter Leistungseigenschaften einen direkten Ausgleich (Entschädigung) sichern. Erst im nachhinein beobachtbare Erfahrungseigenschaften werden quasi in Sucheigenschaften transformiert[132]. Im Vermögensanlagegeschäft können Garantien bestimmte Leistungen bei Beratung und Service zusichern[133]. Dagegen stellt eine garan-

---

[128] Vgl. z.B. Adler (1996), S. 131.

[129] S.o. S. 91.

[130] Vgl. Tolle (1994), S. 929-935: Überblick zu Werbeausgaben und Garantien als Qualitätssignale, mit einigen Details und Hinweisen auf weitere grundlegende Beiträge. Zum Qualitätssignal durch Preise vgl. u.a. Klein/Leffler (1981), S. 618ff., Föhr (1993), S. 117-119, Adler (1996), S. 114-117.

[131] Vgl. Spremann (1988), S. 620f. und Adler (1996), S. 110-112 zur Garantie als Kooperationsdesign bzw. Substitutinformation im allgemeinen.

[132] Vgl. Adler (1996), S. 131.

[133] Typische Servicegarantien sind z.B. Kontogutschriften oder das Entfallen der Kontoführungsgebühren für einen Monat für jeden Fall, in dem Überweisungen nicht spätestens am Tag nach dem Eingang ausgeführt werden oder wenn bestimmte Anlageinformationen dem Anleger nicht spätestens am dritten Tag des Monats vorliegen. Zu Servicegarantien als Mittel der Kundenbindung siehe Brinkmann/Peill (1996). Denkbar sind Entschädigungsvereinbarungen auch für Beratungsgespräche, die bestimmte zugesicherte Qualitätsmerkmale vermissen lassen (z.B. die Dokumentation alternativer Anlagemöglichkeiten, das Einbeziehen aller im Hause bereits abgewickelten, relevanten Anlagetransaktionen u.ä.).

tierte Mindestrentabilität von Anlageinstrumenten mit grundsätzlich variabler Wertentwicklung (z.B. hauseigene Garantiefonds mit garantiertem Rückzahlungswert) keine Garantie im eigentlichen Sinne dar[134], sondern lediglich eine Leistungseigenschaft von vielen. Diese kann nur unter Berücksichtigung der individuellen Risikoeinstellung des Anlegers und der Höhe der garantierten Rendite etwas über die Qualität (im Sinne von Güte) des Anlageinstruments aussagen[135].

Im Gegensatz zu Garantien setzen der *Preis* und die Höhe der *Werbeausgaben*[136] als Qualitätssignal einen wirksamen Reputationsmechanismus voraus. Ohne vertragliche Sanktionsmöglichkeit bedarf es hier bestehender Anbieterreputation als Wohlstandsposition, mit deren Beschädigung der Kunde auf die Erfahrung schlechter Qualität trotz hoher Preise[137] bzw. Werbeausgaben antworten kann. Konkurrenzkampf und Vertrauensempfindlichkeit des Gewerbes verbieten es jedem Anbieterinstitut, trotz überdurchschnittlicher Entgeltforderungen oder Werbeanstrengungen unterdurchschnittliche Qualität anzubieten. Werbeausgaben als Investitionen in Geschäftsbeziehungen wären vorneweg unrentabel, wenn sich aufgrund von Erfahrungseigenschaften die Irreführung der Nachfrager herausstellen würde[138]. Diverse Modellergebnisse zeigen, daß hohe Werbeausgaben grundsätzlich vergleichsweise hohe Qualität signalisieren können, aber eben nicht müssen; kontroverse Ergebnisse liefern auch empirische Untersuchungen hierzu[139]. Keinesfalls zwingend ist auch, daß gute Qualtität nur

---

Die eindeutige sachliche und zeitliche Feststellung des Eintretens des Garantiefalls dürfte allerdings schwerfallen und der Praktikabilität enge Grenzen setzen.

[134] Eine solche Quasi-Garantie soll vorrangig nicht Verhaltens- oder Qualitätsunsicherheit beseitigen, sondern exogene, nicht beeinflußbare Unsicherheit für den Anleger reduzieren, wobei das Risiko auf das Kreditinstitut übergeht.

[135] Vgl. auch Ungern-Sternberg (1984), S. 102 zur begrenzten Bedeutung von Garantien bei der Reduktion von Qualitätsunsicherheit.

[136] Vgl. z.B. auch Adler (1996), S. 121-123.

[137] Die Signalwirkung hoher Preise ruht auf der Annahme, daß dem Anbieter für höhere Qualität höhere Kosten entstehen. Überdurchschnittliche Qualität kann sich aber nur dann dauerhaft auf dem Markt behaupten, wenn Nachfrager auf die Aufrechterhaltung der Qualität vertrauen und dafür eine Preisprämie zu zahlen bereit sind. Höhere Preisbereitschaft für gute Qualität verhindert Marktversagen aufgrund adverser Selektion, vgl. auch Föhr (1993), S. 113, Tolle (1994), S. 928.

[138] Vgl. Föhr (1993), S. 117.

[139] Zur wissenschaftlichen Diskussion im Überblick vgl. Tolle (1994), S. 929-934.

durch hohe Preise anzeigt wird. Besonders in der beratenden Zunft können auch niedrige Einführungspreise (bzw. günstige Anfangskonditionen) ein glaubwürdiges Signal dafür sein, daß der Anbieter an einer langfristigen Geschäftsbeziehung interessiert ist. Denn aus dem anfänglichen Zugeständnis kann für den Anbieter nur dann eine rentable Investition werden, wenn er sich sicher ist, den Kunden langfristig (durch entsprechende Qualität) zufriedenzustellen[140]. Durch niedrige Einführungspreise finden damit zugleich Investitionen in das Vertrauenskapital statt, wodurch höhere Preise für überdurchschnittliche Qualität in den Folgeperioden zu rechtfertigen sind. Dieses als *Low-Balling* bezeichnete Verhalten kann der Bank unmittelbar dazu dienen, mit dem Leistungsangebot trotz starker Konkurrenz zunächst in die engere Wahl (in das sogenannte *Evoked Set*) des Nachfragers zu gelangen. Damit steigen die Chancen, daß gute Qualität bei Erfahrungseigenschaften der Beurteilung des Kunden überhaupt erst ausgesetzt werden kann.

Leistungsbezogene Qualität kann durch einzelne Maßnahmen der Qualitätssteigerung bis hin zur Ausrichtung des Gesamtunternehmens durch sogenanntes Total-Quality-Management[141] umgesetzt werden. Hohe Qualität jeder Art bringt erst Erfolg, wenn Bankleistungen auch den Anforderungen der Kunden entsprechen. Das Erzielen hoher Kundenzufriedenheit im Wege qualitativ hoher Anlageleistungen setzt daher Leistungsfindung unter konsequenter **Kundenorientierung** voraus. Über undifferenzierte Marktorientierung hinausgehend[142] ist höchste Qualität solchen Anlageleistungen zu bescheinigen, die maximalen

---

[140] Vgl. Föhr (1993), S. 119.

[141] Zu Qualitätsmanagement, Total-Quality-Management und dergleichen in Kreditinstituten vgl. z.B. Bruhn (1997), S. 613-625, Schmitz (1996), Drewes (1992).
Ob sich eine mögliche Zertifizierung des Qualitätsmanagement nach der internationalen Norm DIN/ISO 9000 dazu eignet, Qualität zu signalisieren und Unsicherheit zu reduzieren, erscheint fraglich und wird hier nicht weiter diskutiert. Mögliche Zertifizierungen bestätigen lediglich Momentaufnahmen beliebiger Leistungsstandards, die das Unternehmen selbst festlegt. Zertifizierung kann mitunter dazu verleiten, den Status quo zu zementieren, anstatt Qualität fortlaufend zu überprüfen; vgl. Sterk (1996), S. 64, zur Norm DIN/ISO 9000 siehe Jacobi (1996), S. 124-126.

[142] Vgl. Zollner (1995), S. 13 zur Unterscheidung zwischen Kunden- und Marktorientierung.

Nutzen stiften, indem sie individuelle Anlegerbedürfnisse bestmöglich befriedigen[143].

Qualität setzt sich aus den Beiträgen jedes einzelnen Leistungsmerkmals zum Kundennutzen zusammen[144]. Kreditinstitute, die im Vermögensanlagegeschäft mit Privaten Differenzierung betreiben, müssen folglich (möglichst viele) Qualitätsmerkmale in den Leistungsbereichen einsetzen, in denen sie sich von neuen und günstigeren Marktkonkurrenten abheben können. Zwangsläufig ist die traditionelle Verkaufsorienterung[145] dann durch das Profil einer Berater- und Servicebank zu ersetzen, die relationale Nutzenvorteile stabiler Geschäftsbeziehungen bietet und auf direkt leistungsbezogene Qualitätsvorteile durch Kundenorientierung setzt.

Ausgeprägte Kundenorientierung bei Beratungsleistungen setzt die aktive Suche nach heutigen und künftigen Fragen und Problemen aus der Sicht des Anlegers voraus. Qualität zeigt sich folglich in einer prospektiven Problemlösungsfähigkeit, der eigentliche Wettbewerbsvorteil liegt in der Kompetenzführerschaft[146]. Kompetenz bezeichnet das Ausmaß, in dem Anleger die Lösung der mit den eigentlichen Anlagemotiven (z.B. Altersvorsorge) verbundenen Probleme durch die Anlageleistungen bzw. den Berater wahrnehmen. Maximales Erreichen klassischer Anlegerziele, insbesondere des Vermögensziels[147], setzt ein Höchstmaß an Kompetenz voraus.

4.5 Zwischenfazit

(1) Der Aufbau einer Geschäftsbeziehung zielt auf Kundenbindung und widerspiegelt sich - bei Erfolg - in bankloyalem Kundenverhalten. Der Begriff Bank-

---

[143] Vgl. Brunner (1993b), S. 449, Wieneke et al. (1997), S. 354.

[144] Vgl. North (1992), S. 43, Bruhn (1997), S. 418; siehe auch Schierenbeck (1997), S. 141 u. 150 zu *Customer Benefit Banking* als Terminus für eine kundennutzenorientierte Ausrichtung des gesamten Bankgeschäfts und die explizite Berücksichtigung von Erwartungen der Mitarbeiter als interne Kunden.

[145] S.o. Abschnitt 2.2.3.2.

[146] Vgl. Bea/Scheurer (1997), S. 11-13, wo diese umfassende Ausrichtung am Kunden als *proaktive Kundenorientierung* bezeichnet wird.

[147] Zu Zielen und Motiven von Anlegern s.o. Abschnitt 2.3.2.

loyalität impliziert eine besonders enge und dauerhafte Absatzbeziehung (ad 4.1).

(2) Die Vorteilhaftigkeit beiderseitiger Investitionen in Geschäftsbeziehungen entzieht sich aufgrund von Schätz- und Quantifizierungsproblemen einer exakten Überprüfung; immerhin wird in der Praxis einhellig von zunehmender Rentabilität von Geschäftsbeziehungen bei zunehmender Dauer ausgegangen.
Der relationale Kundennutzen besteht im wesentlichen in der vielfältigen Reduktion beziehungsendogener Qualitäts- und Verhaltensunsicherheit. Produktbezogener Zusatznutzen ergibt sich überdies aus möglichen Konkurrenzvorteilen um knappe Bankressourcen und aus Preisvorteilen. Auch nichtökonomische Faktoren, die auf individuellen Kundenpräferenzen auf der emotionalen Ebene beruhen, können Nutzenzuwachs bedeuten und Unsicherheit reduzieren.
Relationaler Anbieternutzen zeigt entweder direkte oder indirekte Erfolgswirkung. Potentiale mit direkter Erfolgswirkung liegen im Ausnützen entstehender Preisspielräume, in Mengeneffekten, u.a. bei steigender Nachfrageintensität und Cross-Selling-Rate, sowie in Kosteneinsparungen hinsichtlich der Betreuung im allgemeinen, der Neukundenakquisition im besonderen. Eine indirekte Ergebnisverbesserung geht von Unsicherheitsreduktion (d.h. geringeren Risikokosten), dem Effekt der Reputationsfestigung und vom Aufbau von Markteintrittsbarrieren aus.
Die Realisierung von Effizienzvorteilen beziehungsinterner gegenüber -externen Transaktionen ist überwiegend von der Stabilität der Geschäftsbeziehung abhängig (ad 4.2).

(3) Stabilität ist indirekt eine Folge von wechselseitiger Bindung. Bindungswirkung geht von spezifischen Investitionen, relationalem Nutzen und emotionalen Faktoren (Shared Values bzw. Commitment) aus. Als unmittelbare Folge von Bindungen entstehen zunächst Verhaltensspielräume. Die Stabilität von Geschäftsbeziehungen wird letztlich dadurch bestimmt, wie die Akteure bei der Nutzung der Spielräume agieren (ad 4.3.1).

(4) Durch Visualisierung von Verhaltensspielräumen, Bindungsverhältnissen und Verteilungsakten (d.h. Einigungsprozessen, die in Transaktionen mit einer

bestimmten Leistungshöhe resultieren) läßt sich die Entwicklung von Geschäftsbeziehungen in einem Modell veranschaulichen und aufzeigen, wann sich Stabilität einstellt und warum sie Schwankungen ausgesetzt ist. Im Modell werden Ex-post-Renten aus einer Geschäftsbeziehung durch Verteilungsakte innerhalb des Verhaltensspielraumes zwischen Bank und Kunde aufgeteilt, wobei es hierfür weder unter ökonomischen noch moralischen Aspekten beste Lösungen gibt (ad 4.3.2).
Bei Betrachtung eines einzelnen Verteilungsresultats erklärt sich, warum symmetrische Bindungsverhältnisse weniger Spielraum für Opportunismus bieten und Stabilität fördern. Bei der Betrachtung von Verteilungssequenzen wird deutlich, daß höhere Stabilität von geringeren Schwankungen in der Leistungshöhe und von abnehmender Einseitigkeit von Verteilungsresultaten ausgeht. Fortgeführt einseitigen Verteilungsakten folgen die Anpassung der Toleranzgrenzen des Einigungsbereichs und Destabilisierung (ad 4.3.3).

(5) Das Modell ermöglicht es, die Entwicklung von Geschäftsbeziehungen besser nachvollziehbar und voraussehbar, kurzum transparenter zu machen. Auf dieser Grundlage sind zum einen fundiertere Entscheidungen über Maßnahmen der Leistungsbegründung und Leistungsfindung zu erwarten. Zum anderen wird dem Berater ermöglicht, die in Geschäftsbeziehungen gegebene Anpassungsflexibilität bewußter einzusetzen und Stabilität steuerbarer, das heißt die Fortführung der Kooperation sicherer zu machen. Im besonderen wird die Korrektur asymmetrischer Anbieter- oder Bankbindungen erleichtert sowie ein früheres Erkennen von Kundenbeziehungen mit ungünstigem Kooperationsverlauf und frühes Gegenlenken unterstützt. Indirekt läßt sich über stabilere und dauerhafte Geschäftsbeziehung deren Rentabilität und der Gesamterfolg der Bank steigern.
Das Modell läßt Handlungsanweisungen für konkretes Anbieterverhalten im Rahmen *stilisierter* Empfehlungen zu, da mehrere Modellgrößen von den Akteuren nur über Schätzung zu quantifizieren sind. Die Subjektivität der Wahrnehmung von Nutzen und Bindung erfordert ein Abgleichen unterschiedlicher Wahrnehmungen durch entsprechende Kommunikation zwischen den Marktpartnern (ad 4.3.4).

(6) Die Existenz der übergeordneten Institution Geschäftsbeziehung setzt das Wirken bestimmter weiterer Institutionen und Signale voraus. Dies sind im Vermögensberatungsgeschäft, ähnlich wie in anderen Absatzverhältnissen auch, Kundenorientierung, das Signaling von Qualität und Nutzenzuwachs, positive Erfahrungen und Kundenzufriedenheit sowie Reputation und Vertrauen. Die genannten Konstrukte sind gleichermaßen Komponenten, die in der bestehenden Geschäftsbeziehung wirken und zu deren Operationalisierung beitragen, wie auch Bausteine oder Schritte beim Aufbau von stabilen Geschäftsbeziehungen (ad 4.4).

5. ENTSCHEIDUNGEN DER LEISTUNGSFINDUNG UND IHR EINFLUSS AUF UNSICHERHEIT UND ENTWICKLUNG VON GESCHÄFTSBEZIEHUNGEN

5.1 AUSGANGSPUNKT UND FRAGESTELLUNGEN IM FÜNFTEN KAPITEL

Wettbewerbsstrategische Überlegungen führten zum Ergebnis, daß Universalbanken nachhaltige Wettbewerbsvorteile durch Verfolgen einer Strategie der Differenzierung über das verstärkte Angebot beratungsintensiverer Leistungen erlangen können[1]. Die Betrachtung von Unsicherheits- und Informationsproblemen zwischen Bank und Kunde im Vermögensanlagegeschäft[2] ließ in der Folge Geschäftsbeziehungen als effizientes Kooperationsdesign und für beide Seiten vorteilhafte Institution erscheinen[3]. Aufbau und Pflege stabiler Kundenbeziehungen stellen an das Auftreten von Kreditinstituten, wie zuletzt gesehen, eindeutige Anforderungen: Problemlösungen sind zu offerieren, und dies im Stile einer Berater- und Servicebank.

Der Leistungsbegründung[4] einer solchen Beraterbank geben stabile Geschäftsbeziehungen (und damit eng verbunden weitere Kooperationsdesigns, wie in Kapitel vier gezeigt) aufgrund ihrer umfassenden institutionellen Wirkung günstigere Rahmenbedingungen für die Handhabung bzw. Reduktion von Unsicherheit vor. Stabile Absatzbeziehungen lassen langfristig für die personalintensive Filialbank einen größeren Erfolg erwarten als eine transaktionsorientierte Verkaufspolitik.

Im folgenden Kapitel ist nun zu fragen, wie die Grundstruktur eines anspruchsvolleren Leistungsangebots aussehen kann. Es sind also grundlegende Entscheidungen bei der vorgelagerten Leistungsfindung zu untersuchen. Wo dem Anbieter über die wettbewerbspolitsch im Grunde obligate Intensivierung des Beratungsgeschäfts und über das Wirtschaftlichkeitspostulat hinaus grundsätz-

---

1 Vgl. Abschnitt 3.2.3.

2 Vgl. Abschnitt 3.3.

3 Vgl. Abschnitt 3.4.

4 Zu den Termini Leistungsbegründung und -findung vgl. Adler (1996), S. 204-206 und oben Abschnitt 3.2.1.

licher Entscheidungsspielraum bleibt, sollen wesentliche Gestaltungsentscheidungen hinsichtlich ihrer Auswirkungen auf die Unsicherheitssituation und auf die Ausgangsbedingungen zur Entwicklung von Geschäftsbeziehungen dargelegt bzw. die Handlungsalternativen beurteilt werden.

Dem Anbieten anspruchsvollerer Anlageleistungen gehen Entscheidungen über die inhaltliche Gestaltung des Leistungsbereichs voraus. So ist erstens zu klären, wieviele und welche (d.h. welchen Initiators) Anlageinstrumente das Sortiment umfassen soll und zweitens, in welcher Form Beratungsleistungen grundsätzlich angeboten werden. Letzteres wiederum erfordert zunächst, zusammen mit der Entscheidung über das Niveau von Beratungsumfang und Beratungsaufwand, eine Entscheidung zwischen reiner Anlageberatung und gesamtheitlicher Vermögensstrukturberatung, des weiteren einen Kompromiß zwischen Standardisierung und Individualisierung. Zudem ist abzuwägen zwischen einer Beratungsleistung, die inhaltlich direkt auf den Verkauf bestimmter Produkte ausgerichtet ist, und einer Beratung, die produktunabhängige Information als Ergebnis liefert.
Nach diesen sortiments- und produktpolitischen Entscheidungen sind schließlich Überlegungen zur Preispolitik anzustellen. Dabei stellt sich insbesondere die Frage, wie Beratungshonorare einerseits und entgeltfreie Beratungsleistungen andererseits im Zusammenhang mit der spezifischen Unsicherheitssituation und der Entwicklung von Geschäftsbeziehungen zu beurteilen sind. Schließlich ist in diesem Sinne auf Möglichkeiten und Folgen einer Preissetzung einzugehen, die sich an der Bank-Kunde-Beziehung insgesamt orientiert (Relationship Pricing).

5.2 GRUNDLEGENDE ENTSCHEIDUNGEN ÜBER DIE AUSGESTALTUNG DES LEISTUNGSANGEBOTS

5.2.1 Sortimentspolitische Entscheidungen über die Anlageinstrumente

5.2.1.1 Erhöhte Produktvielfalt und Unsicherheitsreduktion

Aus Anbietersicht ist im Rahmen sortimentspolitischer Überlegungen zunächst zu klären, in welchem Zusammenhang die Entscheidung für eine größere Anzahl von Anlageinstrumenten, die sich bezüglich der Kombination von Merkmalsausprägungen voneinander unterscheiden[5], mit der Unsicherheitssituation des Anlegers steht.
Eine günstigere Unsicherheitsposition des Anlegers ist auf den ersten Blick dadurch gegeben, daß aufgrund eines vielfältigeren Angebots an Anlageinstrumenten die Wahrscheinlichkeit steigt, daß der Anleger solche Anlagen vorfindet, die eine bessere Zielerfüllung erwarten lassen, da unter einer größeren Anzahl von Produkten eine größere Übereinstimmung von Eigenschaftskombinationen der Instrumente mit den Anforderungen einzelner Kundenprobleme bzw. -präferenzen schlichtweg wahrscheinlicher wird. Ein schmales Sortiment hingegen erhöht die Wahrscheinlichkeit des Auftretens von Institutswechselkosten, wenn der Anleger sich bei veränderlichen künftigen Anlagewünschen mangels passender Umsetzungsinstrumente anderen Anbietern zuwendet. Kundenbindung wird dadurch erschwert[6].

Beim zweiten Hinsehen jedoch erweisen sich Überlegungen zur Reduktion dargestellter Qualitätsunsicherheit über das bereitgestellte Sortiment im Wege ei-

---

5 Vgl. Ringelstetter/Kirsch (1991), S. 563, wonach eine Erhöhung der Produktvielfalt der Differenzierung durch Varietät gleichkommt.

6 Zunächst liegt der Gedanke nahe, daß Produktvielfalt aufgrund der komplexeren Entscheidungssituation Unsicherheit des Anlegers auch erhöht. Im weiteren wird deutlich werden, daß sich dieser negative Effekt nur vermeiden und der oben genannte positive Effekt nur realisieren läßt, wenn dem Anleger glaubhaft gemacht wird, daß er aufgrund des Könnens und Wollens des Beraters von Produktvielfalt profitieren wird.

ner Auffächerung der Sortimentsbreite bald als ein recht sinnloses Unterfangen, solange sie losgelöst von der Frage der Leistungsfähigkeit und -willigkeit von Berater bzw. Bank angestellt werden[7]:

Zunächst leuchtet unmittelbar ein, daß Anleger nur dann im bezeichneten Sinne von erhöhter Produktvielfalt profitieren, wenn der Bankmitarbeiter in der Lage ist, aus einer größeren Alternativenzahl das Anlageinstrument zu ermitteln, das den Anlegerzielen und -präferenzen tatsächlich mehr entspricht als ein ihm wohlbekanntes aus einer zuvor kleineren Alternativenanzahl. Beispielsweise bleibt eine Leistungsergänzung im Bereich Aktienfonds mit Anlageschwerpunkt Europa um einen Technologie-Fonds und einen Fonds „kleine und mittlere Unternehmen" ohne Bedeutung, wenn unzureichend geschulte Berater unabhängig vom individuellen Kundenbedarf beim Stichwort Europa stets den seit Jahr und Tag angebotenen, in Großunternehmen investierenden Blue-Chip-Fonds empfehlen. Das Ausschöpfen der Angebotsvielfalt stellt erhöhte fachliche Anforderungen an das Personal (Skills). Unsicherheitsreduktion auf der Nachfragerseite allein aufgrund erhöhter Produktvielfalt kann also an Kosten für zusätzliche Maßnahmen der Mitarbeiterqualifikation gebunden sein, setzt auf jeden Fall aber glaubwürdige Signale des Anbieters über die fachliche Qualität der Berater voraus.

Allerdings kann auch die Potentialbereitstellung in Form einer großen Produktvielfalt und bester Mitarbeiterqualifikation nur eine notwendige Voraussetzung für Unsicherheitsreduktion sein, ohne daß sie attraktivere Anlageleistungen aus Nachfragersicht hinreichend bedingen könnte. Denn die Möglichkeit, aufgrund eines breiteren Sortiments bessere Problemlösungsinstrumente anzutreffen, kann Anlegerunsicherheit tatsächlich nur verringern, wenn auf der Anbieterseite auch erkennbar Anreize zur Nutzung dieses Potentials bestehen. Ist dies nicht der Fall, muß der Anleger davon ausgehen, daß die Bank in Person des Beraters unter Verfolgung eigener Ziele und unter Ausnützen des Informationsvorsprungs zu seinem Nachteil suboptimale[8] Empfehlungen ausspricht.

---

[7] Dabei wird im Segment der breiten Privatkundschaft davon ausgegangen, daß vor der Entscheidung grundsätzlich Beratungsbedarf besteht, daß die Entscheidung für ein Anlageinstrument also nicht vollkommen losgelöst von der Beratungsleistung zu betrachten ist.

[8] Gemessen an den Möglichkeiten, die ein Sortiment mit einer bestimmten Anzahl unterscheidbarer Produkte bei Verfolgung der Anlegerziele bieten würde.

Die Frage nach den Auswirkungen zunehmender Produktvielfalt auf Qualitätsunsicherheit wird offensichtlich vollkommen **überlagert vom moralischen Risiko**, d.h. von der Problematik bestehender Verhaltensunsicherheit[9].

Sieht der Anleger im Bankmitarbeiter den Interessenvertreter der Bank, der über ein leistungsunabhängiges, fixes Einkommen verfügt, so ist dem Anleger schwerlich glaubhaft zu machen, daß sich evidente Eigengeschäftsinteressen des Kreditinstituts - eben aufgrund unterschiedlicher wirtschaftlicher Folgen für das Unternehmen bei verschiedenen Anlageempfehlungen - in den Empfehlungen des Beraters genau dann *nicht* niederschlagen werden, wenn sie dem Anleger schaden[10].

Geeigneter erscheint es hier, den Bankmitarbeiter selbst als Einkommensmaximierer hervorzuheben, dessen Zielerreichung komplementär zu der des Anlegers erfolgt.

Die Entlohnungsform muß dann dergestalt sein, daß der Berater vom Ausschöpfen der gesamten Sortimentsbreite zugunsten des Anlegers selbst profitiert. Um überhaupt einen allgemeinen Leistungsanreiz zu schaffen, ist zuerst eine (zumindest teilweise) **umsatzabhängige Entlohnungsform**[11] einzuführen.

---

[9] Vgl. oben Abschnitt 3.3.2.3.
Zur Veranschaulichung kann mit der Anbieterentscheidung zur Erhöhung der Produktvielfalt, ganz den Erwartungen des Nachfragers folgend, eine implizite Vereinbarung zwischen Bankmitarbeiter und Kunde angenommen werden. Danach bietet der Berater den anonymen, potentiellen Nachfragern an, nach bestem Wissen aus der größeren Anzahl der im Sortiment nun verfügbaren Anlageinstrumente von Fall zu Fall das herauszusuchen, das dem Anleger die beste Problemlösung verspricht, wenn er sein disponibles Vermögen dem Anbieter zwecks Anlage zur Verfügung stellt. Der einzelne Anleger geht auf diese Vereinbarung ein, sobald er dem Berater konkreten Anlagebedarf kundtut und geht im übrigen davon aus, daß bei vereinbarungsgemäßem Verlauf der Transaktion beiden Seiten ein Nutzenzuwachs entsteht. Sollte sich der Berater anschließend dennoch opportunistisch zeigen und, für den Anleger nicht ohne weiteres erkennbar, eine suboptimale Anlageentscheidung herbeiführen, so werden Erwartungen an die stillschweigende Vereinbarung nicht erfüllt. Die Verletzung impliziter Ansprüche stellt dann einen Fall von Hidden Action dar (vgl. auch oben S. 74-76).

[10] Dem liegt das allgemeine Glaubwürdigkeitsproblem zugrunde, das auch der Werbung grundsätzlich anhaftet, vgl. oben S. 91.

[11] Leistungsorientierte Entlohnung kann neben der Erfolgsbeteiligung am Vermittlungs- und Verkaufs*umsatz* grundsätzlich auch anderswo ansetzen, z.B. an der Anzahl von Mandantenterminen oder Beratungsgesprächen. Im weiteren wird nur noch der Leistungsanreiz

Außerhalb stabiler, vertrauensvoller Geschäftsbeziehung, so vor allem im Neukundengeschäft, ist jedoch damit zu rechnen, daß Berater geneigt sind, ungeachtet der Anlegerziele das Anlageinstrument zu empfehlen, das ihnen die größte Erfolgsbeteiligung einbringt. Dieser Fehlanreiz ist dadurch zu beseitigen, daß für den Berater die Empfehlung eines jeden Anlageinstruments gleichermaßen attraktiv gemacht wird. Demzufolge ist für die umsatzabhängige Einkommenskomponente eine **Nivellierung** der Provisions- oder allgemein **der Erfolgsbeteiligungssätze** über alle Anlageinstrumente des Sortiments hinweg zu entwikkeln und vor allem der Nachfragerseite zu kommunizieren.

Mit der Gewißheit allein, daß die Provisionshöhe die Anlageempfehlung nicht beeinflußt, kann der Anleger nun dennoch nicht davon ausgehen, daß der Ratgeber motiviert ist, die für ihn beste Lösung zu ermitteln und zu empfehlen: Der Berater könnte bei geringerem Aufwand und unverändertem Einkommen irgendeine Lösung vorschlagen. Müßte sich der Anleger hier ganz auf das hinsichtlich einer Einzeltransaktion ökonomisch nicht begründbare Wohlwollen des Beraters verlassen, so würde eine größere Produktvielfalt zur Unsicherheitsreduktion im oben genannten Sinne soweit nichts beitragen. Tatsächlich aber sind Anleger teilweise - der eine mehr, der andere weniger - dazu in der Lage, die Anstrengung des Beraters zu beobachten, dessen Überlegungen zu hinterfragen und auch die Qualität früherer Empfehlungen zu beurteilen. Entscheidend ist nun, daß der Berater nicht mit Sicherheit voraussagen kann, wann ihm ein uninformierter Anleger und wann ein gut informierter *Expert Buyer* gegenübersteht[12]. Sofern überhaupt die Möglichkeit besteht, den Berater im Falle einer erkannten Täuschung zu sanktionieren, kann daher auch der schlechter informierte Anleger erwarten, daß der Berater sich bemühen wird, aus dem gesamten Sortimentsumfang das für den Anleger geeignetste Instrument zu eruieren.

über Umsatzgrößen aufgegriffen, da hierdurch in jedem Falle auch ein direkter Ansporn zum Geschäftsabschluß gegeben ist.
Eine weitere Möglichkeit ist die Entlohnung in Abhängigkeit vom meßbaren Kundenerfolg aus Anlageberatung; vgl. hierzu und in diesem Zusammenhang zur Performancemessung die Anmerkungen unter Abschnitt 5.3.1.2.

[12] Der unversierte Kunde wird die hier erwartete Beraterleistung überwiegend, im Extremfall ganz, als Vertrauensgut betrachten, wohingegen der Expert Buyer der Leistung mehr den Charakter eines Erfahrungsgutes oder teilweise gar eines Sichtgutes zuschreibt.

Dabei ist das Drohpotential relativ gering bei einem ausdrücklich auf Transaction-Banking ausgerichteten Anbieter, dessen ertappte Berater auf eine Transaktion verzichten müssen und zum nächsten Kunden übergehen.
Größere Wirkung hat die Sanktion durch getäuschte Kunden bei Kreditinstituten, die investieren, um sich öffentlich als Service- und Beraterbank zu präsentieren: Der langfristige Erfolg stabiler Geschäftsbeziehungen (Relationship-Banking) ist hier von der Erhaltung der mühsam aufgebauten Reputation und dem Vertrauen gegenüber dem Institut und dem einzelnen Bankmitarbeiter abhängig. Um glaubhaft zu signalisieren, daß der Berater als Nutzenmaximierer selbst am Aufbau von langfristigen Kundenbeziehungen interessiert ist, ist das Entlohnungssystem so zu gestalten, daß er unmittelbar[13] von erfolgter Kundenbindung profitiert. Das heißt, **der Erfolgsbeteiligungssatz muß bei Folgetransaktionen mit bestehenden Kunden höher sein** als bei Transaktionen mit Neukunden. Folglich wird die Täuschung von Anlegern mit Fortschreiten der Geschäftsbeziehung immer unwahrscheinlicher, da die Bestrafung durch den Anleger mit dem Entzug späterer, noch lukrativerer Transaktionen zunehmend härter ausfiele.

Im Ergebnis bleibt festzuhalten, daß die Entscheidung, die Anzahl der Wahlmöglichkeiten im Sortiment zu erhöhen, erst dann Unsicherheitsreduktion beim Anleger auslöst, wenn

1. eine entsprechende Leistungsfähigkeit der Berater gegeben ist und glaubwürdig signalisiert wird und
2. dem Berater erkennbar Anreize gesetzt sind, das Potential eines breiteren Sortiments im Sinne des Kunden zu nutzen.

Dabei ist ein positiver Leistungsanreiz durch umsatzabhängige Entlohnungsbestandteile zu erzielen. Die Eindämmung von Anbieteropportunismus setzt wiederum eine weitgehende Angleichung der Vergütungssätze über alle Anlageinstrumente des Sortiments voraus. Bei gleichem Anlagevolumen zieht dann jede im Sortimentsrahmen mögliche Anlagetransaktion für den Ratgeber die glei-

[13] Unmittelbar soll heißen, daß der Leistungsanreiz direkt an den Einsatz des Beraters gekoppelt ist und nicht von der Gewährung einer allgemeinen Gehaltsaufbesserung aufgrund einer Steigerung des Unternehmenserfolgs abhängt. In dieses Falle wäre die Signalwirkung durch mögliche Trittbrettfahrer-Effekte beeinträchtigt, vgl. auch oben S. 150.

chen wirtschaftlichen Folgen nach sich, so daß immerhin kein Anreiz mehr besteht, Empfehlungen auf die provisonsstärksten Produkte zu beschränken.
Hinreichend glaubwürdig, damit unmittelbar unsicherheitsrelevant, werden die von der Beratervergütung ausgehenden Signale erst, wenn auch Sanktionsmöglichkeiten bestehen. Die Anbieterabsicht, langfristige Geschäftsbeziehungen mit Kunden anzustreben, gewinnt dadurch an Glaubwürdigkeit, daß dem Berater Folgetransaktionen höhere Prämien einbringen als Erstgeschäfte. Um der härteren Bestrafung durch den Kunden zu entgehen, wird der Berater gar nicht erst riskieren, vom Kunden als Opportunist erkannt zu werden, stattdessen wird er von Beginn an motiviert, die erwartete Leistung zu zeigen.

Unter den genannten Voraussetzungen kann Sortimentsausweitung Nachfrageunsicherheit reduzieren und die Attraktivität von Vermögensanlageleistungen steigern. Die Erhöhung des Sortimentsumfangs erfährt in der Informationsverarbeitungsfähigkeit von Bankmitarbeitern natürliche Grenzen. Außerdem sind hier leicht erkennbar auch ökonomische Grenzen gesetzt: Mit der Anzahl angebotener Leistungen steigt der Personalschulungsaufwand und der Aufwand für die Abwicklung einer zunehmenden Zahl unterschiedlicher betrieblicher Vorgänge[14]. Eine Ausweitung ist theoretisch folglich solange sinnvoll, bis der Grenzaufwand dem Grenzertrag einer solchen Maßnahme entspricht. Exakte Zahlen werden diesbezüglich nur schwer zu ermitteln sein.
Umgekehrt läßt sich zumindest sagen, daß jeder auf Beratung angewiesene Anleger bei allzu stark eingeschränkter Auswahlmöglichkeit mit geringem Informationsaufwand erkennen kann, daß eine annähernd bedarfsgerechte Problemlösung hier allenfalls zufällig erfolgen könnte. Er wird sich folglich an einen anderen Anbieter wenden, der ein aus seiner Sicht ausreichend umfangreiches Sortiment bereitzustellen in der Lage ist.
Die Realisierung des Nutzens aus der Reduzierung von Qualitätsunsicherheit mit Hilfe größerer Produktvielfalt setzt bei unterstelltem Beratungsbedarf allerdings das Setzen der oben genannten Verhaltensanreize voraus. Mit erhöhter bzw. optimierter Produktvielfalt ist die Attraktivität des Leistungsangebots demnach nur bedingt zu steigern.

---

[14] Vgl. Schüller (1997), S. 66.

5.2.1.2 Aufnahme institutsfremder Leistungen und Unsicherheitsreduktion

Universalbanken versuchen mitunter, ganz pauschal Unabhängigkeit im Sinne von Objektivität des Empfehlungsgebers zu demonstrieren und damit Vorteile für Anleger zu suggerieren, indem nicht nur eigene Anlageinstrumente angeboten werden, sondern dem Kunden auch die Möglichkeit gegeben wird, Instrumente institutsfremder Emittenten bzw. Initiatoren[15] nachzufragen. Die Frage ist, ob sich hiermit eine Reduktion von Qualitätsunsicherheit aus Nachfragersicht begründen läßt, wenn davon auszugehen ist, daß der Anbieter dem berechtigten Eigeninteresse folgend den Vertrieb hauseigener Instrumente vorzieht. Vorteilhaft sind erweiterte Auswahlmöglichkeiten für den Anleger, wenn er - wie auch im vorigen Abschnitt zu fragen war - bessere Problemlösungen erwarten oder darüber hinaus das Risiko einer ineffizienten Alternative im Vergleich mit Alternativen des Gesamtmarktangebots verringern kann.

Vorteile der genannten Art kann der Anleger allein von **Anlagealternativen** erwarten, **die den Alternativenraum erweitern**. Das heißt, das zusätzlich verfügbare, institutsfremde Produkt muß sich hinsichtlich der Ausprägung der Beschreibungsmerkmale[16] gegenüber allen institutseigenen Anlageinstrumenten in mindestens einem Punkt unterscheiden. Echte Substitutionsleistungen dagegen, die ausschließlich über identische (so z.B. bei den Merkmalen Fristigkeit, Festzinshöhe, Kosten) oder objektiv als gleich einzuschätzende Merkmalsausprägungen (z.B. hinsichtlich Informationsaufwand, erwarteter Rendite, Institutssicherheit) verfügen, stellen keine zusätzlichen Problemlösungsalternativen dar, können die Unsicherheitssituation des Nachfragers daher nicht beeinflussen.

Wenn Leistungen eines Anbieters sich von Leistungen eines anderen Anbieters zumindest partiell unterscheiden, so ist es denkbar, daß das eine Produkt gegenüber dem anderen hinsichtlich der Erreichung des Vermögensziels des Anle-

---

[15] Ein Beispiel ist die Möglichkeit, alternativ zu den Investmentfonds der konzerneigenen Tochter auch Investmentanteile von Fonds ausländischer Kapitalanlagegesellschaften zu erwerben.

[16] Vgl. oben Abschnitt 2.2.2.3.2.

gers[17] als inferior oder als superior zu beurteilen ist. Sinn macht die Aufnahme institutsfremder Produkte in ein bestehendes Sortiment allerdings nur, wenn damit weder eine eindeutig inferiore noch eine superiore Anlagealternative hinzukommt. Derlei Sortimentsergänzungen wären gleichermaßen absurd. Die Aufnahme eines inferioren Produkts erweiterte die Wahlmöglichkeiten des Nachfragers um eine ineffiziente, weil dominierte Alternative, und scheidet aus. Im Falle eines superioren institutsfremden Instruments wäre das eigene inferiore Produkt zu eliminieren oder aber ebenso konkurrenzfähig zu gestalten[18]. Für die Unsicherheitssituation von Anlegern relevant können hingegen alle anderen **Anlagealternativen** sein, **bei denen** eine solche Beurteilung der **Vorziehenswürdigkeit von individuellen Nachfragerpräferenzen abhängt**.

Die Anbieterentscheidung über die Sortimentserweiterung um institutsfremde Leistungen, die sich vom vorhandenen Sortiment dadurch unterscheiden, daß sie andersartigen persönlichen Anlegerpräferenzen entsprechen, unterscheidet sich dann hinsichtlich der Reduktion von Anlegerunsicherheit nicht mehr von der zuvor[19] betrachteten Entscheidung über die Erhöhung der Produktvielfalt an sich. Für den beratungsabhängigen Kunden ist die Zunahme der Wahrscheinlichkeit, unter der größeren Anzahl verfügbarer Anlageinstrumente solche empfohlen zu bekommen, die individuellen Präferenzen entsprechend eine bessere Zielerreichung erwarten lassen, auch hier zunächst von der Leistungsfähigkeit des Bankmitarbeiters abhängig. Wie oben sind über umsatzabhängige Entlohnung und nivellierte Provisionssätze Anreize zu setzen, damit Berater motiviert sind, institutsfremde Produkte überhaupt in die Betrachtung mit einzubeziehen

---

[17] Das Vermögensziel wird als originäres Oberziel jedes Anlegers betrachtet, vgl. oben Abschnitt 2.3.2.

[18] Ein institutsfremdes Anlageinstrument kann im konkreten Zusammenhang als inferior (bzw. superior) bezeichnet werden, wenn es im bestehenden Sortiment bereits ein Instrument gibt, das unabhängig von der individuellen Risikoeinstellung und anderen individuellen Anlegerpräferenzen einen größeren (bzw. geringeren) Vermögenszuwachs erwarten läßt oder garantiert.
Ein superiores Anlageinstrument liegt beispielsweise vor, wenn sich eine Bankobligation durch einen um ein halbes Prozent höheren Nominalzins von mehreren gleichzeitig emittierten Bankobligationen mit sonst identischen oder vergleichbaren Merkmalsausprägungen unterscheidet.

[19] Vgl. vorangehender Abschnitt 5.2.1.1.

und nicht ausschließlich die für sie selbst lukrativsten Instrumente bzw. die vom anbietenden Institut favorisierten eigenen Instrumente empfehlen. Dem Relationship-Banking förderlich ist wiederum eine tendenziell höhere Erfolgsbeteiligung bei Folgegeschäften gegenüber Ersttransaktionen.

5.2.2 Produktpolitische Entscheidungen über die Beratungsleistung

5.2.2.1 Vorab: zur inhaltlichen Aufwertung - von Allfinanz zur ganzheitlichen Vermögensstrukturberatung

Das Ergebnis im Privatkundengeschäft ist bei Universalbanken in Deutschland fast völlig vom beratungsfreien Spar- und Sichteinlagengeschäft abhängig[20], von Leistungen also, die den Gesamterfolg der Bank einer starken Zinsabhängigkeit aussetzen und zunehmend den kostengünstigeren Direktbanken zuzufallen drohen. Kostendegression wird nur *eine* Komponente einer unvermeidbaren Restrukturierung des Filialsystems sein, die im Kern in der Konzentration auf beratungsintensive Leistungen[21] besteht und auf eine Steigerung der Dienstleistungserträge hinauslaufen muß.
Ein Sortiment von Bankleistungen, das die Entwicklung von der Abwicklungs- zur Beratungsbank dokumentiert, wird zwar verstärkt leistungsimmanente Informations- und Unsicherheitsprobleme aufwerfen[22], insbesondere auf der Nachfragerseite. Andererseits bieten gerade Problemleistungen, die kontaktintensiv und mit hohem Grad an persönlicher Interaktion verkauft werden, auch das größte Potential für die Entwicklung von Bankloyalität[23]. Bei der Unsicherheitsreduktion kommt der Gestaltung der Kooperationsform zwischen Anbieter und Nachfrager im Sinne des Relationship-Banking zentrale Bedeutung zu, wie in Kapitel vier gezeigt wurde.

---

[20] Vgl. Rolfes (1997), S. 4.
[21] Vgl. auch Schüller (1997), S. 63.
[22] Ursächlich hierfür sind vor allem die Zunahme an Erfahrungs- und insbesondere Vertrauenseigenschaften, steigende Komplexität solcher Dienstleistungen und die zunehmende Übereinstimmung mit typischen Kontraktgütern. Vgl. hierzu ausführlich Abschnitt 3.3.1.
[23] Vgl. Polan (1995), S. 50, Süchting (1972), S. 284f.

Das seit Beginn der 80er Jahre verbreitete Bestreben, sich als Allfinanzzentrum des Kunden darzustellen, brachte Universalbanken dem Status einer Beraterbank mit Problemlöserqualität wenig näher: **Allfinanz**[24], „jüngste Stufe der Universalbankentwicklung“[25], gilt als Instrument des intensivierten Verkaufs von Leistungen des Mengengeschäfts[26]. Trotz gewisser Cross-Selling-Erfolge stößt das Allfinanzkonzept als Rundumbetreuung auf geringe Akzeptanz bei den Nachfragern[27]. Der große ökonomische Erfolg des *Alles-aus-einer-Hand* blieb aus. Der erhoffte, an einer Kehrtwende bezüglich der allgemein rückläufigen Bankloyalität abzulesende Erfolg[28] stellte sich nicht ein. Zwischen dem Anspruch, Problemlösungen zu liefern[29], und der Wirklichkeit qualitativ mangelhafter Umsetzung klafft eine deutliche Lücke[30]. Der produktorientiert praktizierte Allfinanzvertrieb präsentiert sich offensichtlich wenig kundenorientiert und stiftet nicht den erwarteten Kundennutzen.

Eine Aufwertung des Beratungskonzepts, das den damit gestellten Qualitätsanforderungen[31] zu entsprechen vermag, baut folgerichtig darauf auf, daß nicht die Versorgung mit Anlageinstrumenten, sondern sogenannte letzte Kundenbedürfnisse, Motive wie finanzielle Altersvorsorge oder Realisierung des Eigenheimvorhabens, das zu lösende Problem sind[32]. Also ist die Ergänzung einzelner Anlageformen oder Produktfelder - so die Bereiche Wertpapiere, Immobilien, steuerbegünstigte Anlagen und Absicherungsprodukte - um **beratungsintensivere Instrumente und entsprechende Beratungsleistungen**[33] nur ein erster Schritt. Problemlösungen mit höherem Kundennutzen sind zu erwarten,

---

24 Vgl. oben S. 25.
25 Krümmel (1991), S. 44.
26 Vgl. Cramer (1995), S. 16, Schulte/Tilmes (1995), S. 421.
27 Vgl. Süchting (1998), S. 668.
28 Vgl. Krümmel (1991), S. 47.
29 Vgl. z.B. Farny (1991), S. 168. Allfinanz bietet nach Farny immerhin das Potential zur Erfüllung des Kundenwunsches nach lebenszyklusorientierter finanzwirtschaftlicher Optimierung.
30 Vgl. Steiner (1993), S. 569 u. 571.
31 Vgl. oben S. 29f.
32 Vgl. Krümmel (1993), S. 48.
33 Vgl. Schüller (1997), S. 64. Schüller beschreibt am Beispiel steuerbegünstigter Beteiligungsprodukte im weiteren (S. 64-68), wie mehrere Instrumente jeweils mit unterschiedlichem Beratungsaufwand verschiedenen Kundengruppen angeboten werden können.

wenn Beratungsleistungen, über die reine Anlageberatung und die Beratung in abgegrenzten Produktfeldern hinaus, alle wesentlichen finanziellen Aspekte eines privaten Haushalts einbeziehen und einer individuellen, vernetzten Analyse[34] unterziehen. Dieser **ganzheitliche Beratungsansatz** wurde in Deutschland während der letzten zehn Jahre unter der Bezeichnung **Vermögensstrukturberatung**[35] bekannt, während er in den USA als *Financial Planning* Jahrzehnte früher entwickelt wurde und längst über eigene Ausbildungsgänge verfügt[36]. Die langfristige Orientierung des Ansatzes spricht aus der Bezeichnung der letzten Stufe des typischen Phasenschemas der ganzheitlichen Vermögensstrukturberatung[37]:

1. Akquisition/Kontaktaufnahme
2. Datenaufnahme (finanzieller Status, Kundenziele)
3. Auswertung (Vermögensstrukturanalyse/Computer-Expertise)
4. Präsentation
5. Beratung (Realisationsplan, Produktvorschlag)
6. Umsetzung/regelmäßige Überprüfung (Entscheidung, Produktverkauf sowie Kontrolle, Folgeberatungen)

Ganzheitliche Vermögensstrukturberatung[38] wird bis heute nur einem kleinen Kreis von Privatkunden, der bereits über hohes Vermögen oder Einkommen verfügt, aktiv angeboten und in der Regel mit hohen Preisen in Rechnung ge-

---

[34] Vernetzung bedeutet, Wirkungen und Wechselwirkungen einzelner Daten in bezug auf Vermögenspositionen und Verbindlichkeiten, auf Einnahmen und Ausgaben unter Einschluß volkswirtschaftlicher, persönlicher, begrenzt auch rechtlicher und steuerlicher Faktoren zu berücksichtigen; vgl. Reittinger/Stracke/Tilmes (1997), S. 584.

[35] Oft auch als persönliche Finanzplanung, private Finanzanalyse, individuelle Vermögensplanung o.ä. bezeichnet.

[36] Vgl. Reffert-Schönemann (1996), S. 243.

[37] Vgl. z.B. bei Reittinger/Stracke/Tilmes (1997), S. 582, Brunner (1993a), S. 765, Steiner (1997), Rottenbacher (1994), S. 146.

[38] Der ganzheitliche Beratungsansatz umfaßt insbesondere die Aspekte private Vorsorge (Ruhestand, Krankheit und Invalidität, Versorgung Angehöriger im Todesfall) und allgemeine Vermögensbildung (u.a. für größere Anschaffungen, Kinderausbildung, Wohneigentum) und betrachtet gleichzeitig die Liquiditätssituation (Gleichgewicht von Einnahmen- und Ausgabenströmen) des Kunden bzw. Haushalts; vgl. z.B. Brunner (1993a), S. 764.

stellt[39]. Daß diese Dienstleistung jedoch auch oder gerade[40] für das Gros der Privatkunden mit mittlerem Einkommen bzw. Vermögen von Nutzen ist, bedarf weder großer Vorstellungskraft noch aufwendiger Argumentation. Wenn Private erwarten, daß qualifizierte Beratung eventuell unter Verrechnung eines Honorares einen Nettonutzen stiftet, d.h. zur individuellen Vermögensmaximierung beiträgt, so ist auch im Segment der breiten Privatkundschaft mit latenter Nachfrage nach Financial Planning zu rechnen - gegebenenfalls zu moderaten, dem Leistungsaufwand angepaßten Preisen[41].

Solche oder ähnliche[42] Schritte einer grob skizzierten inhaltlichen Aufwertung der Beratungsleistungen stehen jedem traditionellen Filialinstitut bevor. Der Erfolg wird letztlich vom Erfolg der Leistungsbegründung und vom Nutzen abhängen, den der Kunde insgesamt durch Beratung und Umsetzung im Rahmen der Bank-Kunde-Beziehung erwartet und realisiert.

Weiterer Entscheidungsspielraum bietet sich Anbietern qualitativ besserer Beratungsleistungen, wenn im Rahmen der Leistungsfindung anschließend über Standardisierung und Individualisierung zu befinden sowie zwischen Produktberatung und unabhängiger Beratung abzuwägen ist.

5.2.2.2 Individualisierung und Standardisierung

Individualisierung zielt darauf ab, dem Kunden mit individuellen, mehr oder weniger maßgeschneiderten Problemlösungen einen höheren Nutzen zu bieten, um damit als Anbieter höhere Erträge zu realisieren. Individualisierung setzt

---

39 Vgl. Steiner (1998). Die Preise liegen in der Regel zwischen einhundert und mehreren Tausend DM.

40 Hierfür spricht, daß eine steigende Belastung durch das Sozialversicherungssystem und langfristig sinkende Auszahlungen aus der gesetzlichen Rentenversicherung weniger finanzstarke Private vergleichsweise stärker treffen werden als Vermögende, wobei ein abnehmender Grenznutzen einer zusätzlichen Vermögenseinheit unterstellt wird.

41 Vgl. auch Steiner (1998), zur Preissetzung s.u. Abschnitt 5.3.1.

42 Vgl. oben S. 16, Fußnote 11.

immer die Integration von einzelkundenbezogenen Informationen als externe Faktoren in den Leistungserstellungsprozeß voraus[43].
Die Verarbeitung des externen Faktors ist die Basis für eine differenzierte Marktbearbeitung, bei der die Umsetzung von Kundenorientierung unmittelbar am einzelnen Nachfrager ansetzt. Eine auf Ziele, Wünsche und die finanzielle Ist-Situation des Kunden abgestimmte Beratungsleistung wird allseits, auch von Nachfragern, als Qualitätsmerkmal aufgefaßt und gefordert[44].

Ein vollständig individuell erstellter Maßanzug wird dem beratungsorientierten Privatkunden dennoch selten angeboten. Aus gutem Grund, wie sich zeigt, gehen Individualisierung und **Standardisierung**[45] im Beratungsgeschäft Hand in Hand. Bevor zu klären ist, wo und wie Standardisierung und Individualisierung im konkreten Zusammenhang ineinandergreifen, sind Funktion und Implikationen von Standardisierungsmaßnahmen genauer zu betrachten.
Standardisierung erfolgt zunächst aus Gründen der **Wirtschaftlichkeit**. Allein aus Kapazitätsgründen ist ein nicht standardisierter, zeitintensiver Beratereinsatz im breiten Privatkundengeschäft undenkbar. Bei weitgehend identischen Grundmotiven in dieser Zielgruppe - Vermögensaufbau, Altersvorsorge, Wohneigentum - liegt der Erfolg von Lerneffekten und Economies of Scale im Wege vereinheitlichter Beratungskonzepte auf der Hand und mindert den allgemeinen Kostendruck[46].
Andererseits ist der Standardisierungsgrad bei Beratungsleistungen begrenzt, da die Integration des externen Faktors hier nicht in vollem Umfang vom Kunden selbst vorgenommen wird[47], sondern unter der weiteren Bearbeitung und Auswertung kundenindividueller Daten durch den Bankberater erfolgt. Ein Min-

---

43 Vgl. Kleinaltenkamp (1995), Sp. 2356 u. 2358.

44 Vgl. oben S. 29; vgl. auch Sauter (1991), S. 46, Drewes (1992), S. 952, Farny (1991), S. 168, Reffert-Schönemann (1996), S. 233, sowie die Gruner+Jahr-Studie zu Kundenwünschen, zitiert bei Engelhardt/Freiling (1997), S. 6. Zu Defiziten in der Praxis vgl. auch Rehkugler et al. (1992), S. 319f.

45 Kennzeichen der Standardisierung ist die Vereinheitlichung von Erzeugnissen zur gleichartigen Belieferung einer Mehrzahl von Abnehmern, vgl. z.B. Corsten (1997), S. 350.

46 Vgl. auch Krümmel (1991), S. 49, Steiner (1997). Andernorts ist vom Zweck der Rationalisierung der Wertschöpfungsprozesse die Rede, vgl. Kleinaltenkamp (1995), Sp. 2357.

47 Wie dies z.B. beim Do-it-yourself-Banking an Geldausgabeautomaten der Fall ist; vgl. Süchting (1994), S. 451.

destmaß an Beratungsindividualisierung erfolgt bereits, wenn der externe Faktor bei der Leistungserstellung nicht gänzlich außen vor bleibt, worin sich jede Beratungs- von der reinen Informationsleistung abhebt. Bleibt der Individualisierungsgrad bei der Privatkundenberatung unter einem Mindestniveau, das jedem einzelnen Kunden eine auf seine Person abgestimmte Spezifität der Leistung erkennen läßt[48], so wird der Beratungskunde die Problemlösungsfähigkeit bezweifeln, gleichwertige Informationen anderswo schneller und unter geringeren Transportkosten zu beziehen suchen oder das Marktangebot auf anspruchsvollere Alternativen hin überprüfen. Wo das optimale Verhältnis zwischen individualisierten und standardisierten Leistungselementen liegt, ist bei Betrachtung isolierter Geschäftsvorfälle von der preislichen Präferenzprämie abhängig, die der Anbieter durch eine Individualisierungsmaßnahme erzielen kann. Solange diese Preisprämie[49] für die Anpassung der Beratungsleistung an die spezifische Kundensituation die Zusatzkosten von Informationsaustausch und -verarbeitung übersteigt, ist eine verstärkte Individualisierung ökonomisch sinnvoll[50].

Zur Beantwortung der Frage, welche Kombination von Standardisierung und Individualisierung nicht nur für den Anbieter, sondern auch für den Kunden eine attraktive Lösung darstellt, sind aus institutionenökonomischer Sicht folgende Implikationen zu berücksichtigen: die individualisierungsbedingte Zunahme von Unsicherheit und Bindung auf der Anbieterseite sowie die Reduktion von Nachfragerunsicherheit infolge von Standardisierung.

Zu **Unsicherheit und Bindung auf der Anbieterseite infolge von Individualisierung**:
Durch die Integration des externen Faktors wird der Nachfrager zu einer Art Co-Produzent der Bankleistung. Bei zunehmender *Customer Integration* gerät

---

48 Die Form der Marktbearbeitung, die standardisierte Leistungselemente gerade durch soviel Individualisierung ersetzt, daß jedem Kunden ein individuelles Ergebnis entsteht, wird als *Segment-of-one-approach* bezeichnet, vgl. z.B. Meffert/Bruhn (1997), S. 189.

49 Bzw. bei unentgeltlichem Leistungsangebot die indirekten Erlössteigerungen durch den erwarteten zusätzlichen Absatz weiterer Anlageinstrumente.

50 Vgl. auch Kleinaltenkamp (1995), Sp. 2359, in Anlehnung an Gutenberg.

die Qualität der Dienstleistungserstellung in stärkerem Maße in Abhängigkeit von der Bereitschaft und der Fähigkeit des Kunden zur Mitarbeit und Kommunikation, zur Erbringung des erforderlichen Informationsinputs. Auf der Anbieterseite entsteht endogene Unsicherheit über Eigenschaften und Verhalten des Nachfragers[51]. Inwiefern hierdurch der Unternehmenserfolg gefährdet werden kann, zeigen folgende Überlegungen:

Die Individualität des externen Faktors gibt die Spezifität der Beratungsleistung vor. Je stärker das Kreditinstitut den Ressourceneinsatz auf den kundenindividuellen Kontext abstimmt, um so höher fallen einerseits die Erstellungskosten aus (insbesondere Personalkosten), und um so stärker werden die Anbieterbindung und die Abhängigkeit des Anbieters vom Geschäftserfolg im konkreten Fall.

Beim Ersetzen von Standardisierung durch Individualisierung nimmt die Anbieterbindung zu, da ein größerer Anteil der eingesetzten Ressourcen spezifisch eingesetzt wird und als Sunk Costs verloren zu gehen droht, wenn kein Geschäftsabschluß mit genau diesem Geschäftspartner folgt. Infolge der weitgehenden Immaterialität der Beratungsleistung und der damit verbundenen Unmöglichkeit der Vorratsproduktion verlieren allerdings auch standardisierte Beratungselemente außerhalb der spezifischen Verwendung einen großen Teil ihres Wertes. Immerhin aber können sich die Kosten für Konzeption und Bereitstellung standardisierter Leistungselemente auch noch durch Geschäfte mit anderen Kunden amortisieren. Anhand einfacher Beispiele soll dies verdeutlicht werden:

Zur Erfassung der finanziellen Verhältnisse eines Kunden kann sich der Berater in einem Fall an ein knapp gehaltenes standardisiertes Formblatt halten, mit dem der Reihe nach die wesentlichen Daten schnell erfragt werden, sofern der Kunde es nicht bereits ausgefüllt mitbringt. Diese Informationen können auch mit Hilfe standardisierter Beratungssoftware abgefragt und direkt am Computer eingegeben werden. Im anderen Falle kann der Berater zu diesen Informationen auch in einem formlosen Gespräch gelangen, dabei eine Vielzahl zusätzlicher Informationen über das finanzielle Umfeld, Fachwissen und Präferenzen des

---

51 Vgl. oben Abschnitt 3.3.2.4, auch Kleinaltenkamp/Marra (1995), S. 105.

Anlegers erhalten und zudem das gegenseitige Kennenlernen fördern. Mehrkosten des individualisierten gegenüber dem standardisierten Vorgehen werden nicht allein aufgrund der zeitlichen Inanspruchnahme der Beraterkapazität wahrscheinlich. Auch sind höhere Ausbildungskosten erforderlich, Nachbearbeitungskosten aufgrund versäumter Erfassung einzelner wesentlicher Informationen sowie weitere Kosten für die datentechnische Aufbereitung der Kundeninformationen zur Verbesserung späterer Zugriffsmöglichkeiten sind zu erwarten. Im Fall des ausführlichen, individuell geführten Beratungsgesprächs werden die Kosten für Sachmittel und Personal vollständig zu Sunk Costs, wenn kein Geschäftsabschluß erfolgt. Im Fall des standardisierten Vorgehens bleiben die bereitgestellten Potentiale in Form von standardisierter EDV-Unterstützung oder Formblättern weiterhin einsetzbar.
In ähnlicher Weise bestehen Variationsmöglichkeiten bei der Darbietung bestimmter Beratungsinhalte. So kann z.B. eine Prognose der Mietpreisentwicklung oder die Darstellung des steuermindernden Effekts eines Anlageinstruments anhand standardisierter Vorlagen erfolgen, die Daten typisierter Kundensituationen beispielhaft durchrechnen. Unter der Verarbeitung individueller Kundendaten können allerdings auch persönliche Berechnungen erfolgen und als individueller Computerausdruck vorgelegt werden.
Diese Überlegungen machen deutlich, daß der Individualisierungsgrad zum einen dadurch zunimmt, daß standardisierte Leistungselemente durch individuelle ersetzt werden, zum anderen dadurch, daß der externe Faktor in oder zusätzlich zu standardisierten Modulen verstärkt und differenzierter einbezogen wird. Umgekehrt zeigt sich Standardisierung, abseits vom Argument der Kostendegression, als Instrument zur Begrenzung von Anbieterbindung, indem die Integration des externen Faktor beschränkt wird[52].
Individualisierung mit der Folge zunehmender Bindung ist aus Sicht des Kreditinstituts allerdings **erst kritisch zu beurteilen**, **wenn dadurch einseitige Abhängigkeitsverhältnisse** zu Lasten der Anbieterseite **entstehen**. Dies kann den Nachfrager dazu verleiten, die stärkere Position auszunutzen und die Kooperation zu gefährden. Insbesondere beim ersten Kontakt mit der Bank und in der

---

[52] Vgl. auch Corsten (1997), S. 351.

frühen Phase der Entwicklung von Geschäftsbeziehungen sind Privatkunden offenbar tatsächlich in der günstigeren Position: Vor dem Treffen erster Anlageentscheidungen werden in unterschiedlich hohem Maß Vorleistungen der Bank in Anspruch genommen. Man läßt sich persönlich oder durch Prospektmaterial über das Sortiment und einzelne Anlageinstrumente informieren, führt ein erstes Beratungsgespräch, vielleicht auch weitere, ausführlichere. Unsicherheitsbewußte Kunden sind dabei bereit, Informationskosten in Kauf zu nehmen, um Qualitätsunsicherheit über das Leistungsangebot zu reduzieren und Anhaltspunkte darüber zu finden, ob ex post mit Moral Hazard oder Hold-up durch den Anbieter zu rechnen ist. Unter typischen Käufermarktbedingungen sind die Nachfrager in der Lage, bereits in der Akquisitionsphase mehr oder weniger umfangreiche Beratungsleistungen zu verlangen und zu nutzen, ohne selbst eine Gegenleistung erbringen zu müssen. Solche Vorleistungen, die die Bank erbringt, bevor es zu Entgeltzahlung, Geschäftsabschluß oder Kooperationsvereinbarungen kommt, werden mitunter bereits in einer teuren Geschäftslage und in repräsentativer Geschäftsausstattung gesehen[53], gegenüber der Direktbankenkonkurrenz in allen Zusatzkosten des Filialbetriebs. Anbieter befinden sich in einer Situation einseitiger Abhängigkeit: Die Rentabilität irreversibler Investitionen hängt von einer vom Transaktionspartner noch zu bestimmenden Gegenleistung ab[54], die - ob aus opportunistischem Kalkül heraus oder aus Eigennutz und Willkür - möglicherweise niemals erfolgen wird.

So befinden sich Universalbanken erkennbar in einem **Dilemma**: Unabhängig vom notwendigen Anteil standardisierter Beratungselemente muß mit einer qualitativen Aufwertung der Beratungsleistung absolut gesehen mehr Individualisierung, also eine stärker einzelkundenbezogene Leistungserstellung einhergehen. Individualisierung erhöht jedoch aufgrund höherer spezifischer Investitionen die Anbieterbindung und verstärkt die oben skizzierte Bindungs-

---

[53] Vgl. Vernin (1996), S. 82f.

[54] In der frühen Phase der Bank-Kunde-Beziehung sind somit im Vergleich zum Beginn von Kooperationen im industriellen Business-to-business-Bereich umgekehrte Bindungsverhältnisse zu konstatieren. Dort liegt ein großer bzw. überwiegender Teil der Bindung oft auf der Nachfragerseite, was auf besonders hohe anfängliche Such- und Informationskosten zurückgeführt wird, vgl. Jacob (1995), S. 165f.

asymmetrie weiter - Banken treten noch stärker in Vorleistung[55] als zuvor. Eine Lösung des grundsätzlichen Problems bietet sich, wenn Kunden Beratung als eigenständige Bankleistung akzeptieren, für die es sich lohnt, vor oder mit Inanspruchnahme eine vertraglich geregelte Gegenleistung in Form eines Entgelts einzubringen[56]. Daran geknüpft ist eine Leistungsbegründung, die den Nutzen wirkungsvoll zu signalisieren versteht, den Problemlösungen infolge anpruchsvoller Beratung bieten, z.B. in Form von Financial Planning.
Solche Signale werden nicht zuletzt dadurch begünstigt, daß sich überbetriebliche Marktstandards herausbilden.

Zu **Unsicherheitsreduktion durch Standardisierung und Marktstandards:**
Bei der Markteinführung eines neuen oder veränderten Produkts besteht auf der Nachfragerseite immer vergleichsweise große Unsicherheit bzw. großer Informationsbedarf hinsichtlich der Produkteigenschaften. Diese Unsicherheit ist unter anderem größer, je höher der Wert des betreffenden Produkts ist bzw. - so gerade bei Finanzdienstleistungen - je stärker damit verbundene Entscheidungen die Erzielung künftiger Einkommensströme beeinflussen.
Die Unsicherheit steigt aus Nachfragersicht insbesondere auch, je höher die Integrativität der erstellten Leistung ist, weil der Kunde nicht wissen kann, wie gut der Anbieter zur Verarbeitung der gelieferten Informationen fähig oder willens ist[57]. Vertrauenseigenschaften erhalten noch größeres Gewicht gegenüber Such- und Erfahrungseigenschaften. Dem Nachfrager entstehen höhere Suchkosten für die Informationsgewinnung, Angebotsvergleiche werden erschwert, die Marktübersicht beeinträchtigt[58].
Die umgekehrte Wirkung geht von Standardisierung aus. Standardisierte Leistungselemente lassen sich leichter bewerben, werden schneller Gegenstand des Erfahrungsaustauschs unter Nachfragern selbst und Gegenstand von Veröffentlichungen jeder Art. Unsicherheitsreduktion erfolgt dann nicht allein über die

---

55 Bereits Riebel wies auf die Problematik von Vorleistungen bei integrativer Produktion hin. Letztere nennt er Kundenproduktion im Gegensatz zur Marktproduktion, vgl. Riebel (1965), S. 683.
56 Vgl. unten Abschnitt 5.3.1.1.
57 Vgl. auch Kleinaltenkamp/Marra (1995), S. 105.
58 Vgl. Jacob (1995), S. 156.

Erfahrungen des Einzelnen, sondern wird bei standardisierten (Teil-)Leistungen dadurch begünstigt, daß **das allgemein verfügbare Wissen** über eine veränderte Dienstleistung mit jeder Art der Vereinheitlichung **schneller zunimmt**: Screeningkosten der Nachfragerseite sinken.

Die Funktion einer partiellen Standardisierung - Wirtschaftlichkeit und Begrenzung einseitiger Bindung - ist im konkreten Zusammenhang also um einen Aspekt zu ergänzen: Bei jedem produktpolitischen Schritt, den Universalbanken unternehmen, um sich bei ihren Nachfragern mittels integrativerer, umfangreicherer Leistungen als *Beratungs*institut ins Licht zu rücken, bewirkt die Ergänzung individueller um standardisierte Elemente Unsicherheitsreduktion auf der Nachfragerseite und wird Marktwiderstände bei der Markteinführung tendenziell verringern, die Abwicklung von Transaktionen hingegen erleichtern.

Die institutionengleiche Wirkung der Standardisierung tritt noch deutlicher in Erscheinung, wenn sich hieraus **überbetriebliche Marktstandards** entwickeln: Wenn ein Kreditinstitut der breiten Privatkundschaft ein neuartiges, anspruchsvolleres Beratungskonzept anbietet, werden andere Universalbanken die standardisierten Teilleistungen spätestens dann kopieren, wenn sich ein erster Erfolg abzeichnet. In der Folge kann sich, z.B. unter dem Begriff *persönliche Vermögensplanung*, ein bestimmter Typus der Beratungsdienstleistung am Markt durchsetzen, dem allgemein bestimmte Eigenschaften zugeschrieben werden. Dann kann jeder potentielle Kunde gegebenenfalls erwarten, daß mit persönlicher Vermögensplanung grundsätzlich und bei jedem Anbieter mindestens zwei Gespräche durchzuführen sind, daß zu Beginn ein bestimmter, detaillierter Informationsinput des Kunden erforderlich ist, daß eine schriftliche Auswertung erfolgt usw. Der Bankkunde kann insbesondere davon ausgehen, daß sich eine bestimmte Leistungsspezifikation deshalb am Markt durchgesetzt hat, weil sie vor ihm eine größere Anzahl von Nachfragern zumindest zufriedenzustellen in der Lage war.

Mit der Entwicklung von Marktstandards geht also eine Vereinheitlichung der Information auf Anbieter- wie auf Nachfragerseite einher. Die Institution eines Marktstandards trägt am stärksten zur Reduktion endogener Nachfragerunsicherheit bei, wenn andere Institutionen wie Geschäftsbeziehungen, Vertrauen,

Kundenzufriedenheit (noch) nicht bestehen. Je mehr dies in der Bank-Kunde-Beziehung der Fall ist, um so mehr werden Marktstandards hierdurch ersetzt[59].

Die Ausführungen in diesem Kapitel deuteten bereits an, wo nun die **Ansatzpunkte für Standardisierung und Individualisierung in der Vermögensberatung** für Privatkunden liegen und wie die Synthese von beidem erfolgen kann.

Die **Standardisierung der Beratungsleistung** kann sich auf einzelne Prozeßphasen (z.B. Datenaufnahme, Datenauswertung[60]), gegebenenfalls auf alle beziehen, auf inhaltlich abgrenzbare Beratungsfelder (z.B. Beratungsmodule für Kapitalanlageberatung, Baufinanzierung usw.) bis hin zu standardisierten Konzepten und Gesprächsabläufen für bestimmte Produktgruppen oder einzelne Produkte. Die Umsetzung erfolgt durch die Bereitstellung von Verbrauchsfaktoren und Potentialen in Form von standardisierten Formblättern, computergestützten Beratungsprogrammen und antrainierten, einheitlichen Verhaltensweisen der Berater.
Weithin vereinheitlicht erfolgt schließlich die Umsetzung von Beratungsergebnissen: die **Standardisierung bei den Anlageinstrumenten**. Diese werden im Privatkundengeschäft mit identischen Leistungseigenschaften einer großen, zunächst anonymen Nachfragerschaft angeboten (z.B. einfache Einlagenprodukte, Investmentfonds, Wandelanleihen etc.). Auch unter den Anbietern selbst werden oft Anlageinstrumente mit weitgehend übereinstimmenden Eigenschaften vertrieben (Festgeld, Termingeld, Grundtarife von Bausparprodukten und Versicherungen usw.), so daß hier von (Markt-)Standardleistungen gesprochen werden kann.

Individualisierung der Beratungsleistung im engeren Sinne erfolgt, wie gesehen, im Zuge der Aufnahme und Verarbeitung kundenspezifischer Informationen, der Integration des externen Faktors. Dabei wird das Gerüst der oben

---

[59] Vgl. auch Kleinaltenkamp/Marra (1995), S. 110, 111 u. 113. Zu informationsbezogenen Wirkungen von Marktstandards vgl. auch Kleinaltenkamp (1995), Sp. 2360f.

[60] Vgl. oben S. 173.

genannten standardisierten Bereitstellungsleistung mit dem externen Faktor quasi ausgefüllt. Dadurch wird die eigentliche Leistungserstellung ausgelöst[61], die sich wiederum in mehr oder weniger standardisierten Prozessen vollzieht (bezogen auf Beratungsphasen, -module oder produktbezogene Abläufe), mehr oder weniger einzelkundenbezogene Information verarbeitet und im Leistungsergebnis[62] mündet.

Betrachtet man lediglich einzelne Anlageinstrumente als Beratungsergebnis, so ist dessen Individualisierungsgrad verschwindend gering. Tatsächlich aber liefert die Beratungsleistung selbst Ergebnisse, die für sich gesehen Nutzen stiften. Beratungsergebnisse liegen vor, wenn Kunden während der Beratung gewünschte Einzelinformationen, Entscheidungshilfen und Handlungsempfehlungen erhalten, oder wenn eine Expertise ausgehändigt wird, die alle finanziellen Bereiche des Haushalts dokumentiert oder sich auf Ergebnisse eines Beratungsfeldes beschränkt. Der Nachfrager bezieht also im Rahmen der Beratungsleistung eine Vielzahl von Teilleistungen, die Teilergebnisse liefern. Nimmt man zu diesen Teilleistungen der Beratung die Zahl der Anlageinstrumente und der späteren Serviceleistungen hinzu, so wird folgendes deutlich: Kunden fragen nicht einzelne Leistungen, sondern *Leistungsbündel* nach[63], die aus einer Vielzahl einzelner Teilleistungen mit jeweils unterschiedlich hoher Integrativität und Individualität bestehen können. **Individualisierung im weiteren Sinne** erfolgt dann dadurch, daß dem Nachfrager - im Rahmen der Beratungsleistung wie auch der Gesamtheit aller (Teil-)Leistungen - einzelfallbezogen ein Bündel von Teilleistungen zusammengestellt wird, das auf die individuelle Situation, auf Wünsche und Präferenzen möglichst genau abgestimmt ist und möglichst paßgerechte Problemlösungen zuläßt. Krümmel[64] bezeichnet solche Bankleistungen als generische Kombination von Leistungen zu einem Leistungsbündel. Bei Betrachtung solcher *generischer Bankleistungen* steht die Individualisie-

---

[61] Vgl. Engelhardt/Kleinaltenkamp/Reckenfelderbäumer (1993), S. 401.

[62] In Anlehnung an Meffert/Bruhn (1997), S. 187f. und Engelhardt/Kleinaltenkamp/Reckenfelderbäumer (1993), S. 398 ergeben sich Ansatzpunkte für Standardisierung auf drei Ebenen: Bei der Bereitstellung von Potential- und Verbrauchsfaktoren, bei Erstellungsprozessen und Ergebnissen.

[63] Vgl. auch Engelhard/Kleinaltenkamp/Reckenfelderbäumer (1993), S. 407 u. 411.

[64] Vgl. Krümmel (1991), S. 38f.

rungsaufgabe im Schnittpunkt zwischen Produkt- und Sortimentsgestaltung. Je vielfältiger das Angebot von (Teil-)Leistungen ausfällt, um so individueller kann die Kombination von standardisierten Elementen zu einem Leistungsbündel erfolgen.

Fazit: Sowohl der Standardisierung als auch der Individualisierung kommen spezifische Funktionen zu. Eine an Erfordernissen beider Marktseiten ausgerichtete Leistungsgestaltung im Vermögensberatungsgeschäft mit Privatkunden setzt eine Kombination aus beiden Komponenten voraus, wobei eine inhaltliche Aufwertung der Beratung mehr Individualisierung über verstärkte Integrativität erfordert.
Die enorme Bedeutung des Einsatzes moderner Informationstechnologie zur Herstellung der notwendigen Flexibilität zwischen Individualisierung und Standardisierung[65] ist evident und soll hier nicht weiter untersucht werden.

5.2.2.3 Produktverkaufsmedium versus unabhängige Beratung

Im Zusammenhang mit der Verkaufsorientierung wurde bereits dargelegt, daß die Beratung von Privatkunden in der Praxis im allgemeinen als Wegbereitung des anschließenden Absatzes von Anlageinstrumenten betrachtet wird. Ablauf und Ergebnis von Beratungsgesprächen sind inhaltlich mit der Umsetzung durch bestimmte Anlageinstrumente verbunden[66]. So findet mehr Produktberatung als Kundenberatung statt. Die Vermengung von Beratung und Verkauf handelt Banken und Versicherungsunternehmen vielfach den Vorwurf ein, unter der Tarnbezeichnung Beratung nur den Verkauf von Standardprodukten zu verfolgen[67].

Die Kritik zielt nur vordergründig auf eigennütziges Verhalten der Anbieter, wonach Kreditinstitute eigene Gewinnziele verfolgen und Vermögensziele der Nachfrager vernachlässigen. Da jeder Nachfrager mit Anbietereigennutz rech-

---

[65] Vgl. hierzu z.B. Rottenbacher (1994), S. 185-188, Schulte/Tilmes (1995), S. 409-423, Nieraad (1994), S. 30-32.
[66] S.o. Abschnitt 2.2.3.2.
[67] Vgl. Baldus (1998), S. 4.

nen muß, kann Unsicherheit allein darüber herrschen, ob Kreditinstitute tatsächlich das leisten, was sie mit Beratung zu leisten vorgeben. Vorzuwerfen ist Beratungsanbietern also nicht die bekannte, legitime Verfolgung eigener Ziele, sondern allenfalls die Täuschung der Nachfrager über die Beratungsleistung selbst. Folglich kann die Kritik an der produktabhängigen Beratung implizit nur darin bestehen, daß Kreditinstitute kundenindividuelle Problemlösungen zwar versprechen, daß **die Verarbeitung des externen Faktors sich** jedoch nicht oder **kaum im Beratungsergebnis niederschlägt**, was der Nachfrager aufgrund von Informationsvorsprüngen des Anbieters und Vertrauenseigenschaften der Beratungsleistung nicht ohne weiteres erkennen kann. Aus dem Verdacht fest vorgezeichneter Beratungsergebnisse (also dem gezielten Verkauf bestimmter Anlageinstrumente) resultiert endogene Nachfragerunsicherheit, die eine breite Akzeptanz der Privatkundenberatung als marktfähige und nutzenstiftende Bankleistung verhindert.

Um dieser Kritik zu begegnen, hat das Kreditinstitut mit erkennbaren Ambitionen einer Beraterbank die Möglichkeit, Beratung anzubieten, die mit **produktneutralen Empfehlungen** für sich selbst spricht und die der Kunde gegebenenfalls anbieterunabhängig in Finanzinstrumente umsetzen kann[68]. Zwar bedeutet Produktunabhängigkeit nicht zwingend auch höherwertige Beratung[69] im Einzelfall, jedoch nimmt die Nachfragerunsicherheit insofern ab, als eine bessere Interessenwahrung gegenüber dem Anbieter zu erwarten ist: Wenngleich der unmittelbare Anreiz zu Moral Hazard durch den Anbieter unabhängiger Beratung allenfalls als abgeschwächt zu betrachten wäre[70], so ließe sich allein durch

---

[68] Vgl. Schulte/Tilmes (1995), S. 421.

[69] Dennoch kann generell in der Produktunabhängigkeit von Empfehlungen ein Qualitätsmerkmal der Beratung gesehen werden - vgl. oben S. 29f. -, welches die Erfüllung weiterer Qualitätsmerkmale, z.B. inhaltliche Richtigkeit und Individualität, begünstigt, wenn nicht gar bedingt.

[70] Denn auch beim Aussprechen produktunabhängiger Empfehlungen kann der Nachfrager bei Vorliegen von Vertrauenseigenschaften nicht ausschließen, daß der Berater den Beratungsverlauf trotzdem so beeinflußt und die Empfehlungen so formuliert, daß im Falle der Umsetzung im eigenen Institut doch wieder die von Anfang an anvisierten Instrumente verkauft werden. Selbst wenn Beratung separat in Rechnung gestellt würde, wäre diese Form der Unsicherheit nicht vollständig zu beseitigen, wohl aber weiter zu verringern, da Anbieter bzw. Berater nicht mehr allein auf den Produktverkauf als Erfolgsquelle angewie-

die optische Trennung von Beratung und Umsetzung ein erster, begründeter Verdacht auf Kaschierung reiner Produktverkaufsinteressen immerhin wirksam zerstreuen.

Unter ähnlichen Voraussetzungen machen *Darby* und *Karni*[71] Vertrauenseigenschaften bei langlebigen Gebrauchsgütern dafür verantwortlich, daß für Anbieter von Werkstatt- und Reparaturdiensten betrügerisches Verhalten in gewissem Umfang durchaus lohnend sein kann: Der Kunde kann die Notwendigkeit des Reparaturumfangs oft nicht beurteilen; zur Aufdeckung unnötig vorgenommener oder nicht geleisteter und dennoch berechneter Reparaturleistungen entstünden hohe, oft prohibitiv hohe Kosten. Folglich wäre Verbrauchern besser gedient, würden sie Beratung, also die Information über den zu behebenden Schaden, bei einem Anbieter und die Reparatur bei einem anderen nachfragen. Der separate Bezug von *Diagnosis* und *Repair* wird vom Kunden nur deshalb nicht konsequent praktiziert, weil gegenüber dem verbundenen Angebot Zusatzkosten anfallen[72]. Offensichtlich ist dies im Kreditgewerbe nicht anders, sonst würden ausschließlich Beratungs- *oder* Abwicklungsinstitute existieren. Der Gedankengang von Darby und Karni liefert immerhin ein Argument dafür, daß grundsätzlich auch Nachfrager nach Vermögensberatungsleistungen beim getrennten Bezug von Beratung und Umsetzung bessere Leistungsqualität erwarten könnten.

Kreditinstitute können zur Positionierung als Beraterbank einerseits nicht auf das Angebot von Beratungsleistungen verzichten, müssen mit dem Anspruch an eine Universalbank andererseits die Vermittlung und den Verkauf von Finanzinstrumenten gewährleisten. Daher **ist zu fragen, unter welchen Bedingungen**

---

sen wären. Absoluter Schutz vor Opportunismus durch als individuelle Beratung verkleidete Produktverkaufsabsichten ist letztlich nur bei strikter Beschränkung des Anbieters auf Beratungsleistungen denkbar.
Durch das Vortäuschen unabhängiger Beratung entstehen dem Anbieter allerdings Risikokosten, indem er sich der Gefahr aussetzt, von unerwartet gut informierten Expert Buyers entlarvt zu werden, wodurch ihm Geschäftsabschlüsse mit diesem Kunden mit Sicherheit entgingen und solche mit einer Vielzahl weiterer Kunden über Reputationsverluste gefährdet würden.

71 Vgl. Darby/Karni (1973), S. 68.

72 Vgl. Darby/Karni (1973), S. 69.

beim gemeinsamen Angebot von Beratung *und* Umsetzung die produktabhängige Beratung hinsichtlich der bezeichneten Nachfragerunsicherheit aus der Sicht des Kunden **eine ähnlich attraktive Alternative darstellen könnte** wie die produktunabhängige Beratungsleistung.

Produktabhängige Beratung könnte in diesem Sinne nur dann als Alternative gelten, wenn erstens das Sortiment eines Anbieters alle am Markt gehandelten Finanzprodukte abbilden könnte[73], und wenn zweitens dem Berater über alle Instrumente hinweg ein gleich großer wirtschaftlicher Erfolg zukommen würde[74]. Bereits die annähernde Erfüllung der erstgenannten Bedingung würde jeden einzelnen Anbieter überfordern[75]. Folglich wird im weiteren davon ausgegangen, daß die produktunabhängige Beratungsleistung bei der Entwicklung zur Beraterbank die konsequentere *und* hinsichtlich dieser ersten Bedingung die praktikablere Alternative darstellt. Aus Nachfragersicht steigt die Attraktivität, da durch Produktunabhängigkeit Anreize zur Täuschung über die Beratungsqualität vermindert werden und diesbezügliche Unsicherheit abnimmt. Dem Anbieter gewährt das separate Angebot von Beratung und Umsetzung zumindest bessere Ausgangsbedingungen, der anderen Marktseite Kundenorientierung zu kommunizieren und zu signalisieren, daß unter Anreizgesichtspunkten Grundvoraussetzungen für individuelle Beratungsleistungen mit höherem Qualitätsanspruch und Kundennutzen geschaffen sind.

Allerdings gilt es auch an dieser Stelle deutlich zu machen, daß produktpolitische Entscheidungen, die Unsicherheit auf der Nachfragerseite reduzieren und die Neigung zu opportunistischem Verhalten eindämmen, den Berater noch keineswegs dazu motivieren, jenen Einsatz zu zeigen, den der Kunde und gegebenenfalls der Anbieter als Arbeitgeber erwarten. Positive Leistungsanreize sind auch hier an leistungsabhängige Einkommensbestandteile und höherprämierte Folgegeschäfte gegenüber Erstgeschäften gebunden.

---

[73] Dann nämlich würde der Kunde nicht zwingend Unsicherheit darüber empfinden, ob bei produktabhängiger Beratung die empfohlenen Anlageinstrumente tatsächlich der optimalen individuellen Problemlösung dienen oder ob dies nur vorgegeben wird, weil das enge Sortiment eben keine anderen, besseren Lösungen zuläßt.

[74] Vgl. Schütt (1996), S. 180f. Zur Nivellierung der Erfolgsbeteiligung s.o. S. 166.

[75] Vgl. oben S. 168.

Das **Angebot unabhängiger Beratungsleistungen** im breiten Privatkundengeschäft bleibt insbesondere **in der frühen Phase der Entstehung von Bank-Kunde-Beziehungen** nicht ohne Folge für die gegenseitige Bindung und die Entwicklung stabiler Geschäftsbeziehungen.
Unabhängige Beratung liefert Ergebnisse und Handlungsempfehlungen, die inhaltlich unabhängig von bestimmten Finanzinstrumenten entstehen und dementsprechend gehalten sind. Damit vermitteln sie einen Kundennutzen, der unabhängig davon Bestand hat, ob die Umsetzung bei dem beratenden Institut selbst oder bei einem anderen Anbieter erfolgt. Folglich verliert ein Teil der Investitionen, die der Nachfrager soweit für die Leistungserstellung vorgenommen hat, seine Spezifität[76]: Der Erwerb der Informationen aus der Beratung, die größere künftige Vermögenssteigerungen erwarten lassen, erfordert Transaktionskosten für Anfahrt, zeitliche Inanspruchnahme und Preisgabe privater Information. Dieser Aufwand fällt bei strikter Trennung von Beratung und Umsetzung jedoch nur einmal an. Das heißt, die Chance auf Erzielung künftiger Vermögenszuwächse wäre auch mit anderen Anbietern von Finanzinstrumenten realisierbar, ohne daß jene Kosten von neuem entstünden. Die Abnahme spezifischer Investitionen auf der Nachfragerseite bewirkt eine **geringere Bindung des Kunden** an die Fortsetzung der Kooperation mit dem beratenden Institut gegenüber dem Angebot einer produktabhängigen Beratung.

Fazit: Damit stellt sich auch hier eine Situation ein, in der das Treffen einer bestimmten produktpolitischen Entscheidung auf der einen Seite von Vorteil ist, da sie dem Kreditinstitut gegenüber dem Status quo ungleich bessere Voraussetzungen bietet, sich der Nachfragerseite erfolgreich als Beraterbank zu präsentieren. Auf der anderen Seite vergrößert genau diese Entscheidung die bereits bestehende Bindungsasymmetrie zwischen Bank und Kunde und wirkt der Stabilisierung entstehender Geschäftbeziehungen folglich entgegen: Im vorigen Abschnitt entstand diese Situation durch die Entscheidung für integrativere - und in jeder anderen Hinsicht höherwertige - Beratungsleistungen, mit der

[76] Bei anderen Investitionen, die der Kunde z.B. zur besseren Einschätzung der Person des Beraters und zum Aufbau von gegenseitigem Vertrauen vornimmt, ist dies nicht der Fall. Sie stellen Sunk Costs dar, sobald der Anbieter gewechselt wird.

Folge zunehmender Anbieterbindung. An dieser Stelle nun ist abnehmende Nachfragerbindung die Auswirkung einer unter Unsicherheits- und Qualitätsaspekten für Privatkunden erkennbar attraktiveren produkt*un*abhängigen Beratungsleistung.

Die Bindungsverhältnisse sind soweit allerdings unter der Annahme beschrieben, daß Beratungsleistungen im breiten Privatkundengeschäft als unentgeltliche Vorleistungen erbracht werden, wie es weithin der Realität entspricht.

Da jedoch der Aufbau von Kundenbindung unter den gegebenen Käufermarktbedingungen gerade in der Anfangsphase der Bank-Kunde-Beziehung nur erschwert möglich ist, muß die Bank - ungeachtet einer in dieser Situation natürlicherweise eher größeren Anbieterbindung - darauf bedacht sein, der destabilisierenden Wirkung allzu asymmetrischer Bindungsverhältnisse und extrem einseitiger Abhängigkeit[77] zu begegnen. Unter dem Primat der Aufwertung der Beratungsleistung, die, wie gezeigt, die Bindungsasymmetrie erheblich verstärkt, kann dies für das Kreditinstitut nur bedeuten, daß **Beratung** den strikten Vorleistungscharakter verliert und **als eigenständige, entgeltfähige Bankleistung** in Erscheinung tritt. Mit der separaten Preissetzung führen spezifische Investitionen der Bank in individuelle Beratungsleistungen bereits zu einem früheren Zeitpunkt zu Rückflüssen. Erfolgsbeiträge aus Beratung fallen unabhängig von der Entscheidung des Nachfragers über die Nachfrage von Anlageinstrumenten an. Die Reduktion der Anbieterbindung nimmt mit der Entgelthöhe zu. Nachfragerunsicherheit über die Beratungsqualität nimmt ab, da Berater nicht mehr (mindestens ein Instrument) verkaufen müssen, um überhaupt einen wirtschaftlichen Erfolg für die Beratung zu realisieren.

Nochmals sei betont, daß sich die näherungsweise Lösung des Problems einseitiger Bindung über Beratungsentgelte gegen die Nachfragerseite nur dann durchsetzen läßt, wenn eine effektive Leistungsbegründung den Nutzen einer Beratung auf höherem Niveau glaubwürdig zu signalisieren versteht, und wenn der Kontrast zu abwicklungsorientierten Anbietern deutlich vermittelt wird.

---

[77] Vgl. oben Absschnitt 4.3.3.1.

Die Unsicherheitssituation und die Bindung zwischen den Marktpartnern werden durch mehrere Entscheidungen grundsätzlicher Art im Rahmen der Preissetzung beeinflußt. Daher wird auf preispolitische Entscheidungen im folgenden Abschnitt nochmals gesondert eingegangen.

5.3 GRUNDLEGENDE ENTSCHEIDUNGEN BEI DER PREISSETZUNG VON BERATUNG

5.3.1 Zur Preissetzung *vor* dem Bestehen von Geschäftsbeziehungen

5.3.1.1 Entgeltfrei oder separates Beratungshonorar: Wahlfreiheit der Beraterbank nur zum Schein

Die erfolgreiche Entwicklung zur Beraterbank setzt voraus, daß es Filialbanken gelingt, den Wettbewerb weg vom Preis und hin zur Qualität zu verlagern. Obwohl der Preis bei Beratungsleistungen als Nachfragekriterium tendenziell in den Hintergrund tritt[78], kann die Differenzierung über anspruchsvollere Beratungsleistungen nur gelingen, wenn die Preisentscheidungen des Anbieters am Markt letztlich durchsetzbar sind. So sind im Abschnitt 5.3 elementare Preisentscheidungen zu beurteilen, wobei zunächst aus Anbietersicht Wirtschaftlichkeit und Auswirkungen auf die Entwicklung von Geschäftsbeziehungen im Vordergrund stehen; immer ist auch zu berücksichtigen, daß die Attraktivität von Beratung und die Preisdurchsetzbarkeit zunehmen, wenn die Preissetzung auf günstigere Unsicherheitsposititonen bei Bankkunden hinwirkt.
Zu diskutieren sind im einzelnen - nach Ergänzungen zur Frage der Preissetzung von Beratung - das Problem der Bezugsgrößenwahl, Preispaltung und Preisstaffelung, die Belohnung von Kundentreue durch Preisvorteile (Relationship Pricing) und Grundformen einer solchen Bevorzugung.

---

[78] Vgl. Brunner (1993a), S. 762, Epple (1996).

Die Profilierung als Beraterbank führt den Anbieter beim Angebot höherwertiger Beratung als unentgeltliche Vorleistung in eine verstärkt einseitige, ungünstige Abhängigkeit vom Bankkunden: Eigene Bindung nimmt bei individualisierungsbedingt ansteigenden spezifischen Investitionen zu, während die Nachfragerbindung durch die Erstellung produktunabhängiger, damit anbieterunabhängig umsetzbarer Beratungsergebnisse tendenziell sinkt. Die **Notwendigkeit zur Reduzierung der Bindungsasymmetrie** und zur Stabilisierung der Bank-Kunde-Beziehung, ohne dabei vom Konzept anspruchsvollerer Beratungsleistungen wieder abzurücken, rief in den beiden unmittelbar vorangehenden Abschnitten die getrennte Preissetzung von Beratung einerseits und Verkauf bzw. Vermittlung von Finanzinstrumenten andererseits bereits unmißverständlich auf den Plan[79].

An dieser Stelle sind einige weitere Aspekte anzuführen, die die Argumentation für separate Beratungspreise in der Summe untermauern. Letztlich geht daraus hervor, daß Kreditinstitute, die die Umsetzung einer Präferenzstrategie über höherwertige Vermögensberatungsleistungen ernsthaft verfolgen, um die Preissetzung für Beratung schwerlich umhinkommen. Nur scheinbar verfügen sie über die Wahlfreiheit zwischen einer unentgeltlichen Beratung als Zusatzleistung und einer entgeltlichen Beratungsleistung als eigenständige Marktleistung.

- **Wirtschaftlichkeit und Stabilisierung der Ertragssituation**

Wird Privatkundenberatung in der Breite auf höherem Niveau angeboten, z.B. nach dem Muster der Vermögensstrukturberatung, so ist es zuerst ein Gebot wirtschaftlicher Vernunft, diese entgeltfähige Marktleistung mit einem Preis zu versehen, anstatt die Unsicherheit der Umwegrentabilität über den Absatz ande-

---

[79] Eine separate Preissetzung für Beratungsleistungen führt auch dann tendenziell zur Angleichung der Bindungsstärke zwischen Bank und Kunde, wenn Beratung unverändert angeboten und inhaltlich nicht aufgewertet wird. Fraglich ist allerdings, ob Nachfrager diese Maßnahme akzeptieren würden, selbst wenn bei gleichen Gesamtkosten die für Beratung anfallenden Honorare durch geringere, bei der Umsetzung anfallende Abwicklungskosten wieder ausgeglichen würden. Die im Privatkundengeschäft mehrfach angesprochene größere Verhandlungsmacht auf der Kundenseite deutet darauf hin, daß die separate Preissetzung für eine standardisierte, unverändert wenig auf die individuelle Kundensituation eingehende Produktberatung keine Aussicht auf Erfolg hätte. Eine solche Zahlungsvorverlagerung würde die teilweise Preisgabe käufermarktbedingter Marktmacht bedeuten, wozu die Nachfragerseite wohl allenfalls bei Vermittlung von höherem Nutzen bereit wäre.

rer Leistungen einzugehen. Von einem potentiell höheren Preisspielraum abgesehen reduziert die Einführung des Beratungshonorars als Dienstleistungsentgelt die Zinsabhängigkeit des Bankerfolgs im Privatkundengeschäft erheblich. Erfolgsschwankungen aufgrund veränderlicher, langfristig sinkender Zinsmargen fallen im Gesamtergebnis des Kreditinstituts weniger ins Gewicht, wenn andere, von der Zinsentwicklung und konjunkturellen Einflüssen weitgehend unabhängige Erfolgsquellen hinzutreten.

- **Ausgleichspreisstellung: falsche Signale - falsche Kunden**

Mit dem Anbieten unentgeltlicher Beratung, deren Erlösausfälle durch die Nachfrage nach Anlage- und anderen Finanzinstrumenten (über-)kompensiert werden sollen, wird die Strategie der Ausgleichspreisstellung verfolgt[80]. Diese soll den Kunden zur Kontaktaufnahme und Inanspruchnahme günstiger bzw. kostenloser Einstiegsleistungen bewegen, um später den Absatz rentablerer Folgeleistungen zu ermöglichen. Im konkreten Zusammenhang ist die Signalwirkung dieser Form der Preissetzung jedoch doppelt fragwürdig: hinsichtlich der Qualität der Beratung und der damit zu erreichenden Zielgruppe.

Die erfolgreiche Einführung einer neuen oder veränderten Dienstleistung setzt die Signalisierung des Kundennutzens voraus. Unabhängig von der umstrittenen Frage nach der Wirkung der Preishöhe als Qualitätssignal ist die Folge einer Unterlassung jedweder Preissetzung, daß dem Nachfrager, der nur entgeltfreie Produktberatung kennt, Kundennutzen und Qualität einer anspruchsvollen Beratungsleistung schwer zu vermitteln sein werden. '*Qualität hat ihren Preis*' und '*Was nichts kostet, ist auch nichts wert*', sagen Sprichwörter. Ein als Beratungsinstitut auftretender Anbieter, der für Beratung kein Leistungsentgelt einfordert, lenkt des Kunden Verdacht leicht auf reine Produktverkaufsinteressen oder eben mindere Leistungsqualität. Warum sonst sollte der Anbieter auf die mit angeblich höherer Qualität geschaffenen Preisspielräume verzichten? Diskrepanzen dieser Art rufen Skepsis gegenüber der Leistungsbegründung hervor[81], auch wenn sie tatsächlich unbegründet sein mag.

---

80 Vgl. Krümmel (1964), S. 121f., 132f. u. 248f., Büschgen (1998), S. 681.

81 Vgl. auch Diller (1997), S. 757 u. 760. In der Folge von Untereinstands- und Niedrigpreisen wird hier von der Unterminierung des Preisvertrauens der Kunden ausgegangen. Preis-

Zu erwarten ist auch, mit Gratisleistungen in der Mehrzahl genau die Kunden in die Bankhallen zu locken, die ein auf Kundenbindung ausgerichtetes Kreditinstitut im Grunde nicht haben möchte[82]. Dauerhaft kostenfreie, dennoch über Produktberatung hinausgehende, nutzenstiftende Beratungsangebote lassen hier einen ähnlichen Effekt erwarten, wie er bei nur vorübergehend realisierbaren Dumpingpreisen und Low-Balling-Einführungspreisen zu beobachten ist: Kunden, die ausschließlich über den Preisvorteil zur Nachfrage zu bewegen sind, sind oft diejenigen, die sich grundsätzlich nicht an einen Anbieter binden wollen und auch bei noch so überzeugenden Leistungen keine Loyalität zu entwikkeln bereit sind. Unentgeltliche Leistungen erziehen Nachfrager, ähnlich wie vorübergehende Preissenkungsaktionen, zum sogenannten Rosinenpicken und ziehen die Schnäppchenjägerklientel an, was der Kundenbindungsstrategie diametral zuwiderläuft[83]. Loyalitätspotential ist bei Nachfragern zu vermuten, die von Beginn an bereit sind, einen angemessenen Preis als Gegenleistung für den empfangenen Leistungsnutzen zu akzeptieren, nicht bei solchen, die die Weiterführung der Bank-Kunde-Beziehung an einseitige Anbieterbindung zu knüpfen versuchen.

- **Kostenorientierung statt Quersubvention: verursachungsgerechte Preise**

Bankkunden betrachten eine dem Verursachungsprinzip folgende Preispolitik, das heißt, wenn die Kosten der Leistungserstellung als Basis für die Preisfin-

---

vertrauen bringt in diesem Sinne die Erwartung des Kunden zum Ausdruck, daß er über das Preis-Leistungsverhältnis nicht getäuscht wird.

Eine erkennbar stattfindende Ausgleichskalkulation zeigt dem Kunden in diesem Fall an, daß sich der Anbieter bei der Preissetzung weder an den Erstellungskosten noch am Kundennutzen orientiert. Damit wird gegen die allgemeine Kundenerwartung, daß mit dem Wert angebotener Leistungen auch deren Preis steigt, verstoßen. Zwangsläufig werden Nachfrager bei der Feststellung extrem günstiger (subventionierter) Preis-Leistungsrelationen an anderer Stelle mit extrem ungünstigen rechnen. Preisunsicherheit - bzw. das Preis-Leistungsrisiko, vgl. Diller (1997), S. 753 - nimmt dadurch zu, ebenso Informationskosten der dann notwendiger erscheinenden Überprüfung des Preis-Leistungsverhältnisses aller anderen Leistungen.

[82] Vgl. Reichheld (1993), S. 66.

[83] Vgl. auch Betsch (1997), S. 300.

dung dienen[84], bei angemessener Kommunikation dieses Sachverhalts allgemein als fair[85]. Die anbieterseitige Bewertung bisher unentgeltlich erbrachter, individueller Beratungsleistungen mit einem Preis verlangt, daß Kosten und Preis in einem nachvollziehbaren Verhältnis stehen[86]. Unschwer zu erkennen kommt eine verursachungsgerechte Preissetzung der Rechtfertigung der Bankpreispolitik gegenüber einer diesbezüglich seit einigen Jahren sensiblen Öffentlichkeit insgesamt entgegen[87]. Gegenteilige Wirkungen gehen von der Quersubventionierung als Folge der Ausgleichskalkulation aus.

Aus Anbietersicht kann ein unentgeltliches Leistungsangebot überhaupt nur sinnvoll sein, wenn diese Leistung selbst nicht vermarktet werden kann *und* wenn mit Hilfe dieser Leistung aus dem Vertrieb anderer, preisfähiger Leistungen insgesamt höhere Deckungsbeiträge erwirtschaftet werden. Das Zutreffen beider Bedingungen erscheint im vorliegenden Fall äußerst fraglich, schließt wohl aber die Annahme einer vom Kunden als gut bzw. nutzenstark wahrgenommenen Beratungsleistung aus.

Quersubvention bedeutet, daß der Anbieter für unentgeltliche Leistungen Ausgleichsträger finden muß[88]. Dabei ist es denkbar, daß in extremen Fällen ein Kunde oder eine bestimmte Kundengruppe ausschließlich Leistungen nachfragt, die nicht kostendeckend sind, während andere ausschließlich entgeltplichtige Leistungen in Anspruch nehmen und Erstgenannte vollständig subventionieren. Bei besserer Informationslage darüber auf der Nachfragerseite würden Kreditinstitute wohl einen beträchtlichen Teil der typischen, reinen Mengenkundschaft verlieren. Die damit verbundene Entlastung von defizitären Abwicklungsprozessen käme zwar gelegen, kaum aber der dann auch zu erwartende Abzug von Einlagen dieses Kundensegments, der das Unternehmen aufgrund des zinsabhängigen Gesamterfolgs empfindlich treffen würde.

---

[84] Bei der Preissetzung der Kreditinstitute werden je nach Schwerpunkt kosten-, markt- und konkurrenzorientierte Preisstrategien voneinander unterschieden, vgl. Bernet (1996), S. 226ff.

[85] Vgl. Betsch (1997), S. 301.

[86] Vgl. Boehm-Bezing (1995), S. 55.

[87] Vgl. z.B. Süchting/Paul (1998), S. 685.

[88] Vgl. Swoboda (1996b), S. 132.

Kunden gehen davon aus, daß Kreditinstitute gewinnorientiert agieren. Folglich können sie damit rechnen, daß die Erlösausfälle entgeltfreier Leistungen anderswo wettgemacht werden (müssen), ohne daß Anbieter erfahrungsgemäß explizit darauf hinweisen. Weiter können Kunden davon ausgehen, daß gegenüber der Direktbankkonkurrenz verteuerte Leistungen existieren, weil sie über die durchschnittlichen filialbedingten Fixkostennachteile hinaus auch noch Ertragsbestandteile der entgeltfreien Beratung „hereinholen" müssen. Mengenkunden, die zwar die persönliche Bedienung schätzen, niemals aber individuelle Beratung nachfragen, würden wohl in großer Zahl zu Direktbanken wechseln, wenn sie die vermögendere Beratungsklientel für jedermann erkennbar subventionierten.

Einfache Beispiele führen vor Augen, daß Quersubventionierung dem subjektiven Empfinden Vorschub leistet, von der Bank ungerecht behandelt zu werden. Warum sollten z.B. Kreditkunden einsehen, über hohe Zinskonditionen wesentlich zur Subventionierung des Zahlungsverkehrs beizutragen[89]? Ebenso fragen sich Kunden, die ihrer Bank einen fertigen Wertpapierkaufauftrag vorlegen, zurecht, warum ihnen die gleichen Provisionen in Rechnung gestellt werden, wie anderen Kunden bei der gleichen Transaktion nach einer halbstündigen Beanspruchung des Beraters. Der Zulauf bei den Direktbanken erklärt sich schlichtweg auch daraus, daß viele Kunden nicht bereit sind, für Leistungen zu bezahlen, die nicht in Anspruch genommen wurden[90].

Das Preis-Leistungsverhältnis jener Bankleistungen, die leistungsfremde Ertragsausfälle wettmachen sollen, kann dem Nachfrager bei kurzfristiger Betrachtung nur dann akzeptabel erscheinen, wenn er sich bei anderweitiger Nachfrage als Profiteur aus Ausgleichspreisen sieht oder wenn hinreichend Marktintransparenz besteht. Berater, die den Informationsstand und die Akzeptanz von Ausgleichspreisen bei Kunden nicht immer kennen, könnten sich veranlaßt sehen, zur Rechtfertigung des Preises nicht einzuhaltende Versprechungen zu machen oder den eigenen Informationsvorsprung auszunützen, um einen gar nicht vorhandenen Produktnutzen vorzutäuschen.

---

[89] Vgl. Köllhofer (1991), S. 177.
[90] Vgl. Lehmann (1997), S. 210.

Deutlich wird, daß Quersubventionierung endogene Nachfragerunsicherheit erhöht und den Aufbau von Vertrauen beim Erstkontakt und in der Entstehungsphase von Geschäftsbeziehungen tendenziell erschwert.

5.3.1.2 Das Bezugsgrößenproblem des Beratungshonorars

Im Verhältnis zwischen dem Kreditinstitut und dem Bankangestellten wurde hinsichtlich der Vergütungsregelung bereits mehrfach auf die Bedeutung leistungsorientierter Entlohnungsbestandteile und nivellierter Provisionssysteme hingewiesen sowie die Eignung einer Extra-Prämierung von Folge- gegenüber Ersttransaktionen herausgestellt[91].

Im Auftragsverhältnis zwischen Kunde und Bank(-berater) wird die Vergütung über die Preissetzung geregelt. In diesem Zusammenhang wurde zuletzt als vorteilhaft erkannt, Beratungsleistungen überhaupt mit einem separaten Preis zu versehen[92]. Als Variable der Preissetzung werden grundsätzlich die Preisbezugsbasis und der Preiszähler betrachtet[93].

Die Festsetzung der Preishöhe erfolgt über den Preiszähler. Bei der dem Verursachungsprinzip entsprechenden Orientierung an den Kosten liegt das allgemeine Problem der Schlüsselung des hohen Gemeinkostenanteils vor. Kostenorientierte Preissetzung ermittelt den Beratungspreis durch Aufschlag einer Gewinnmarge auf die ermittelten Selbstkosten[94]. Dabei können selbst exakt verursachungsgerecht ermittelte Kosten als Preisuntergrenze nicht mehr als eine grobe Orientierung für die Preishöhe vorgeben, denn eine volle Selbstkostendeckung muß sich am Markt nicht unbedingt durchsetzen lassen. Genausowenig bedarf es andererseits der Kostenorientierung zur Rechtfertigung der Höhe des Beratungshonorars oder der Preissetzung überhaupt. Denn auf freien Märkten

---

91 S.o. S. 167, 171 u. 187.

92 S.o. S. 180 u. 189.

93 *Preisbezugsbasen* sind Merkmale der Leistung, die als Anknüpfungspunkt der Preissetzung dienen sollen; der *Preiszähler* beschreibt die Höhe des Preises je Zähleinheit der Bezugsbasis, vgl. Krümmel (1964), S. 45, Hein (1993), S. 240.

94 Vgl. Rottenbacher (1994), S. 154.

bestimmen nicht die Erstellungskosten über die durchsetzbare und rechtfertigungsfähige Preishöhe, sondern allein die Präferenzen der Kunden und deren Nutzenwahrnehmung unter Konkurrenzbedingungen[95].

Ganz der Anbieterentscheidung obliegt allerdings die Auswahl der Bezugsbasis für Beratungspreise.
Für Beratungsentgelte sind zunächst **volumen-, stückzahl-, zeit- und erfolgsbezogene Bezugsbasen** denkbar[96].
Die Diskussion über Eignung und Sinnhaftigkeit der Bezugsbasen wird durchweg unter der Annahme geführt, daß produktabhängige Beratung erfolgt. Die Beratung als eigenständige Marktleistung, die sich inhaltlich frei hält von der Empfehlung konkreter (hauseigener) Finanzinstrumente, findet hier bislang keine Berücksichtigung[97]. Bemißt sich das Beratungshonorar z.B. nach dem Wertvolumen einer infolge der Beratung vorgenommenen Anlagetransaktion oder nach dem Wertvolumen einer danach aufgenommenen Finanzierung, so ist eine Trennung von Beratung und Verkauf bzw. Vermittlung implizit nicht vorgesehen. Denn alle Bezugsbasen, die sich auf Umsetzungsinstrumente direkt beziehen - neben dem Wertvolumen vor allem die Stückzahl und der Erfolg durch Vermögenszuwachs -, machen nur Sinn, wenn der Kunde bei demselben Anbieter nicht nur die Beratung in Anspruch nimmt, sondern auch die Umsetzung abwickelt. Andernfalls gibt es keine Möglichkeit zur Festlegung des Preiszählers und demzufolge auch keine separate Preissetzung. Somit kommen die genannten Preisbezugsbasen für die Preissetzung produktunabhängiger Beratung nicht in Frage.
Im übrigen kann bezweifelt werden, daß Bankkunden auf breiter Front dazu bereit sein werden, sich für gängige, unverändert produktabhängige Beratung ein Entgelt in Rechnung stellen zu lassen. Der Vollständigkeit halber[98] und da in der Praxis häufig so diskutiert, wird die Variante der bepreisten Produktberatung von der folgenden Betrachtung trotzdem nicht ausgeschlossen.

---

[95] Vgl. auch Köllhofer (1991), S. 178.
[96] Vgl. Schütt (1996), S. 181.
[97] Vgl. z.B. Schütt (1996), S. 181-183 und Bernet (1996), S. 259-284.
[98] Ergänzend auch zur Darstellung der Vorteilhaftigkeit produkt*un*abhängiger Beratung unter Abschnitt 5.2.2.3.

Preisbezugsbasen bieten dem Entstehen endogener Nachfragerunsicherheit in unterschiedlicher Weise Spielraum; sie schaffen Bedingungen, unter denen Kunden in der Rolle des Prinzipals im voraus in verschiedener Hinsicht Anlaß haben, ein Ausnützen des Informationsvorsprungs durch den Berater (Agent) zu ihren Lasten zu befürchten.
Sobald eine gewisse Kundenbindung greift und die Institution Geschäftsbeziehung im Bank-Kunde-Verhältnis entsteht und an Stabilität gewinnt, ist davon auszugehen, daß die Bedeutung der Preissetzung insgesamt als möglicher Marktwiderstand in den Hintergrund tritt. Folgen asymmetrischer Information verlieren an Wirkung, auftretende Unsicherheit wird durch die Institution gegenseitigen Vertrauens und die Erwartung des langfristigen wirtschaftlichen Kooperationsvorteils auf beiden Seiten reduziert, die Qualität des Leistungsangebots wird zum dominierenden Erfolgsfaktor. Die folgende Betrachtung betrifft demnach in erster Linie einzelne, isolierte Transaktionen, das Neukundengeschäft und die frühe Phase des Aufbaus von Kundenbindung. Eine strukturelle Veränderung der Preissetzung, so die Einführung von Beratungsentgelten, kann allerdings auch langjährige Kunden irritieren, Vertrauenspositionen beschädigen und Unsicherheit erneut entstehen lassen. Auch vor diesem Hintergrund sind mögliche Preisbezugsbasen kritisch zu untersuchen.

Im **Fall der produktabhängigen Beratung** lassen Volumen, Stückzahl, Zeit und erzielter Erfolg als Bezugsbasis entweder nicht anreizverträgliche oder kaum realisierbare Problemlösungen zu:
So müssen Nachfrager bei *volumenabhängigem* Beratungsentgelt mit überhöhten Volumenempfehlungen rechnen[99], da mit dem abgesetzten Volumen Einkommen bzw. Gewinne der Anbieterseite maximiert werden. Von gleichermaßen unzureichender Beratungsneutralität ist jede *stückzahlbezogene* Größe - z.B. die Anzahl von Finanzprodukten oder von aufgegriffenen Beratungsfeldern -, da in diesem Fall das Interesse besteht, möglichst große Stückzahlen zu empfehlen.
Immerhin besteht bei einer *zeitbezogenen* Honorargestaltung kein unmittelbarer Anreiz, Beratungsindividualität und -integrativität vorzutäuschen, indem beides

[99] Vgl. Schütt (1996), S. 181.

von vornherein auf die Empfehlung möglichst hoher Volumina und möglichst vieler oder provisionsstarker Instrumente gerichtet ist. Trotz insofern geringerer Qualitäts- und Verhaltensunsicherheit besteht aus Nachfragersicht bei zeitbezogenen Beratungspreisen dennoch das Risiko der Überberatung, wenn der Berater geschickt die Beratung zeitlich streckt oder Beratungsbereiche einschließt, deren Irrelevanz in der konkreten finanziellen Situation eines Kunden ihm selbst zwar ex ante klar ist, sich dem Nachfrager aber erst nach Inanspruchnahme eröffnet.

Bei allen drei Varianten, der volumen-, stückzahl- und der zeitbezogenen Preissetzung, ergibt sich für Berater im übrigen ein weiterer Anreiz, der Potential zur Verunsicherung der Nachfrager hinsichtlich der Beratungsqualität birgt: Tendenziell ist nämlich mit der Empfehlung von Finanzinstrumenten mit eher kürzeren Fristen und Laufzeiten zu rechnen, da dies einen häufigeren, wiederum honorarpflichtigen Beratungsbedarf in Aussicht stellt[100].

Ein *erfolgsbezogenes* Beratungsentgelt ist dem Grundsatz nach die einzige Variante, bei der eine gleichgerichtete wirtschaftliche Interessenlage vorliegt, da das Erreichen des Vermögensziels der Bankseite zugleich die Zielerreichung des Kunden fördert. Zudem eignet sich der erzielte Erfolg als Preisbezugsbasis zum Aussenden glaubwürdiger Qualitätssignale an die Nachfragerseite: Nur wer selbst Vertrauen in die Qualität der eigenen Berater hat, wird sich auf ein solches Preismodell einlassen[101] - falsche Versprechungen würden die Bank teuer zu stehen kommen und nicht erst ein Revidieren der Preissetzung könnte die Reputation des Instituts ernsthaft beschädigen.

Einer Reihe von Nachteilen und Schwierigkeiten ist es zuzuschreiben, daß Erfolgshonorare im Privatkundengeschäft heute, vermutlich auch künftig, keine Rolle spielen und sich im übrigen selbst im Private Banking mit Topkunden und institutionellen Anlegern nicht nachhaltig durchgesetzt haben[102].

- Die Berechnung eines reinen Erfolgshonorars müßte auf die *Anlage*beratung beschränkt bleiben und könnte eine verursachungsgerechte Vergütung ganz-

---

[100] Vgl. Schütt (1996), S. 182.

[101] Vgl. Bernet (1996), S. 283. Dies trifft vor allem zu, wenn der Erfolg am Vergleich mit Benchmarks abzulesen ist, die z.B. eine durchschnittliche Marktentwicklung ausdrücken.

[102] Vgl. Bernet (1996), S. 283, Nuske (1993), S. 346f.

heitlicher Beratung nicht bewerkstelligen. In jedem Fall würde eine Vergütung erst mit zeitlichem Verzug stattfinden - eben nach Abwarten von Wertentwicklung und Erfolgsermittlung -, was Preisunsicherheit hervorruft und die Preisakzeptanz auf der Nachfragerseite mitunter erschwert.

- Unsicherheit über die tatsächlich anfallende Preishöhe besteht auch auf der Anbieterseite. Das Kreditinstitut übernimmt bei erfolgsabhängigen Preisen einen Teil des Risikos. Bei mäßiger Wertentwicklung kann der Preis für eine unter hohen Kosten erstellte Leistung die geplanten Deckungsbeiträge eventuell nicht einbringen[103], bei umgekehrter Entwicklung stehen zusätzliche Erträge in Aussicht. Offenbar entspricht eine sinnvolle Risikoteilung dieser Art nicht der realen Risikoneigung deutscher Banken.
- Um diese exogene Unsicherheit aufgrund nicht zu beeinflussender Umweltfaktoren zu reduzieren, müßte das Anbieterinstitut den Preis erkennbar in Abhängigkeit des Teils der Wertsteigerung setzen, der auf die Leistungsfähigkeit des Beraters zurückzuführen ist. Auf der Nachfragerseite wäre die Bereitschaft zur Zahlung eines Erfolgshonorars zu bezweifeln, wenn nicht klar wäre, daß sich ein höherer Preis nicht aufgrund eines zufällig und mit Glück erreichten (also gegebenenfalls auch ohne Beratung erreichbaren) Vermögenszuwachses ergibt, sondern aufgrund der Leistung des Beraters. Die Beurteilung von Beratungsleistungen und Anlageempfehlungen über die Wertentwicklung bedarf demnach einer Messung des Erfolgs im Vergleich zu einer Referenzgröße (*Benchmark*), die z.B. durchschnittliche Marktentwicklungen wiedergibt. Solche *Performancemessungen*[104] erfolgen üblicherweise bei der typischen Vermögensverwaltung, insbesondere bei der Verwaltung von Portfolios institutioneller Anleger sowie beim Fondsmanagement. Aufwand und Kosten sowie die Vielzahl damit verbundener Probleme[105] lassen ein vergleichbares Vorgehen im breiten Privatkundengeschäft schwerlich zu, wäre

---

[103] Vgl. Bernet (1996), S. 277.

[104] Aus der Vielzahl wissenschaftlicher Beiträge zu Theorie und Verfahren der Performancemessung vgl. Zimmermann (1992), S. 49-109 mit weiterführenden Literaturangaben, sowie Steiner/Bruns (1996), 495-513.

[105] Problematisch erscheinen neben der Messung der Performance bzw. Rendite unter anderem die Auswahl von Benchmarks und die unmittelbare Zurechenbarkeit von Ergebnissen zu Beratungsleistungen; vgl. Schütt (1996), S. 122-133.

es bei der Vermögensstruktur typischer Privatkundenportfolios überhaupt angemessen.

- Schließlich zeigt die Prinzipal-Agent-Theorie einen fundamentalen Konflikt zwischen Anreizvermittlung und Risikoteilung[106] auf: Erfolgsbezogene Beratungspreise entsprechen einem Vergütungssystem, bei dem der Prinzipal (d.h. der Kunde als Auftraggeber) den Agenten (d.h. die Anbieterseite) über die Preissetzung am Erfolg beteiligt. Auf der einen Seite wird der gewünschte Leistungsanreiz um so größer, je stärker der Anbieter über das Preismodell am erzielten Anlageerfolg partizipiert. Unter Umweltunsicherheit muß mit der Ergebnisbeteiligung andererseits auch die Übernahme von Verlustrisiken einhergehen[107]. Der Konflikt entsteht daraus, daß eine optimale Risikoaufteilung vorliegt, wenn die anteilige Risikoübernahme jeder Seite dem Verhältnis der Risikobereitschaft entspricht. Bei unterstellter allseitiger (wenn auch stärker auf der Kundenseite ausgeprägter) Risikoaversion ist dies hier bei der Teilung des Risikos der Fall[108]. Unter der Annahme, daß sich Banken nicht risikoneutral verhalten, sondern nur sehr begrenzt Risiken übernehmen, müßte das Kreditinstitut bei einer großen Varianz des Umweltrisikos schon bei vergleichsweise kleiner Erfolgsbeteiligung recht hohe Risikoprämien verlangen, womit sich das Vergütungssystem aus Kundensicht teuer darstellen würde[109]. Demnach sind erfolgsabhängige Beratungsangebote allenfalls bei eher geringer Risikoübernahme durch den Anbieter zu erwarten, womit bei geringer Erfolgsbeteiligung entsprechend beschränkte Leistungsanreize zu vermitteln sind.

---

[106] Vgl. insbesondere das *LEN-Modell* von Spremann (1987), auch bei Neus (1998), S. 153-158.

[107] Ohne Risikoübernahme bestünde für den Agenten der permanente Anreiz, riskante Empfehlungen auszusprechen, da er von zufälligen Erfolgen am stärksten profitieren würde, während Verluste allein die Anleger tragen müßten. Folglich würden risikoaverse Kunden auf erhöhte Risikoübernahme bestehen, indem z.B. ein Teil von Vemögensverlusten vom Berater zu ersetzen oder bei Nichterreichen einer bestimmten Benchmark eine garantierte Mindestrendite zuzusagen wäre.

[108] Vgl. etwa Neus (1998), S. 206.

[109] Vgl. Spremann (1988), S. 617, Laux (1988), S. 35.

- Erfolgsbezogene Beratungsentgelte implizieren für die Nachfrager eine gegenüber anderen Preisbezugsbasen vergleichsweise informationsintensive Kontrolle (bzw. hohe Kontrollkosten).

In der Summe ergibt sich bei Betrachtung sämtlicher Preisbezugsbasen ein Bild, das einer erfolgreichen Einführung der Preissetzung[110] für produkt*abhängige* Beratung im breiten Privatkundengeschäft unter Käufermarktbedingungen äußerst geringe Chancen verspricht.

Wie gesehen[111], scheiden für den **Fall produkt*un*abhängiger Beratung** solche Preisbezugsbasen aus, die sich auf Umsetzungsinstrumente unmittelbar beziehen, so neben dem beratungsinduzierten Erfolg auch Wertvolumen und Stückzahl.
Bezüglich der *Zeit als Bezugsbasis* sind dieselben Vorbehalte anzuführen, wie im Zusammenhang mit der produktabhängigen Beratung[112]. Immerhin würde die Zeit eine beratungsneutrale, praktikable und für beide Seiten leicht überprüfbare Größe darstellen.
Denkbar wäre zunächst, außer der Zeit für Beratung auch die Größen Wertvolumen und Stückzahl wie folgt direkt auf die unabhängige Beratungsleistung zu beziehen.
Eine *stückzahlbezogene Bezugsbasis* setzt in diesem Falle voraus, daß das Gesamtangebot an Beratungsleistungen in trennbare Teilleistungen zerlegt wird. Da die Teilleistungen im Regelfall weder die gleichen Erstellungskosten verursachen noch den gleichen Kundennutzen vermitteln, wäre jede Teilleistung mit einer an diesen Größen orientierten Anzahl von Beratungseinheiten zu versehen. Der Beratungspreis errechnet sich dann aus der Anzahl in Anspruch genommener Beratungseinheiten, multipliziert mit einem einheitlichen Preis je Beratungseinheit[113]. Er bemißt sich dann indirekt nach dem inhaltlichen Bera-

---

[110] Wobei Preismodelle grundsätzlich auch aus Kombinationen verschiedener Preisbezugsbasen bestehen können; vgl. Bernet (1996), S. 264.
[111] Siehe oben S. 197.
[112] Siehe oben S. 198f.
[113] Vgl. auch Bernet (1996), S. 274f., wo diese Form der Preissetzung *Positionslisten-Modell* genannt wird.

tungsumfang. Dieser grob skizzierten Preissetzung sind eine ähnliche Beratungsneutralität, Praktikabilität und Überprüfbarkeit zuzuschreiben, wie dem zuvor zitierten zeitorientierten Vorgehen. Allerdings haftet der Stückzahlorientierung auch der gleiche grundsätzliche Mangel an: Drohende Überberatung impliziert Nachfragerunsicherheit. Opportunistisches Beraterverhalten ist dahingehend zu erwarten, daß in die Beratungsleistung, geschickt und für den Kunden zu spät oder gar nicht erkennbar, solche Teilleistungen hereingenommen werden, die der Nachfrager bei besserem Informationsstand aufgrund geringer Nutzenerwartung ex ante nicht wahrnehmen würde. Wiederum ist auch mit der Empfehlung von Finanzinstrumenten mit eher kürzeren Fristen und Laufzeiten zu rechnen[114].
Als gänzlich ungeeignet erweist sich dagegen die Möglichkeit, eine *volumenbezogene Größe* aus der Beratung als Preisbezugsbasis heranzuziehen: Hierbei kommt etwa das Wertvolumen in Frage, das für eine konkrete einzelne Anlageentscheidung des Kunden zur Disposition steht oder auch ein Wert, der sich am Gesamtvermögen orientiert[115]. Die Folge einer solchen Orientierung am Wertvolumen ist allerdings, daß Nachfrager unabhängiger Beratungsleistungen sich zur Begrenzung der Honorarhöhe veranlaßt sehen, möglichst geringe Volumina anzugeben. Da sich bei der nachfolgenden Umsetzung kaum ein Kunde gern als Schwindler zu erkennen gäbe und obendrein mit Nachzahlungen zu rechnen wäre, müßte der Anbieter davon ausgehen, daß viele Kunden mögliche Anbieterwechselkosten in Kauf nehmen und zur Umsetzung geeignete Finanzinstrumente bei Konkurrenzinstituten, insbesondere Direktbanken, nachfragen. Volumenbezogene Preissetzung bei produktunabhängiger Beratung würde demnach Verhaltensanreize schaffen, die der Vorbereitung von Folgegeschäften, Cross-Selling und der Strategie der Kundenbindung unmittelbar zuwiderlaufen.

Unter Vermeidung solcher Fehlanreize kommen für die Preissetzung produktunabhängiger Beratungsleistungen nur solche Bezugsbasen in Betracht, die den Umfang nachgefragter Beratung über den Faktor Zeit oder über differenzierbare Beratungsinhalte (quasi stückzahlbezogen) feststellbar machen.

---

[114] Vgl. oben S. 199.
[115] Entsprechendes gilt bei reinen Finanzierungsberatungen.

Recht einfach erscheint die *Umsetzung einer zeitorientierten Bezugsbasis*. So wird dem Kunden das Produkt aus Preiszähler und Anzahl angefangener Zeittakte in Rechnung gestellt, wobei ein Zeittakt z.B. mit fünf oder zehn Minuten festgelegt wird. Die zitierten Schwierigkeiten - Unsicherheit aufgrund bestehender Anreize erstens zu sogenannter Überberatung und zweitens zur Empfehlung kurzfristiger Finanzinstrumente aufgrund von schneller wiederkehrendem Beratungsbedarf - bleiben soweit jedoch bestehen. Da jedweder Beratungsbedarf ein spezifisches Informationsdefizit des Ratsuchenden gegenüber dem Berater voraussetzt, wird der letztgenannte Punkt - wie jede Form intersubjektiv überprüfbarer Falschberatung - als Unsicherheitsquelle im Rahmen der Leistungsfindung letztlich nicht zu beheben sein. Der Abbau von Unsicherheit dieser Art bleibt von der, gleichwohl mit den bekannten Glaubwürdigkeitsproblemen versehenen, Leistungsbegründung abhängig.
Allerdings kann die Preissetzung als Maßnahme der Leistungsfindung auf Unsicherheit hinsichtlich zu erwartender zeitlicher Überberatung Einfluß nehmen. Ein hierzu geeignetes Preissystem beschränkt sich nicht darauf, ein einheitliches Angebot *Beratung* pauschal an die Gesamtheit aller Privatkunden zu richten und die Leistungsabnahme zeitanteilig zu berechnen. Vielmehr bietet sich an, mit Hilfe der Preissetzung einen gleichermaßen gepoolten Gesamtmarkt aufzubrechen, um auf verschiedene Kundenbedürfnisse mit unterschiedlichen Leistungskombinationen zu antworten. Eine detaillierte Auffächerung der Beratungsleistung und *die differenzierte (quasi stückzahlbezogene) Berechnung einzelner Beratungsteilleistungen* implizieren, daß Anbieter der Nachfragerseite ein Mindestmaß an Vorabinformationen über Leistungsinhalte liefern bzw. bereithalten und verringern so das Risiko der Überberatung. Solche Informationen fließen nicht erst, wenn Kunden sich über die gewünschten Beratungsleistungen mit dem Berater einig werden, sondern bereits durch die bloße Kennzeichnung separat entgeltfähiger Teilleistungen.

Fazit: Ein Modell zur Preissetzung produktunabhängiger Beratung, das Verhaltensanreize auf Anbieter- und Nachfragerseite so setzt, daß Verhaltensunsicherheit weitestgehend ausgeschlossen ist, stellt den Preisbezug über einen exakt feststellbaren Umfang nachgefragter Beratungsteilleistungen her, wie zuvor als *stückzahlbezogene Bezugsbasis* skizziert. Eine zeitbezogene Bezugsbasis kann gegebenenfalls als eine zusätzliche, optionale Komponente herangezogen werden.

5.3.1.3 Preisspaltung und Preisstaffelung für kombinierbare Teilleistungen

Die Zerlegung der Vermögenberatungsleistung in entgeltfähige Teilleistungen bedeutet zunächst Entbündelung des Leistungsangebots und Preisspaltung. Im Ergebnis liegt dann eine Art *Preisbaukastensystem* vor, dessen Komponenten in unterschiedlichen Kombinationen angeboten werden[116].

Soll durch Preisspaltung nicht allein eine Preissetzung nach Quantität in Anspruch genommener Beratungsfelder (Umfang nach Beratungsbereichen) ermöglicht werden, sondern auch nach Tiefe und Aufwand der Behandlung einzelner Beratungsfelder (Umfang nach Qualitäts- bzw. Niveaustufe), so ergibt sich eine zweidimensionale Preisspaltung. Der Preiszähler variiert zusätzlich gestaffelt nach dem Leistungsniveau (siehe Abb. 9).

Beratungsbereiche können zunächst in der Anlageberatung, der Finanzierungsberatung und der Transaktionsberatung gesehen werden. Für die Anlageberatung kommt zum Beispiel eine Unterteilung in die Bereiche Festzinsanlage, Anlage bei variabler Rendite und spekulative Vermögensanlage oder in kurz-, mittel- und langfristige Vermögensanlage in Frage. Finanzierungsberatung wiederum wäre in die Bereiche Ratenkredite, Realkredite/Baufinanzierung und Investitionskredite einzuteilen[117], so daß schließlich die ganze Breite des Sortiments - möglichst überschneidungsfrei - erfaßt wird.

Die Staffelung des Leistungsniveaus kann anhand eines oder mehrerer Kriterien vorgenommen werden. Beispielhaft seien Informations- und Integrationsgrad (als Maß für den Umfang gelieferter Sachinformation bzw. verarbeiteter kundenspezifischer Information) genannt, der Dokumentationsgrad (als Maß für die

---

116 Vgl. Bernet (1996), S. 310, Diller (1997), S. 758.
117 Vgl. auch Schütt (1996), S. 170.

schriftliche Unterlegung der Beratung, die i.d.R. ausgehändigt wird) und schließlich die Unterscheidung zwischen einer isolierten Beratung in einem Beratungsbereich (Partialberatung) und der bereichsbezogenen Beratung in Abstimmung mit der gesamten Finanzsituation des Kunden (gesamtheitliches Vorgehen, Financial Planning).

Beratungsbereich / Leistungsniveau	A	B	C	D
I (min.)	1	2	2	3
II	2	3	3	4
III (max.)	4	6	6	8

Abb. 9: Preissetzung von Teilleistungen: Preisspaltung unter Einschluß einer Preisstaffelung[118].

Bei Kombination der genannten Kriterien können beispielsweise folgende vier Leistungsstufen definiert werden:

I: Partialberatung / knappe Dokumentation / Grundinformation und Mindestintegration.

II: Partialberatung / erhöhte Dokumentation / ausführliche Information und detaillierte Integration.

III: Financial Planning / Kurzexpertise / Grundinformation und Mindestintegration.

IV: Financial Planning / Vollexpertise / ausführliche Information und detaillierte Integration.

[118] Quelle: selbsterstellt.

Der Verzicht auf Preis- und Leistungsbündelung erhöht zunächst die Preis- und die Qualitätstransparenz: Den Nachfragern werden mehr Informationen über die Beratungsleistung zugeführt, indem Teilleistungen zu kennzeichnen sind und über die Nachfrage einzeln verhandelt und entschieden wird[119]. Die Nachvollziehbarkeit dessen, wie sich das Beratungsentgelt zusammensetzt und für welche Leistung welches Entgelt entrichtet wird, fördert die Wahrnehmung verursachungsgerechter Preissetzung. Die Kombination von Beratungsleistungen und der Preis werden sichtbar auf die individuellen Bedürfnisse zugeschnitten. Der **Kundennutzen** besteht letztlich in zunehmender Angebots- bzw. Markttransparenz, bei folgerichtig geringeren Such- und Informationskosten zur Einschätzung des Preis-Leistungsverhältnisses und zum Vergleich mit Konkurrenzangeboten[120].

Diese Wirkung einer Zuordnung von Teilpreisen zu differenzierten Teilleistungen droht bei zu komplexen Preissystemen allerdings wieder neutralisiert zu werden, eventuell auch in das Gegenteil umzuschlagen und die Markttransparenz[121] zu reduzieren[122]. Zur weitestgehenden Ausschaltung von Marktwiderständen auf der Kundenseite, das heißt zur Reduzierung von Unsicherheit und Transaktionskosten, wird das Kreditinstitut darauf achten, daß der Preisbaukasten nicht zu umfangreich und unübersichtlich wird, daß die zu kombinierenden Teilleistungen und Teilpreise eine gewisse Vielfalt nicht überschreiten und die Komplexität der Preisinformationen begrenzt bleibt. Demnach ist ein effizientes Ausmaß von Preisspaltung- und -staffelung nur durch Abwägung gegenläufiger informatorischer Wirkungen zu erreichen.

---

[119] Vgl. auch Vernin (1996), S. 206, wo Unsicherheitsreduktion als Folge eines spezifischen, leicht erkennbaren und gut kommunizierten Leistungs*profils* beschrieben wird.

[120] Vgl. auch Diller (1997), S. 756 u. 758, Süchting (1998), S. 14.

[121] Hier ist anzumerken - vgl. auch Rapp (1992), S. 114 - daß es traditionell nicht im Selbstverständnis der Bankpreispolitik liegt, die Markttransparenz für Kunden zu erhöhen, wovon bekanntermaßen unübersichtliche Zins-, Provisions- und Entgelttableaus eine deutliche Sprache sprechen. Intransparenz jeder Form und daraus Nachfragerunsicherheit rufen jedoch insbesondere im vertrauensempfindlichen Vermögensberatungsgeschäft Absatzwiderstände und Transaktionsstörungen hervor, vgl. einleitend Abschnitt 1.2.

[122] Vgl. Hein (1993), S. 242, Swoboda (1996b), S. 125.

Vorteile für das Kreditinstitut aus Preisspaltung bzw. Entbündelung von Produkten und Preisen werden vor allem im Zusammenhang mit dem *Prinzip der kleinen Mittel*[123] gesehen. Hinter diesem Verhaltensmuster steht die Vorstellung, daß die Erlösminderung infolge von Preisnachlässen insgesamt geringer gehalten werden kann, wenn verhandlungsstarken Nachfragern bei mehreren Teilpreisen relativ wenig entgegengekommen wird anstatt bei einem Preis relativ weit.
Darüber hinaus wird angenommen, daß die mit niedrigeren Preiszählern versehenen Teilleistungen rein optisch günstig erscheinen, mit der Folge, daß die Summe der Teilpreise über dem Preis vor der Preisspaltung liegt. Im Fall der erstmaligen Preissetzung für Beratung im breiten Privatkundengeschäft würden optisch niedrige Teilpreise die Markteinführung anspruchsvollerer Beratung gegen Entgelt vermutlich erheblich vereinfachen.
Preisspaltung bietet Anbietern von Bankberatung auch die Möglichkeit, in Erfahrung zu bringen, ob für einzelne Teilleistungen der Beratung im Vergleich zum pauschalen Beratungsangebot eine geringere Preiselastizität der Nachfrage besteht. Gegebenenfalls kann das Ausnutzen des preisautonomen Bereichs für einzelne Teilleistungen den aus Beratungsleistungen insgesamt erzielbaren Deckungsbeitrag vergrößern[124].

Letzteres kann auch direkt durch eine geschickte Staffelung von Beratungspreisen entsprechend dem Leistungsniveau erreicht werden: Dabei ist davon auszugehen, daß es im breiten Privatkundengeschäft Nachfrager unterschiedlicher Finanzkraft gibt. Unter jenen mit größerem Vermögen oder höherem laufendem Einkommen werden solche sein, die qualifizierte Beratung auch dann nachfragen, wenn diese nur auf einer Qualitätsstufe zu einem einheitlichen, jedoch vergleichsweise hohen Preis angeboten wird. Umgekehrt gibt es in niedrigeren Einkommens- und Vermögensbereichen preisemfindlichere Kunden, die zum Einheitspreis zwar keine Beratung nachfragen würden, Beratungsleistungen wohl aber zu niedrigeren Preisen in Anspruch nehmen würden, wenn auch bei vergleichsweise geringen Deckungsbeiträgen. Eine Erhöhung der Pareto-

[123] Vgl. Krümmel (1964), S. 136f.
[124] Vgl. auch Bernet (1996), S. 311.

Effizienz ergibt sich, wenn dem Anbieter *zusätzliche* Deckungsbeiträge zufallen, weil die weniger Finanzkräftigen durch eine günstige Preisstaffel zur Nachfrage angeregt werden, ohne daß den Finanzkräftigeren ein Nachteil entsteht. Dies setzt jedoch voraus, daß sich nicht alle Bankkunden als finanzschwächer ausgeben und die Nachfrage auf die preisgünstigste Variante beschränken. Also ist die inhaltliche Unterscheidung der Leistungsstufen so vorzunehmen, daß preisgünstigere Beratung tatsächlich von weniger vermögenden Kunden, teurere dagegen von finanzstärkeren verlangt wird. Der qualitative Unterschied zwischen dem teuren und dem günstigeren Beratungsangebot muß dann solcher Art sein, daß einerseits Vermögenden durch Zusatzleistungen ein relativ hoher Zusatznutzen entsteht, auf den man ungern verzichtet und den diese Kundengruppe besonders schätzt oder als standesgemäß betrachtet, daß andererseits die weniger finanzstarke Klientel gern auf diese Leistungsbestandteile verzichtet, weil sie deren Zusatznutzen nur gering einschätzt oder überhaupt nicht wahrnimmt und mehr am niedrigen Beratungsentgelt interessiert ist.
Mit Sicherheit lassen sich mit den oben herangezogenen Qualitätsmerkmalen teurerer Beratung - gesamtheitliches Financial Planning (statt Partialberatung), hoher Dokumentationsgrad bzw. Expertisenerstellung sowie hoher Informations- und Integrationsgrad - die Niveaustufen für Beratung in einzelnen Beratungsbereichen in einer Weise unterscheidbar machen, daß vermögendere Kunden von einem höheren Leistungsniveau einen größeren Zusatznutzen erwarten können als weniger finanzkräftige[125]. Um weiter sicherzustellen, daß finanzstarke Kunden auch dann mit höherem Entgelt versehene Beratung nachfragen, wenn zugleich günstigere Leistungen für finanzschwächere angeboten werden, könnte Erstgenannten außerdem eine andere Qualität hinsichtlich Service bzw. Bedienung angeboten werden. So könnten z.B. die oben angeführten Leistungsniveaus III und IV auf der Basis angeboten werden, daß

---

[125] Dies läßt sich damit begründen, daß bei Kunden mit steigendem Einkommen bzw. zunehmendem Vermögen in der Regel eine komplexere Finanzsituation anzutreffen ist, die nicht nur erhöhten Beratungsbedarf induziert, sondern auch erwarten läßt, daß sich die zusätzlichen Potentiale eines höheren Leistungsniveaus (d.h. eben ganzheitliche, Wechselwirkungen aufzeigende Vermögensstrukturberatung, hohes Maß an Dokumentation, Information und Kundenintegration) auch stärker ausschöpfen lassen und höheren Nutzen stiften.

- Beratung nicht im Schalterhallenbereich, sondern ungestört in separaten Räumlichkeiten erfolgt,
- Wartezeiten im Wege der Terminvereinbarung ausgeschlossen werden oder
- Außendienstberatung und Hausbesuch möglich sind.

Wird ein Preissystem mit Teilpreisen und Preisstaffelung wie beschrieben konzipiert, kommuniziert und umgesetzt, so geben Bankkunden mit der Auswahl einer bestimmten Kombination von Teilleistungen auf einer bestimmten Niveaustufe gegenüber dem Kreditinstitut Informationen preis. Mit der Auswahl offenbaren sie Präferenzen für bestimmte Beratungsfelder und Anlageformen, geben Hinweise auf tatsächliche Vermögens- und Einkommensverhältnisse, Serviceanspruch, Risikoeinstellung, Beratungsmotive und -ziele und andere Eigenschaften, über die beim Anbieter zu Beginn der Absatzbeziehung Unsicherheit besteht. Damit kommt dem Preissystem als Institution die Funktion eines **Selbstwahlschemas**[126] zu. Durch die Leistungswahl machen sich Nachfrager bezüglich bestimmter Eigenschaften aus der Sicht des Anbieters diskriminierbar, ordnen sich gleichermaßen selbst einem von anderen Kunden unterscheidbaren Kundentyp, einer Kundengruppe zu. Damit sinken die Transaktionsrisiken bzw. die Risikokosten der Bank, da Diskrepanzen zwischen erwarteten oder bekundeten Verhaltensweisen und Eigenschaften einerseits und tatsächlich vorliegenden andererseits unwahrscheinlicher werden. Eine störungsfreie Anbahnung einer Absatzbeziehung wird wahrscheinlicher, Informations- und Verhandlungskosten bei oder vor einer ersten Beratung sinken.

---

[126] Zum Selbstwahlschema als Instrument der Offenbarung der Nachfrager gegenüber dem Anbieter vgl. Spremann (1990), S. 578f. Mit der Wirkungsweise von Leistungsprofilen als Selbstwahlschemata bei Finanzdienstleistern befaßt sich eingehend Vernin (1996), S. 163-208. Das Selbstwahlschema wird hier allerdings vorrangig als Instrument betrachtet, das Kunden via Selbstselektion diskriminierbar macht, um Absatzbeziehungen von vornherein nur mit gewünschten Kunden anzugehen und nicht mit solchen, die sich später als „schlechte" erweisen, vgl. Vernin (1996), S. 163, 169. Diese Selektionsfunktion ist im konkreten Zusammenhang nur von sekundärer Bedeutung, da davon auszugehen ist, daß allein die Tatsache, daß Beratung überhaupt in Rechnung gestellt wird, bereits die für die Bank uninteressante Klientel aussortiert und nur die Kunden attrahiert, die den Beratungsnutzen zu vergüten bereit sind und für Bindung an das Institut in Frage kommen; vgl. hierzu auch oben S. 193.

Fazit: Ein Preissystem kombinierbarer Beratungsteilleistungen und gestaffelter Beratungspreise stellt bei entsprechender Ausgestaltung ein Instrument zur Reduktion von Nachfragerunsicherheit dar. Aus Anbietersicht eröffnet eine solche Preissetzung Potentiale, die unterschiedliche Preisbereitschaft der Nachfrager flexibler auszuschöpfen und mit Hilfe eines Selbstwahlmechanismus Unsicherheit zu reduzieren bzw. Transaktionskosten zu senken.

5.3.2 Preissetzung in Geschäftsbeziehungen

5.3.2.1 Preisdifferenzierung zur Erhöhung der Kundenbindung: „gute" Preise für „gute" Kunden

Ein Preissystem für Vermögensberatungsleistungen mit Preisspaltung und Preisstaffelung führte im letzten Abschnitt im Ergebnis zu einem Angebot *unterschiedlicher* Leistungsinhalte an verschiedene Käufer bei entsprechend unterschiedlicher, am Verursachungsprinzip orientierter Höhe des Preiszählers. Die spezifischen Vorteile dieser Preissetzung kommen vor allem im Neukundengeschäft zum Tragen, also in der Akquisitionsphase, beim Erstkontakt, bei Einzeltransaktionen und ersten Beratungen. Je länger die Absatzbeziehung jedoch andauert, um so mehr verändert sich die Ausgangssituation. Die Anonymität der Marktpartner, Informationsdefizite und Unsicherheit über die Gegenseite weichen einem wachsenden Maß an Vertrautheit und gegenseitigem Vertrauen in einer zunehmend stabilen Geschäftsbeziehung. Sobald Unsicherheitsreduktion durch diese Institutionen an Bedeutung gewinnt, liegt ein wesentlicher Beitrag einer effizienten Preissetzung zum Gesamterfolg nicht mehr im Abbau von unsicherheitsinduzierten Marktwiderständen, sondern darin, gewonnene Kunden stärker an das Kreditinstitut zu binden und Zusatznutzen aus der Dauerhaftigkeit von Geschäftsbeziehungen zu realisieren.
Dies geschieht, indem Kunden, die in einer anhaltenden, durch eine Transaktionshistorie mit einer Folge von Beratungen gekennzeichneten Absatzbeziehung mit der Bank stehen, Preisvorteile gegenüber anonymen Transaktionskunden gewährt werden. Kundenbindung über den Preis erfolgt also, wie gehabt unter

Meidung von Niedrigpreisstrategien, durch Einsatz des preispolitischen Instruments der **Preisdifferenzierung**: *Gleiche* Leistungen werden verschiedenen Käufern zu unterschiedlichen Preisen angeboten[127]. Eine Preissetzung, die eine Preisdifferenzierung in Abhängigkeit von der Qualität der Geschäftsverbindung vornimmt, wird unter der Bezeichnung *Relationship Pricing* diskutiert[128].

5.3.2.2 Relationship Pricing: Preissetzung nach Kundentreue

5.3.2.2.1 Kundenanspruch und Anforderungen an die Bank

Bankloyalen Kunden bleibt nicht verborgen, daß dem Kreditinstitut aus Rentabilitätsgründen der Erhalt ihrer Geschäftsbeziehung wichtiger ist, als alternative Kooperationen mit Gelegenheitskunden. Deshalb ist die Wertschätzung häufig erkennbar um so stärker, je exklusiver die Geschäftsbeziehung durch den Kunden geführt wird.

Grundsätzlich verfügt der Anbieter in Geschäftsbeziehungen über einen größeren preispolitischen Spielraum, nach unten *und* nach oben[129]. In der Realität müssen gute Kunden jedoch nur in Einzelfällen ungünstigere Konditionen oder zusätzliche Entgelte hinnehmen. **Treue Kunden verlangen** (und erhalten) stattdessen Sonderkonditionen und **Preisnachlässe** unterschiedlicher Form. „Customers ... feel that since they are good and loyal customers they deserve a better deal than some 'stranger' that just happens occasionally to use the bank.“[130] Die Belohnung von Treue werden Privatkunden auch bei der Nachfrage nach aufgewerteter Beratung erwarten.

---

[127] Vgl. etwa Berndt (1995), S. 214, Meffert/Bruhn (1997), S. 410-417, Bernet (1996), S. 287f.

[128] Vgl. Süchting/Paul (1998), S. 682.
Die Frage, ob und wann bei einem offiziellen Relationship Pricing kartellrechtliche Bedenken greifen, wurde nach Kenntnis des Verfassers in diesem Zusammenhang bislang nirgendwo explizit aufgegriffen und bedarf einer eingehenden Untersuchung.

[129] S.o. Abschnitt 4.2.2.2.1, Unterpunkt (1).

[130] Meidan (1996), S. 147.

Unter Käufermarktbedingungen ist im Vermögensberatungsgeschäft demnach bei einer realistischen **Einschätzung der** jeweils vom Partner erwarteten (ihm zufallenden) **Ex-post-Rente** aus der Geschäftsbeziehung[131] zu berücksichtigen, daß

- im Umfang der Ex-Post-Rente des Nachfragers in der Regel günstigere Preise enthalten sind, wobei sich bei höheren erwarteten Vergünstigungen eine (in Phase III) tiefer liegende Kurve der Leistungsuntergrenze (LU) ergibt und daß
- im Umfang der Ex-Post-Rente des Anbieters Preiszugeständnisse enthalten sind, wobei sich in der Erwartung höherer erforderlicher Preisnachlässe eine (in Phase III) tiefer liegende Kurve der Leistungsobergrenze (LO) ergibt.

Die Festlegung des Verteilungsparameters Preis[132] - Bestandteil eines Verteilungsresultats - wird in der Geschäftsbeziehung in der Regel einen positiven Beitrag zum relationalen Nutzen des Kunden liefern, einen negativen hingegen auf der Anbieterseite: Bankkunden gehen Hausbankbeziehungen unter anderem ein, um Preisvorteile zu erlangen. Die Ex-post-Rente der Bank ergibt sich aus anderen Nutzenfaktoren[133]. Allerdings kann der Anbieter insofern auf insgesamt höhere Nachfragebereitschaft bzw. Umsätze hoffen, als Beratungs(-teil-)leistungen in Geschäftsbeziehungen aufgrund des entstandenen Vertrauens mitunter entweder überhaupt erst verlangt oder aber intensiver in Anspruch genommen werden.

Der **Denkansatz einer beziehungsorientierten Preissetzung** unterscheidet sich grundsätzlich vom dem der produktorientierten Preissetzung. Kundenbeziehungen werden nicht mehr etabliert, um den Produktverkauf zu ermöglichen. Vielmehr werden umgekehrt Anlageleistungen zum Mittel, der Aufbau von stabilen Geschäftsbeziehungen zum Zweck. Damit tritt die Sicherstellung der

---

131 Vgl. oben Abschnitt 4.3.2.2.

132 Im Abschnitt 4.3.2.1 wurde die Festlegung der Verteilungsgröße Preis am Beispiel der (Anlage-)Zinskondition betrachtet.

133 Vgl. oben Abschnitte 4.2.2.2.1 und 4.2.2.2.2.

Kostendeckung einzelner Leistungen hinter die Kalkulation einzelner Kundenbeziehungen zurück [134].
Die Kundenkalkulation erfordert eine Präzision, die den periodenbezogenen Deckungsbeitrag einer Geschäftsbeziehung insgesamt nachkalkulierbar macht, dabei zurückliegende Vergünstigungen reflektiert und den Spielraum für künftige Preisnachlässe erkennen läßt. Damit Relationship Pricing nicht in einen Widerspruch zum Prinzip verursachungsgerechter Preissetzung gerät und undifferenzierter Quersubventionierung Vorschub leistet, bedarf es einer Kostenrechnung, die Kostenstrukturen detailliert und transparent darzustellen in der Lage ist.

5.3.2.2.2 Ansatzpunkte und Grundformen der Bevorzugung „guter" Kunden

Je größer der Umfang einer Vergünstigung ist, um so stärker ist die (später in diesem Abschnitt aufzuzeigende) Bindungswirkung dieser Preismaßnahme auf beiden Marktseiten.
Der **Umfang des Preisnachlasses** ergibt sich erstens aus der Länge der Gültigkeitsperiode, zweitens aus der Höhe dieser Vergünstigung und drittens aus dem inhaltlichen Bezug.
Preisnachlässe im Relationship Pricing können sich inhaltlich auf einzelne Beratungsleistungen, im Extremfall auch auf alle Leistungen im Anbietersortiment beziehen. Dabei kann der Preisnachlaß durch Verringerung des Preiszählers jedes einzelnen Teilpreises vorgenommen werden. Eine andere Möglichkeit besteht darin, mehrere Teilleistungen zu einem Leistungsbündel bzw. -paket zusammenzufassen und mit einem Preis zu versehen, dessen Höhe unter der Summe der Teilpreise liegt[135]. Selbst wenn sich die Preissetzung am Verur-

---

[134] Vgl. Bernet (1994), S. 708.
[135] Die ganze Spannbreite denkbarer Variationen des Relationship Pricing liegt zwischen den beiden Extremen des *Retail-Shop-Modells* einerseits (bei dem die Kundenbeziehung überhaupt keine Rolle spielt, und von dem abweichend dann einzelne Teilleistungen günstiger abgegeben werden) und des *Club-Modells* andererseits (bei dem keine einzelne Leistungsnachfrage bepreist wird; stattdessen zahlen gute Kunden einen Beitrag, der mengenunab-

sachungsprinzip orientiert, nimmt die Preistransparenz unter Transaction-Banking-Bedingungen mit jeder *Preisbündelung* ab: Preisvergleiche werden erschwert, die Höhe des vorliegenden Preisnachlasses ist nicht mehr direkt ablesbar und bedarf der Überprüfung, Nachfragerunsicherheit und Informationskosten steigen. In stabilen Geschäftsbeziehungen sind diese Nachteile der Preisbündelung zu relativieren. Aufgebautes Vertrauen reduziert oder beseitigt Unsicherheit und macht Preiskontrollen überflüssig. Vielmehr kann Preisbündelung unter diesen Bedingungen übersichtlicher erscheinen[136].

Relationship Pricing bemißt den Umfang, in dem der Spielraum für preisliche Zugeständnisse auszuschöpfen ist, nach der Bankloyalität.
Die Ausprägungen einzelner Kriterien bankloyalen Verhaltens können im Rahmen eines *Scoring-Modells* skaliert und über das Kriteriengewicht in Punktwerte überführt werden; aus der anschließenden Addition aller Punktwerte ergibt sich ein **Bankloyalitätsindex**[137]. Dessen Wert quantifiziert je nach Auswahl der Kriterien die vergangene, im besseren Fall zusätzlich die zu erwartende Loyalität in Relation zum Maximalwert.

Dem hohen Plausibilitätsanspruch der Ergebnisse solcher Punktbewertungsmodelle stehen Nachteile gegenüber. Mit zunehmender Komplexität mangelt es ihnen an Verständlichkeit und Transparenz gegenüber dem Kunden. Dem Berater ist die Ermittlung des Loyalitätswerts im Kundenkontakt ohne größeren Zeitverzug nicht ohne weiteres möglich.

Zur Feststellung der Kundenloyalität läßt sich damit auch eine Beschränkung auf wenige Kriterien oder nur ein einziges Treuekriterium (**Treueindikator**) begründen, wie dies im Mengengeschäft befürwortet wird[138].
Ohne das Für und Wider unterschiedlicher Ansätze der Loyalitätsmessung[139] zu vertiefen, bedarf es an dieser Stelle zweier Hinweise zur Kriterienauswahl:

---

hängig zur Nachfrage aller Leistungen in einer bestimmten Periode berechtigt), vgl. Bernet (1994), S. 709f., weitere Modellvarianten bei Bernet (1996), S. 263-284.

[136] Vgl. Bernet (1996), S. 273.

[137] Vgl. im Detail Polan (1995), S. 178-181.

[138] Vgl. Swoboda (1996a), S. 103.

1) Die *Dauer der Kundenbeziehung* erscheint als alleiniger Treueindikator und Ansatzpunkt für Preisnachlässe ungeeignet. Die implizite Unterstellung, daß die „ältesten" Kunden immer auch die größten Deckungsbeiträge eingebracht haben, würde sich bei genauerem Hinsehen in vielen Einzelfällen als Irrtum erweisen[140]. Zudem setzt eine preisliche Bevorzugung auf dieser Basis insofern falsche Anreize, als Kunden zur Erhaltung von Mehrfachbankverbindungen motiviert werden, zu Lasten von Exklusivität und Nachfrageintensität in der Hauptbankbeziehung.

2) Die Sicherstellung der Kostendeckung einzelner Kundenbeziehungen erfordert, daß in jedem Fall *die bisherigen Deckungsbeiträge* aus der Kundenbeziehung in das Loyalitätsmaß eingehen. Damit belohnen Preiszugeständnisse indirekt eine höhere Nachfrageintensität nach Beratung und die Exklusivität der Bankverbindung[141].

Die Subventionierung einer Kundenbeziehung durch andere kann im Beratungsgeschäft im Einzelfall unvermeidlich sein, wenn ein Kunde freundschaftliche Beziehungen zu anderen, vermögenden Kunden der Bank unterhält und ein negativer Einfluß des Einzelnen auf die Loyalität der ganzen Gruppe zu befürchten ist, für den Fall, daß ihm nur vergleichsweise geringe Preisnachlässe gewährt werden. Dies kann die *Berücksichtigung des Beziehungsnetzes* des Nachfragers erforderlich machen[142] - zwar nicht unmittelbar bei der Loyalitätsermittlung, so doch im Umfang der endgültigen preislichen Bevorzugung eines Kunden.

---

139 Einen Überblick über Untersuchungen zur Bankloyalität und deren Messung gibt Polan (1995), S. 105.

140 Vgl. Bernet (1994), S. 711.

141 Unter Berücksichtigung der Relevanz des ökonomischen Vorteils aus der *gesamten* Kundenbeziehung erscheint des weiteren sinnvoll, auch Indikatoren künftiger Deckungsbeiträge einzubeziehen. Diese können in soziodemographischen wie auch in Verhaltenskriterien vorliegen (so z.B. Alter, berufliche Stellung bzw. Preisempfindlichkeit, Informationsverhalten). Zur Beurteilung der Eignung einzelner Kriterien vgl. Polan (1995), S. 129 ff.

142 Vgl. Bernet (1994), S. 711.

Hinsichtlich der **Art der Vergünstigung**[143] sind beim Relationship Pricing im wesentlichen Bonus- von Rabattstrategien zu unterscheiden.
Der wesentliche Unterschied besteht darin, daß Boni erst *nach* der Erfüllung zuvor definierter Nachfragekriterien gewährt werden (z.B. nach der Inanspruchnahme einer bestimmten Anzahl von Beratungsleistungen oder nach Anlage bestimmter Volumina), wohingegen Rabatte *vor* Vertragsabschluß festgelegt werden und für eine künftige Periode gewährt werden, unabhängig davon, ob das anschließende Nachfragerverhalten in dieser Periode den Anbietererwartungen im Zeitpunkt der Rabattzusage entspricht oder nicht[144].

Jede Vergünstigung gegenüber einer offiziellen, außerhalb von Geschäftsbeziehung gültigen Preissetzung führt kurzfristig zu einer Erlösminderung.
Wenn die Bank **Rabatte**[145] auf künftige Transaktionen gewährt, *bevor* der Kunde Bankloyalität unter Beweis gestellt hat[146], entsteht Bindung auf beiden Seiten: Die Anbieterbindung nimmt mit jeder Inanspruchnahme rabattierter Leistungen durch den Kunden zu, wobei jede vergünstigte Leistung für sich gesehen eine Investition in die Kundenbeziehung darstellt und das Anbieterrisiko erhöht, da sie nur rentabel ist, wenn das Nachfragerverhalten über die ganze Rabattperiode hinweg letztlich dem Verhalten entspricht, das bei der (für die Dauer dieser Periode in der Regel irreversiblen) Zusage der Vergünstigung erwartet wurde. Die Nachfragerbindung wächst aufgrund höherer erwarteter, in Zukunft realisierbarer Nutzenvorteile bei der Nachfrage günstigerer Leistungen.
Der Preisnachlaß *nach* einer Periode nachweislicher Kundentreue durch Rabattgewährung auf künftige Leistungen bindet Kunden gleichermaßen an die Kooperationsfortführung. Die Anbieterbindung fällt gegenüber der vorzeitigen

---

[143] Rabattpolitik und Preisnachlässe werden weithin unter dem Begriff der Konditionenpolitik diskutiert, die wiederum mit der betrieblichen Preispolitik unter dem Begriff der Kontrahierungspolitik zusammengeführt wird; vgl. etwa Berndt (1995).

[144] Vgl. Bernet (1994), S. 710; darüber hinaus muß der Bonus nicht, wie der Rabatt, in einem *finanziellen* Vorteil bestehen, vgl. dazu und zu Bonusstrategien im weiteren Bernet (1996), S. 298-305.

[145] Zu Rabatten und deren Arten im allgemeinen vgl. etwa Berndt (1995), S. 262-265, Bernet (1996), S. 296-298.

[146] Diese Maßnahme fällt dann noch nicht unter *Relationship* Pricing, sondern soll Kunden zunächst zu gewinnen und zu binden versuchen.

Rabattgewährung geringer aus, da die mit der Investition in die Rabattierung verbundenen Risikokosten gesunken sind: Die kalkulatorischen Kosten aufgrund unsicherer späterer Rückzahlungen aus der Investition fallen geringer aus, da aus loyalem Verhalten in der Vergangenheit mit größerer Wahrscheinlichkeit auf ebensolches Verhalten in der Zukunft zu schließen ist.

Der **Bonus** wird nicht nur ex post gewährt, sondern in diesem Zeitpunkt auch realisiert, indem die Honorierung von Kundentreue durch den Preisnachlaß auf zurückliegende Geschäftsvorfälle definitiv vollzogen wird. Der Kunde, der sich loyal zeigt, damit er rückwirkend einen bestimmten Bonus erhält, reduziert dadurch Verhaltensunsicherheit für Anbieter. Er ordnet sich aus Anbietersicht durch sein Verhalten in eine bestimmte Treuekategorie ein[147]. Der dem Rabatt anhaftende Charakter einer Vorleistung der Bank, deren Rentabilität ganz dem künftigen Verhalten der Nachfragerseite unterworfen ist, geht dem Bonus also vollständig abhanden. Bei genauerer Betrachtung handelt es sich bei der Gewährung von Boni im wesentlichen weniger um spezifische Anbieterinvestitionen in die Geschäftsbeziehung, als um kalkulierbare, risikofrei anzubietende Vorzugspreise, die die Leistungshöhe zurückliegender Verteilungsresultate[148] nachträglich zum Vorteil des Kunden verschieben.

Wenn die damit verbundene Ausweitung der Ex-post-Rente des Kunden aus der Geschäftsbeziehung zu Lasten der Bank ginge, würde der Bonus eine Selbstbeschränkung des Anbieters darstellen. Mit der Annahme strikter Verfolgung des Gewinnmaximierungsziels wäre dies nicht vereinbar. Das Angebot von Bonussystemen wäre demnach nur noch mit der Marktmacht der Nachfragerseite zu erklären, mit der sich ein vergleichsweise großer Anteil am Kuchen der gesamten beziehungsspezifischen Ex-post-Rente eben durchsetzen läßt.
Tatsächlich aber gewähren Anbieter Treuebonus (und Treuerabatt) auch, weil sie sich langfristige Vorteile versprechen, die die Erlösminderung und die technischen Zusatzkosten der Vergünstigung überkompensieren: Die Erwartung

---

[147] Vgl. Bernet (1994), S. 710, zum Prinzip der Selbsteinordnung durch sogenannte Selbstwahlschemata vgl. oben S. 210.
[148] Vgl. oben Abschnitte 4.3.2 und 4.3.3.

von zunehmender Kundenbindung und Förderung des Cross-Selling vergrößert auch die Ex-post-Rente des anbietenden Instituts.

Zusammenfassend gilt: Bei in der Vorperiode bereits nachgewiesener Kundentreue[149] erhöhen Rabatt und Bonus die Kundenbindung in ähnlicher Weise. Rabatte sind spezifische Investitionen in die Geschäftsbeziehung. Sie verstärken nicht nur die Kundenbindung, sondern auch die Bindung des Anbieters, da der Erfolg der Maßnahme vom unsicheren Verhalten des Kunden abhängt. Geringere Anbieterbindung geht vom Bonus aus, da unter Sicherheit über das zu honorierende, zurückliegende Verhalten keine typischen spezifischen Investitionen mit reinem Vorleistungscharakter vorliegen. Bonussyteme eignen sich folglich zur Stabilisierung von Geschäftsbeziehungen eher, wenn die relative Bindung der Kunden im Vergleich zur Bankbindung erhöht werden soll. Rabatte hingegen können geeignet sein, das Bindungsniveau auf beiden Seiten anzuheben oder Bindungsasymmetrien zu verringern, die zu Lasten der Kundenseite bestehen.
Vorausgesetzt wird grundsätzlich, daß der Nachfrager ex ante über die Art des Preisnachlasses informiert ist.

5.4 FAZIT

(1) Vor dem Hintergrund einer qualitativen Aufwertung der Vermögensberatung war der Einfluß grundlegender Entscheidungen bei der Leistungsfindung auf die Unsicherheitsituation der Marktpartner und auf die Entwicklung von Geschäftsbeziehungen zu untersuchen.
Dabei stellte sich zunächst heraus, daß Unsicherheitsreduktion beim Bankkunden im Wege einer Erweiterung des Sortiments an mehrere Bedingungen geknüpft ist: Zusätzlicher Kundennutzen erfordert eine erhöhte Leistungsfähigkeit des Beraters und glaubwürdige Signale der *Skills*. Gleiche Signale sind bezüglich der Leistungsbereitschaft (*Effort*) auszusenden. Hierzu bedarf es zunächst neben leistungsabhängiger Entlohnungsbestandteile der Nivellierung der Er-

[149] Diese Annahme steht für das Vorliegen einer Geschäftsbeziehung.

folgsbeteiligungssätze über alle Anlageinstrumente im Sortiment. Zuverlässiges Signaling, daß das Nutzenpotential der Sortimentserweiterung tatsächlich ausgeschöpft wird, ist letztlich von einem Vergütungssystem abhängig, das höhere Erfolgsprämien für Folgetransaktionen gegenüber Ersttransaktionen gewährt, wodurch auch das Anbieterinteresse an langfristigen Kundenbeziehungen angezeigt wird. Die Aufnahme institutsfremder Leistungen reduziert Anlegerunsicherheit nur, wenn sie zu einer echten Erweiterung des Alternativenraums führt (ad 5.2.1).

(2) Die inhaltliche Aufwertung muß sich an der Stiftung von Kundennutzen orientieren. Dabei weist die Richtung weg vom produktorientierten Vertrieb (auch Allfinanz) und hin zum ganzheitlichen Beratungsansatz (Vermögensstrukturberatung).
Die Entscheidung über Standardisierung und Individualisierung erfordert eine Kombination beider Faktoren, da mit ihnen jeweils spezifische Aufgaben und Nutzenvorteile verbunden sind. Standardisierung und Marktstandards bewirken vielfältige Unsicherheitsreduktion. Erkennbar höhere Beratungsqualität macht mehr Individualität bzw. Integrativität der Beratung notwendig, wodurch verstärkt Unsicherheit und Bindung auf der Anbieterseite entstehen.
Unter Unsicherheits- und Qualitätsaspekten erweist sich produktunabhängige gegenüber produktabhängiger Beratung für Nachfrager als deutlich attraktiver, wobei produktneutrale Empfehlungen tendenziell ein Abnehmen der Bindung auf der Kundenseite bewirken. Mit den einer künftigen *Berater*bank gebotenen Entscheidungen für stärkere Individualisierung und produktunabhängige Beratung begibt sich das Kreditinstitut damit in eine Situation verstärkter Abhängigkeit aufgrund höherer Anbieterbindung, wobei bereits beim Status quo der Vermögensberatung in Filialbanken gerade bei Beziehungsbeginn von asymmetrischen Bindungsverhältnissen zu Lasten des Anbieters auszugehen ist. Als Problemlösung drängt sich das Anbieten von Beratung als eigenständige und vor allem entgeltliche Marktleistung unmittelbar auf (ad 5.2.2).

(3) Die separate Preissetzung von Beratungsleistungen erscheint nicht nur zur Angleichung der Bindungsverhältnisse geboten, auch die Erwartung einer stabileren, weniger zinsabhängigen Ertragsentwicklung und allgemeine Wirtschaft-

lichkeitsüberlegungen sprechen dafür, eine marktfähige Leistung zu bepreisen. Darüber hinaus eignet sich eine unentgeltlich angebotene Beratung gerade nicht dazu, hohe bzw. höhere Qualität zu signalisieren; vielmehr zieht der Anbieter damit in der Mehrzahl gerade die stark preisorientierte Klientel an, die eher geringe Bindungsbereitschaft auszeichnet. Schließlich erhöhen Ausgleichspreise und Quersubventionierung die Nachfragerunsicherheit und erschweren den Aufbau von Geschäftsbeziehungen (ad 5.3.1.1).

(4) Die Einführung von Beratungshonoraren beim Status quo produktabhängiger Beratung hätte wenig Erfolgschancen. Um Unsicherheit weitestgehend zu reduzieren, ist bei der Preissetzung produkt*un*abhängiger Beratung als Preisbezugsbasis der mengenmäßige Umfang nachgefragter Teilleistungen heranzuziehen (gegebenenfalls in Kombination mit der Beratungszeit). Die Preissetzung einzelner, kombinierbarer Teilleistungen erfolgt durch Preisspaltung und bzw. oder Preisstaffelung, wobei ein bezüglich der Nachfragerunsicherheit optimaler Grad an Differenziertheit der Preissetzung nur unter Berücksichtigung gegenläufiger informatorischer Effekte zu erreichen ist.
Differenzierte Teilpreise für Teilleistungen stellen der Bank höhere Deckungsbeiträge aus Beratung insgesamt in Aussicht und sind über einen Selbstwahlmechanismus in der Lage, Anbieterunsicherheit abzubauen (ad 5.3.1.2 und 5.3.1.3).

(5) In bestehenden Geschäftsbeziehungen können „gute" Bankkunden erfahrungsgemäß Preisvorteile durchsetzen. Preisdifferenzierung nach Bankloyalität (Relationship Pricing) rückt aus Banksicht die einzelne Kundenbeziehung und deren Rentabilität in den Mittelpunkt, womit erhöhte Anforderungen an das interne Rechnungswesen verbunden sind. Der Umfang der preislichen Bevorzugung kann sich an einem vergleichsweise komplexen Bankloyalitätsindex oder an einem einzelnen Treueindikator orientieren, wobei die Dauer der Beziehung als alleiniges Kriterium untauglich ist und Deckungsbeiträge aus der Geschäftsbeziehung in jedem Fall einzubeziehen sind; gegebenenfalls ist auch das Beziehungsnetz des Kunden zu berücksichtigen.
Die Grundformen von Preisnachlässen sind Rabatt und Bonus, beide bewirken Kundenbindung. Aufgrund des reinen Vorleistungscharakters stellen Rabatte

Investitionen in die Geschäftsbeziehungen dar und verstärken die Bindung auch auf der Anbieterseite. Hingegen geht von Bonussystemen relativ wenig Anbieterbindung aus. Entsprechend sind beide Instrumente flexibel zur Steuerung der Bindungsverhältnisse und Stabilisierung von Geschäftsbeziehungen einzusetzen (ad 5.3.2).

6. SCHLUSSZUSAMMENFASSUNG

Banken und Kunden gehen heute davon aus, daß der stationäre Vertriebsweg über Filialen auch in Zukunft Bestand haben wird, unter dem Konkurrenzdruck neuer Anbieter und neuer Wege zum Nachfrager allerdings in veränderter Form und mit eingeschränkter Geschäftsstellenanzahl.

Im Vermögensanlagegeschäft liegt der zentrale Zugang zum Privatkundenmarkt. Die Existenz des filialen Vertriebs der Universalbanken ist unter zunehmendem Qualitäts- und Kostendruck nur zu sichern, wenn dem Präferenzfaktor persönlicher Bedienung mit attraktiven, nutzenstarken Bankleistungen entsprochen wird.

Vermögensanlageentscheidungen stehen bei Privatkunden in vielen Fällen in direktem oder indirektem Zusammenhang mit der Sicherung des Lebensstandards in der Zukunft. Daher ist davon auszugehen, daß jede Form von Unsicherheit bzw. Risiko Vermögensanlagetransaktionen empfindlicher zu stören vermag als die meisten anderen Transaktionen auf anderen Märkten. Attraktivität und Nutzenstärke von Anlageleistungen lassen sich demnach in besonderem Maße durch gezielte Reduktion von Transaktionsunsicherheit erhöhen.

Die Bewertung nicht beeinflußbarer Umweltunsicherheit hängt von der individuellen Risikoeinstellung des Kunden ab: Höhere Risiken gehen in der Regel mit höheren Chancen einher. Endogene Unsicherheit aus der Bank-Kunde-Beziehung selbst stört hingegen jeden Nachfrager (und auch den Anbieter), je nach Wahrnehmung den einen mehr und den anderen weniger. Beziehungsendogene Unsicherheit kann durch die Bank (und auch den Kunden) beeinflußt werden. Die Reduktion endogener Unsicherheit verspricht im Vermögensberatungsgeschäft also, Ansatzpunkt für eine gezielte und wirksame Verbesserung der Konkurrenzfähigkeit zu sein.

Von diesen Punkten ausgehend wurden die wesentlichen Fragestellungen der Arbeit angegangen[1]. Vorgehen und Ergebnisse sollen an dieser Stelle nur grob pointiert wiedergegeben werden. Im einzelnen wird auf die abschließenden Fazits der Kapitel zwei bis fünf verwiesen.

---

[1] Vgl. oben S. 9.

Die Betrachtung des Vermögensanlagegeschäfts als Gegenstand der Bank-Anleger-Beziehung ließ erkennen, daß die Kombination bestimmter Eigenschaften der Bankleistung im allgemeinen den Kunden dazu veranlassen, solche Leistungen als erklärungsbedürftig und vertrauensempfindlich einzuschätzen. Damit verbundene Marktwiderstände entstehen aus der Unsicherheit

- über die Erfüllung von Leistungs*versprechen* des Anbieters,
- über die vergleichsweise schwer zu beurteilende Leistungsqualität und
- im anlagespezifischen Zusammenhang über die vorliegende Entscheidungssituation im Ganzen, die sich als komplex erweist, insbesondere hinsichtlich einer unüberschaubaren Vielfalt von Anlageinstrumenten.

Die Identifizierung von konfliktären Zielen von Bank und Nachfrager zeigte am Ende des zweiten Kapitels, daß beziehungsendogene Unsicherheit vor allem auf der Nachfragerseite besteht. Sie beruht letztlich darauf, daß Anleger sich dem Risiko ausgesetzt sehen, Interessenskonflikte könnten offen oder versteckt zum eigenen Nachteil und zum Vorteil der besser informierten Anbieter ausgetragen werden. Dabei ist Qualitäts- von Verhaltensunsicherheit zu unterscheiden.

Im dritten Kapitel wurde eine differenzierte Analyse und Aufbereitung dieser Kategorien von Unsicherheit im Bank-Kunde-Verhältnis vorgenommen. Dabei wurden Begriffswelt und Instrumentarium der Informationsökonomik entlehnt und auf die spezifische Bank(-berater)-Kunde-Situation übertragen. Den theoretischen Rahmen mit gegenüber der Neoklassik entscheidend veränderter Prämissensetzung bildete die Institutionenökonomik. Vorgehen und Erkenntnisse aus diesem Teil der Arbeit stellen sich verkürzt wie folgt dar:
Unter Zurkenntnisnahme, daß im Rahmen der Prinzipal-Agent-Beziehung zwischen Bank und Kunde zur Unsicherheitsreduktion Transaktionskosten anfallen, wird zunächst Marketing insgesamt zur Institution, zum Instrument der Unsicherheitsreduktion. Unsicherheitsreduktion selbst wird zum Ansatzpunkt zur Erzielung relativer Wettbewerbsvorteile. Universalbanken mit Filialvertrieb bietet sich gegenüber der relevanten Konkurrenz zusätzliches Profilierungs- und Erfolgspotential, wenn Unsicherheitsreduktion konkret in die obligatorische Strategie der Differenzierung durch Qualität bzw. Einmaligkeit aufgenommen wird.

Angesichts vielschichtiger Potentiale beziehungsendogener Unsicherheit - ausgehend von einer asymmetrischen, zumeist den Nachfrager benachteiligenden Informationslage - sowie vergleichsweise großer leistungsbedingter Informations- und Unsicherheitsprobleme der ohnehin vertrauensempfindlichen Anlageleistung entscheiden die Akteure über den Regelungsgrad des Absatzverhältnisses. Im Verhältnis zum beträchtlichen Störpotential, das von Unsicherheit auf Anlagetransaktionen ausgehen kann, werden Bank-Kunde-Beziehungen realiter überwiegend mit relativ wenig expliziten Regeln, dafür mit vielen impliziten Vereinbarungen und Verhaltensannahmen geführt. Bei genauerer Betrachtung der Transaktionsmerkmale, die die Transaktionskostenhöhe determinieren, verfestigt sich die Vermutung, daß die Koordination durch ein solches relationales Vertragsverhältnis im Vermögensanlagegeschäft für beide Marktseiten effizient ist.
Universalbanken sind aus verschiedenen Gründen an langfristiger Kundenbindung interessiert. Da Privatkunden zur Unsicherheitsreduktion stark auf sogenannte leistungsübergreifende Substitutinformationen angewiesen sind, entwikkelt sich in der Realität in vielen Fällen ein bestimmtes übergeordnetes Kooperationsdesign, das diese Informationen am umfassendsten liefert: die langfristige, stabile Geschäftsbeziehungen.

Der tatsächliche Vorteil der Geschäftsbeziehung als Rahmeninstitution der Bank-Anleger-Beziehung ist quantitativ nicht feststellbar. Immerhin war es aber möglich, im Kapitel vier zunächst den spezifischen Zusatznutzen relationaler Vertragsverhältnisse gegenüber isolierten Einzeltransaktionen aus Kunden- und Anbietersicht herauszuarbeiten. Das größte Gewicht dürften Bankkunden der vielfältigen Reduktion endogener Unsicherheit beimessen. Auf der Bankseite ist dies einer von mehreren Nutzenaspekten, die sich direkt oder indirekt in einer Ergebnisverbesserung niederschlagen. Die Erhaltung und noch mehr der Aufbau von Geschäftsbeziehungen verlangen von beiden Seiten auch Investitionen. Die damit verbundenen negativen Ergebnisbeiträge sind durch das Ausschöpfen der Vielzahl an dargelegten relationalen Nutzenquellen bei fortgesetzter Kooperation offensichtlich zunehmend leicht wettzumachen und in lohnende Investitionen umzumünzen.

Geschäftsbeziehungen haben Bestand, wenn sie über Stabilität verfügen. Diese wiederum ist eine Folge wechselseitiger Bindung der Kooperationspartner. Aufbauend auf einer bekannten Form der Darstellung von Quasi-Renten wurde im weiteren ein Modell entwickelt, das die Entwicklung von Bindung zwischen den Akteuren im Zeitverlauf abzubilden vermag. In diesem Modell wurde veranschaulicht, daß Bindungen um so zuverlässiger auf Stabilität hinwirken, je symmetrischer sie erfolgen. Zu Stabilitätsschwankungen kommt es, wenn eine Seite den aus der Bindung der anderen Seite entstehenden Verhaltensspielraum über die Erwartungen des Gegenübers hinaus zu nutzen oder auszunutzen sucht. Für die weniger stark gebundene Seite werden Spielraum und Anreiz für opportunistisches Verhalten (durch sogenannte extrem einseitige Verteilungsakte) mit zunehmender Asymmetrie der Bindung größer, die Beziehungsstabilität nimmt gleichermaßen ab.

Auf der Basis stilisierter Verhaltensempfehlungen kann das Modell Beratern dabei eine Hilfestellung sein, Geschäftsbeziehungen im Wege höherer Transparenz zu steuern und über stabilere Kundenbeziehungen den Gesamterfolg des Kreditinstituts zu erhöhen.

Kundenorientierung, das Signalisieren von Qualität und Nutzenzuwachs, positive Erfahrungswerte und Zufriedenheit, schließlich Vertrauen und Reputation sind einerseits Voraussetzungen entstehender, andererseits Komponenten bestehender stabiler Geschäftsbeziehungen.

Institutionenökonomische Beiträge beschäftigen sich bislang mit Unsicherheits- und Informationsproblemen fast ausnahmslos im Zusammenhang mit der Leistungs*begründung* des Anbieters gegenüber dem Nachfrager. Die Unsicherheitssituation von Marktpartnern entsteht jedoch nicht erst im Zusammenhang mit Absatzanstrengungen des Anbieters und wird auch nicht nur von der Art und Weise der Entwicklung einer Absatzbeziehung beeinflußt. Stattdessen wird die Unsicherheitssituation immer bereits durch vorgeschaltete Anbieterentscheidungen über das Leistungsangebot mit geprägt. Um diesem Sachverhalt bewußt Rechnung zu tragen, wurden im fünften Kapitel ohne Vollständigkeitsanspruch einige wesentliche Fragestellungen der Leistungs*findung* im konkreten Kontext aufgegriffen.

Attraktivere Vermögensberatungsleistungen zeichnen sich demnach vor allem durch einen ganzheitlichen Beratungsansatz, produktunabhängige Empfehlungen und ein sinnvolles Zusammenwirken von individueller und standardisierter Leistungserstellung aus, während sich hohe Leistungsvielfalt nur bedingt als Kundenvorteil vermitteln läßt. Unsicherheitsreduktion, Entwicklungsfähigkeit von Geschäftsbeziehungen und Wirtschaftlichkeitsgründe verlangen insbesondere, daß qualitativ hochwertige Beratung als eigenständige Marktleistung bepreist wird. Die spezifische Ausgestaltung der Preissetzung kann, wie sich zeigte, zum Abbau von Unsicherheit bzw. zur Steuerung von Geschäftsbeziehungen beitragen. Dabei erweisen sich z.B. Bonus- und Rabattsysteme als Preismaßnahmen, die Bindung und Beziehungsstabilität unterschiedlich beeinflussen.

Banken mit filialen Vertriebstrukturen sind permanent auf der Suche nach neuen Entwicklungsperspektiven. Teure Geschäftsstellen können in Zukunft wieder zum Verkaufspunkt für ertragreichere Geschäfte werden, wenn es gelingt, das große Kundensegment mittlerer Finanzkraft, das sich bislang weitgehend mit undifferenzierten Massenprodukten abzufinden hat, als Nachfrager von qualitativ besseren und damit attraktiveren Dienstleistungen zu gewinnen und stärker zu binden.

In der vorliegenden Arbeit wurde das theoretische Fundament eines Unsicherheitsmanagements gelegt, auf dem sich ein wirklicher Wandel traditioneller Universalbanken zur Beratungs- und Betreuungsbank für breite Bevölkerungsschichten vollziehen kann. In diesem Wandel liegt für Banken mit filialer Vertriebsstruktur nicht nur die Chance dauerhafter Wettbewerbsvorteile gegenüber jüngerer Konkurrenz, die ihrerseits Fixkostenvorteile in Niedrigpreise bei Standardleistungen umzusetzen vermag. In der Steigerung von Dienstleistungserträgen aus Beratungsleistungen bietet sich auch ein Ausweg aus der latenten Zinsabhängigkeit, die seit Jahren aufgrund sinkender Zinsmargen immer bedrohlicher wird.

Literaturverzeichnis

Adler, Jost (1996): Informationsökonomische Fundierung von Austauschprozessen: eine nachfragerorientierte Analyse.

Akerlof, George A. (1970): The Market for Lemons: Quality Uncertainty and the Market Mechanism, in: Quarterly Journal of Economics, vol. 84, S. 488-500.

Albach, Horst (1980): Vertrauen in der ökonomischen Theorie, in: Zeitschrift für die gesamte Staatswissenschaft, 136. Jg., S. 2-11.

Alchian, Armen A./Woodward, Susan (1988): The Firm Is Dead; Long Live the Firm. A Review of Oliver E. Williamson's *The Economic Institutions of Capitalism*, in: Journal of Economic Literature, vol. 26, S. 65-79.

Amely, Tobias (1994): Beratungsintensive Dienstleistungen als Wachstumsfeld, in: Sparkasse, 111. Jg., S. 481-485.

Arrow, Kenneth J. (1964): The Role of Securities in the Optimal Allocation of Risk-Bearing, in: Review of Economic Studies 31 (1964), S. 91-96.

Arrow, Kenneth J. (1985): The Economics of Agency, in: Principals and Agents: The Structure of Business, hrsg. v. John W. Pratt u. Richard J. Zeckhauser, S. 37-51.

Baldus, Michael (1998): Qualifizierte Beratung gewinnt weiter an Bedeutung, in: Bankinformation, Heft 2/1998, S. 3-5.

Baltensperger, Ernst/Milde, Hellmuth (1987): Theorie des Bankverhaltens.

Bamberg, Günter/Coenenberg, Adolf Gerhard (1996): Betriebswirtschaftliche Entscheidungslehre, 9. Aufl.

Bauernfeind, Ulf (1997): Bankfiliale in Kundengunst vorn. IBI-Umfrage im Auftrag der IZB-Soft GmbH&Co.KG zu Vertriebswegen der Zukunft, in: Deutsche Sparkassenzeitung vom 10.6.1997/60. Jg., S. 5.

Bea, Franz Xaver/Scheurer, Steffen (1997): Kundenorientierung als Wettbewerbsvorteil. Tübinger Diskussionsbeitrag Nr. 93, Wirtschaftswissenschaftliches Seminar der Eberhard-Karls-Universität Tübingen.

Becker, Ulrich/Schade, Christian (1995): Betriebsformen der Unternehmensberatung. Eine Erklärung auf der Basis der Netzwerktheorie und der Neuen Institutionenlehre, in: Zeitschrift für betriebswirtschaftliche Forschung, 47. Jg., S. 327-354.

Becker, Hans Paul (1997): Bankbetriebslehre, 3. Aufl.

Becker, Hans Paul/Herges, Pia/Steitz, Marcus (1991): Was erwarten Kunden von der Bank?, in: bank und markt, Heft 2/1991, S. 23-25.

Benkenstein, Martin/Güthoff, Judith (1996): Typologisierung von Dienstleistungen. Ein Ansatz auf der Grundlage system- und käuferverhaltenstheoretischer Überlegungen, in: Zeitschrift für Betriebswirtschaft, 66. Jg., S. 1493-1510.

Benston, George J./Smith, Clifford W. (1976): A Transactions Costs Approach to the Theory of Financial Intermediation, in: Journal of Finance, vol. 31, S. 215-231.

Berndt, Ralph (1995): Marketing, Band 2: Marketing-Politik, 3. Aufl.

Bernet, Beat (1994): Relationship Pricing, in: Die Bank, Heft 12/1994, S. 708-712.

Bernet, Beat (1996): Bankbetriebliche Preispolitik.

Betsch, Oskar (1997): Retention-Marketing im Retail Banking, in: Visionen im Bankmanagement, hrsg. v. Steffen Hörter und Andreas Wagner, S. 291-306.

Bicker, Lyn (1996): Private Banking in Europe.

Bitz, Michael (1995): Finanzdienstleistungen, 2. Aufl.

Boehm-Bezing, Carl L. v. (1995): Erfolgsfaktoren im Wettbewerb um den vermögenden Privatkunden, in: Handbuch für Anlageberatung und Vermögensverwaltung, hrsg. v. Jörg-E. Cramer und Bernd Rudolph, S. 45-56.

Bogaschewsky, Ronald (1995): Vertikale Kooperationen - Erklärungsansätze der Transaktionskostentheorie und des Beziehungsmarketing, in: Kontrakte, Geschäftsbeziehungen, Netzwerke: Marketing und Neue Institutionenökonomik (Zeitschrift für betriebswirtschaftliche Forschung, Sonderheft 35), hrsg. v. Klaus Peter Kaas, S. 159-177.

Brinkmann, Thomas/Peill, Eberhard (1996): Kundenbindung durch Servicegarantien, in: Die Bank, Heft 5/1996, S. 284-287.

Bruhn, Manfred (1997): Messung und Sicherstellung der Dienstleistungsqualität im Kreditgewerbe. Ansatzpunkte eines umfassenden Qualitätsmanagements im Finanzdienstleistungssektor, in: Kredit und Kapital, 30. Jg., S. 412-444 (Teil I) u. 605-629 (Teil II).

Brunner, Wolfgang L. (1993a): Die Güte der Kundenberatung als Wettbewerbsfaktor, in: Handbuch Finanzdienstleistungen, hrsg. v. Wolfgang L. Brunner u. Johann Vollath, S. 751-768.

Brunner, Wolfgang L. (1993b): Beratungsqualität ist Schlüsselfaktor im Total Quality Management, in: Die Bank, Heft 8/1993, S. 447-452.

Bühler, Wilhelm (1996): Kundenbindung oder Kunden-Neugewinnung?, in: Bankinformation, Heft 11/1996, S. 20-21.

Büschgen, Hans E. (1993): Bankbetriebslehre: Bankgeschäfte und Bankmanagement, 4. Aufl.

Büschgen, Hans E. (1998): Bankbetriebslehre: Bankgeschäfte und Bankmanagement, 5. Aufl.

Coase, Ronald H. (1937): The Nature of the Firm, in: Economica, vol. 4, S. 386-405.

Corsten, Hans (1988): Betriebswirtschaftslehre der Dienstleistungsunternehmungen.

Corsten, Hans (1997): Dienstleistungsmanagement, 3. Aufl. von *Betriebswirtschaftslehre der Dienstleistungsunternehmungen.*

Cramer, Jörg-E. (1991): Die Marktforschung als Basis für den Einsatz des Marketing-Mix, in: Handbuch des Bankmarketing, hrsg. v. Joachim Süchting und Eckart van Hooven, 2. Aufl., S. 119-132.

Cramer, Jörg-E. (1995): Anforderungen an eine professionelle Anlageberatung und Vermögensverwaltung, in: Handbuch für Anlageberatung und Vermögensverwaltung, hrsg. v. Jörg-E. Cramer und Bernd Rudolph, S. 3-24.

Cukrowicz, Rainer v. (1993): Die Immobilie im Allfinanzkonzept einer Universalbank, in: Handbuch Finanzdienstleistungen, hrsg. v. Wolfgang L. Brunner u. Johann Vollath, S. 487-498.

Darby, Michael R./Karni, Edi (1973): Free Competition and the Optimal Amount of Fraud, in: Journal of Law and Economics, vol. 16, S. 67-88.

Debreu, Gerard (1959): Theory of Value (deutsche Übersetzung: Werttheorie, 1976).

Deutsche Bundesbank (1998): Monatsberichte der Deutschen Bundesbank, Heft Mai 1998.

Diller, Hermann (1997): Preis-Management im Zeichen des Beziehungsmarketing, in: Die Betriebswirtschaft, 57. Jg., S. 749-763.

Diller, Hermann/Kusterer, Marion (1988): Beziehungsmanagement. Theoretische Grundlagen und explorative Befunde, in: Marketing - Zeitschrift für Forschung und Praxis, Heft 3/1988, S. 211-220.

Drewes, Winfried (1992): Qualitätsmanagement in Kreditinstituten, in: Zeitschrift für Betriebswirtschaft, 62. Jg., S. 937-956.

Elschen, Rainer (1991): Gegenstand und Anwendungsmöglichkeiten der Agency-Theorie, in: Zeitschrift für betriebswirtschaftliche Forschung, 43. Jg., S. 1002-1011.

Engelhardt, Werner H./Freiling, Jörg (1997): Methoden der Kundenbindung, in: Bankinformation, Heft 9/1997, S. 2-8.

Engelhardt, Werner H./Kleinaltenkamp, Michael/Reckenfelderbäumer, Martin (1993): Leistungsbündel als Absatzobjekte, in: Zeitschrift für betriebswirtschaftliche Forschung, 45. Jg., S. 395-426.

Epple, Manfred H. (1996): Marketingerfordernisse durch veränderte Kundenmentalitäten, in: Bankinformation, Heft 11/1996, S. 14-18.

Farny, Dieter (1991): Allfinanz - Das betriebswirtschaftliche Konzept, in: Allfinanz - Strukturwandel an den Märkten für Finanzdienstleistungen, hrsg. v. Hans-Jacob Krümmel et al. (Beiheft 11 zu Kredit und Kapital), S. 161-176.

Fischer, Marc (1994): Die Theorie der Transaktionskosten, in: Wirtschaftswissenschaftliches Studium, 11/1994, S. 582-584.

Fischer, Marc (1995): Agency-Theorie, in: Wirtschaftswissenschaftliches Studium, 6/1995, S. 320-322.

Fischer, Marc et al. (1993): Marketing und neuere ökonomische Theorie: Ansätze zu einer Systematisierung, in: Betriebswirtschaftliche Forschung und Praxis, 45. Jg., S. 444-470.

Föhr, Silvia (1993): Aktive Qualitätspolitik von Unternehmen als Investitionsproblem, in: Zeitschrift für betriebswirtschaftliche Forschung, 45. Jg., S. 107-122.

Frohne, Herbert (1996): Service - ein bedeutender Wettbewerbsfaktor, in: Börsen-Zeitung vom 9.11.1996, Sonderbeilage *Investmentfonds*, S. 16.

Geffroy, Edgar K. (1997): Clienting - Beziehungsnetzwerke mit Kunden - wichtiger denn je!, in: Bankinformation, Heft 9/1997, S. 9-11.

Geitner, Dirk (1989): Finanzdienstleistungen in Deutschland, in: Versicherungswirtschaft, Heft 9/1989.

Gröschel, Ulrich (1993): Hausbankprinzip, Struktur des Bankensystems und Marktstabilität, in: Sparkasse, 110. Jg., S. 510-513.

Grossman, Sanford J./Hart, Oliver D. (1983): An Analysis of the Principal-Agent Problem, in: Econometrica, vol. 51, S. 7-45.

Güde, Udo (1995): Geschäftspolitik der Sparkassen: Grundlagen und aktuelle Probleme, 6. Aufl.

Güthoff, Judith (1995): Qualität komplexer Dienstleistungen: Konzeption und empirische Analyse der Wahrnehmungsdimensionen.

Gutenberg, Erich (1969): Grundlagen der Betriebswirtschaftslehre, Band 1: Die Produktion, 15. Aufl.

Gutenberg, Erich (1984): Grundlagen der Betriebswirtschaftslehre, Band 2: Der Absatz, 17. Aufl.

Haak, Werner (1982): Produktion in Banken.

Hartmann-Wendels, Thomas (1989): Principal-Agent-Theorie und asymmetrische Informationsverteilung, in: Zeitschrift für Betriebswirtschaft, 59. Jg., S. 714-734.

Hein, Manfred (1993): Einführung in die Bankbetriebslehre, 2. Aufl.

Heinsius, Theodor (1994): Pflichten und Haftung der Kreditinstitute bei der Anlageberatung, in: Zeitschrift für Bankrecht und Bankwirtschaft, Heft 1/1994, S. 47-57.

Heitmüller, Hans-Michael (1997): Marktstrategie und Kundenbindung im Zeitalter der Globalisierung, in: Sparkasse, 114. Jg., S. 457-464.

Hellwig, Martin (1989): Asymmetric Information, Financial Markets and Financial Institutions. Where Are We Currently Going?, in: European Economic Review, vol. 33, S. 277-285.

Hermanns, Wolfgang (1995): Gewinnmanagement bei Sparkassen, 2. Aufl.

Heskett, James L. et al. (1994): Putting the Service-Profit Chain to Work, in: Harvard Business Review, S. 164-174.

Holler, Manfred J./Illing, Gerhard (1996): Einführung in die Spieltheorie, 3. Aufl.

Jacob, Frank (1995): Produktindividualisierung. Ein Ansatz zur innovativen Leistungsgestaltung im Business-to-Business-Bereich.

Jacobi, Jens-Martin (1996): Qualität im Wandel. Qualitätsmanagement als Führungs- und CI-Konzept.

Jakfeld, Jürgen (1997): Die Herausforderung durch die Direktbanken, in: Sparkasse, 114. Jg., S. 177-179.

Jensen, Michael C./Meckling, William H. (1976): Theory of the Firm: Managerial Behavior, Agency Costs and Ownership Structure, in: Journal of Financial Economics, vol. 3, S. 305-360.

Jütten, Herbert (1995): Anlageberatung wird neu geordnet, in: Die Bank, Heft 4/1995, S. 221-225.

Kaas, Klaus Peter (1990): Marketing als Bewältigung von Informations- und Unsicherheitsproblemen im Markt, in: Die Betriebswirtschaft, 50. Jg., S. 539-548.

Kaas, Klaus Peter (1991): Marktinformationen: Screening und Signaling unter Partnern und Rivalen, in: Zeitschrift für Betriebswirtschaft, 61. Jg., S. 357-370.

Kaas, Klaus Peter (1992): Kontraktgütermarketing als Kooperation zwischen Prinzipalen und Agenten, in: Zeitschrift für betriebswirtschaftliche Forschung, 44. Jg., S. 884-901.

Kaas, Klaus Peter (1995a): Marketing und Neue Institutionenökonomik, in: Kontrakte, Geschäftsbeziehungen, Netzwerke: Marketing und Neue Institutionenökonomik (Zeitschrift für betriebswirtschaftliche Forschung, Sonderheft 35), hrsg. v. Klaus Peter Kaas, S. 1-17.

Kaas, Klaus Peter (1995b): Marketing zwischen Markt und Hierarchie, in: Kontrakte, Geschäftsbeziehungen, Netzwerke: Marketing und Neue Institutionenökonomik (Zeitschrift für betriebswirtschaftliche Forschung, Sonderheft 35), hrsg. v. Klaus Peter Kaas, S. 19-42.

Kaulvers, Stephan-A. (1992): Personalfreistellung durch Selbstbedienung zur Intensivierung des persönlichen Verkaufs in Banken: Chancen und Probleme bei verschiedenen Marktsegmenten und Organisationsformen.

Kern, Marlies (1995): Portfolio-Management: Anlegerziele und Anlagestrategien, in: Handbuch Finanzdienstleistungen, hrsg. v. Wolfgang L. Brunner u. Johann Vollath, S. 115-130.

Klein, Benjamin/Leffler, Keith B. (1981): The Role of Market Forces in Assuring Contractual Performance, in: Journal of Political Economy, vol. 89, S. 615-641.

Kleinaltenkamp, Michael/Marra, Andreas (1995): Institutionenökonomische Aspekte der Customer Integration, in: Kontrakte, Geschäftsbeziehungen, Netzwerke: Marketing und Neue Institutionenökonomik (Zeitschrift für betriebswirtschaftliche Forschung, Sonderheft 35), hrsg. v. Klaus Peter Kaas, S. 101-117.

Kleinaltenkamp, Michael (1995): Standardisierung und Individualisierung, in: Handwörterbuch des Marketing, hrsg. v. Bruno Tietz, Richard Köhler und Joachim Zentes, 2. Aufl., Sp. 2354-2364.

Kleinaltenkamp, Michael (1997): Kundenintegration, in: Wirtschaftswissenschaftliches Studium, 7/1997, S. 350-354.

Klingsporn, Bert (1996): So erkennen Sie den stillen Bankwechsel, in: Bank Magazin, Heft 1/1996, S. 38-40.

Klische, Anke (1995): Banken und Information: der Entwurf eines marktwirtschaftlichen Bankenordnungsrahmens.

Klöppelt, Henning (1996): International Private Banking - ein Markt für Anspruchsvolle, in: Die Bank, Heft 4/1996, S. 201-207.

Knauber, Nicole et al. (1997): Kundenorientierung durch Marktsegmentierung, in: Die Bank, Heft 5/1997, S. 300-304.

Kölsch, Martin (1995): Vermögensverwaltung mit Investmentfonds, in: Handbuch für Anlageberatung und Vermögensverwaltung, hrsg. v. Jörg-E. Cramer und Bernd Rudolph, S. 713-726.

Kolbeck, Rosemarie (1995): Universalbankensystem, in: Handwörterbuch des Bank- und Finanzwesens, hrsg. v. Wolfgang Gerke u. Manfred Steiner, 2. Aufl., Sp. 1858-1867.

Köllhofer, Dietrich (1991): Preispolitik im Zahlungsverkehr, in: Handbuch des Bankmarketing, hrsg. v. Joachim Süchting und Eckart van Hooven, 2. Aufl., S. 171-188.

Kreps, David (1990): A Course in Microeconomic Theory.

Krümmel, Hans-Jacob (1964): Bankzinsen. Untersuchungen über die Preispolitik von Universalbanken.

Krümmel, Hans-Jacob (1991): Allfinanz und die sortimentspolitischen Grundlagen des Privatkundengeschäfts, in: Allfinanz - Strukturwandel an den Märkten für Finanzdienstleistungen, hrsg. v. Hans-Jacob Krümmel et al. (Beiheft 11 zu Kredit und Kapital), S. 33-50.

Langbein, Heike (1996): Anlageberatung und Beratungshaftung, in: Bankinformation, Heft 6/1996, S. 69-73.

Langeard, Eric (1981): Grundfragen des Dienstleistungsmarketing, in: Marketing - Zeitschrift für Forschung und Praxis, 3. Jg., S. 233-240.

Laux, Helmut (1988): Grundprobleme der Ermittlung optimaler erfolgsabhängiger Anreizsysteme, in: Zeitschrift für Betriebswirtschaft, 58. Jg., S. 24-36.

Lentes, Thomas (1997): Die Kalkulation von Preisuntergrenzen im langfristigen festkonditionierten Unternehmenskreditgeschäft der Banken: Ein Beitrag zur Preispolitik der Banken.

Lohmann, Florian (1997): Loyalität von Bankkunden: Bestimmungsgrößen und Gestaltungsmöglichkeiten.

Luce, R. Duncan/Raiffa, Howard (1957): Games and Decisions. Introduction and Critical Survey.

Markowitz, Harry M. (1952): Portfolio Selection, in: Journal of Finance, vol. 7, S. 77-91.

Matzler, Kurt/Hinterhuber, Hans H./Handlbaur, Gernot (1997): Erfolgspotential Kundenzufriedenheit (II), in: Wirtschaftswissenschaftliches Studium, 8-9/1997, S. 733-739.

McGoldrick, Peter J./Greenland, Steven J. (1994): Retailing of Financial Services.

Meffert, Heribert (1986): Marketing. Einführung in die Absatzpolitik, 7. Aufl.

Meffert, Heribert (1995): Finanzmarketing, in: Handwörterbuch des Bank- und Finanzwesens, hrsg. v. Wolfgang Gerke u. Manfred Steiner, 2. Aufl., Sp. 735-747.

Meffert, Heribert/Bruhn, Manfred (1997): Dienstleistungsmarketing: Grundlagen, Methoden, Konzepte; mit Fallbeispielen, 2.Aufl.

Meidan, Arthur (1996): Marketing Financial Services.

Meyer, Anton (1991): Dienstleistungs-Marketing, in: Die Betriebswirtschaft, 51. Jg., S. 195-209.

Milgrom, Paul/Roberts, John (1982): Predation, Reputation and Entry Deterrence, in: Journal of Economic Theory, vol. 27, S. 280-312.

Mülhaupt, Ludwig (1980): Einführung in die Betriebswirtschaftslehre der Banken, 3. Aufl.

Müller, Christian (1995): Agency-Theorie und Informationsgehalt, in: Die Betriebswirtschaft, 55. Jg., S. 61-76.

Müller-Hagedorn, Lothar (1992): Absatzwege, in: Lexikon der Betriebswirtschaftslehre, hrsg. v. Hans Corsten, S. 14-18.

Myerson, Roger B. (1991): Game Theory. Analysis of Conflict.

Nader, Georg (1995): Zufriedenheit mit Finanzdienstleistungen: Erfolgswirksamkeit, Messung und Modellierung.

Nelson, Phillip (1970): Information and Consumer Behavior, in: Journal of Political Economy, vol. 78, S. 311-329.

Nelson, Phillip (1974): Advertising as Information, in: Journal of Political Economy, vol. 82, S. 729-754.

Neus, Werner (1989): Ökonomische Agency-Theorie und Kapitalmarktgleichgewicht.

Neus, Werner (1995): Zur Theorie der Finanzierung kleinerer Unternehmungen.

Neus, Werner (1998): Einführung in die Betriebswirtschaftslehre aus institutionenökonomischer Sicht.

Nieraad, Christian (1994): Marketingstrategien für den Finanzdienstleistungsmarkt: Eine integrierte Wettbewerbs- und Bedarfsanalyse.

Nirk, Rudolf (1993): Bessere Konditionen für gute Kunden?, in: Bank und Markt, Heft 3/1993, S. 32-33.

North, Douglass C. (1992): Institutionen, institutioneller Wandel und Wirtschaftsleistung (übersetzt von M. Streissler).

Nuske, Manfred (1993): Vermögensverwaltung, in: Handbuch Finanzdienstleistungen, hrsg. v. Wolfgang L. Brunner u. Johann Vollath, S. 337-359.

Obst/Hintner (1993): Geld-, Bank- und Börsenwesen, hrsg. v. Norbert Kloten und Johann Heinrich von Stein, 39. Aufl.

Oehler, Andreas (1995): Die Erklärung des Verhaltens privater Anleger: theoretische Ansätze und empirische Analysen.

O. V. (1992): Ansehen und Akzeptanz der Banken (Ergebnisse einer Meinungsumfrage des Instituts für praxisorientierte Sozialforschung), in: Die Bank, Heft 1/1992, S. 46-47.

O. V. (1996a): Die Deutsche Bank will weiter nah am Kunden sein, in: Frankfurter Allgemeine Zeitung v. 16.10.1996, S. 18.

O. V. (1996b): Bericht über das Geschäftsjahr 1995 der Landesgirokasse, öffentliche Bank und Landessparkasse.

O. V. (1996c): Geldvermögen bald über 5 Billionen DM, in: Die Bank, Heft 8/1996, S. 508.

O. V. (1997): In den Kinderschuhen, Sonderdruck *Direktbanken* aus Finanztest 7/1997, hrsg. v. Stiftung Warentest.

O. V. (1998): Deutsche Bank will neues Institut gründen, in: Stuttgarter Zeitung v. 29.10.1998.

O. V. (1999): Bank 24 übernimmt Großteil der Kunden, in: Handelsblatt v. 7.4.1999.

Picot, Arnold (1981): Der Beitrag der Theorie der Verfügungsrechte zur ökonomischen Analyse von Unternehmungsverfassungen, in: Unternehmungsverfassung als Problem der Betriebswirtschaftslehre, hrsg. v. Kurt Bohr u.a., S. 153-197.

Picot, Arnold/Böhme, Markus (1996): Multispezialist im Bankgeschäft, in: Die Bank, Heft 1/1996, S. 30-36.

Plinke, Wulff (1989): Die Geschäftsbeziehung als Investition, in: Marketing-Schnittstellen: Herausforderungen für das Management, hrsg. v. Günter Specht et al.

Polan, Ralf (1995): Ein Meßkonzept für die Bankloyalität: Investitionen in Bank/Kunde-Beziehungen unter Risikoaspekten.

Porter, Michael E. (1989): Wettbewerbsvorteile: Spitzenleistungen erreichen und behaupten (*Competitive Advantage*, dt. Übersetzung v. A. Jäger).

Priewasser, Erich (1998): Bankbetriebslehre, 6. Aufl.

Rau-Bredow, Hans (1996): Reputation und wiederholte Spiele, in: Wirtschaftswissenschaftliches Studium, 4/1996, S. 215-217.

Reffert-Schönemann, Doris M. (1996): Vom Anlage- zum Kundenberater, in: Finanzmarkt und Portfolio Management, 10. Jg., S. 231-244.

Rehkugler, Heinz et al. (1992): Die Qualität der Anlageberater, in: Die Bank, Heft 6/1992, S. 316-322.

Reichheld, Frederick F. (1993): Loyalty-Based Management, in: Harvard Business Review, S. 64-73.

Reichheld, Frederick F./Sasser, W. Earl (1991): Zero Defections: Quality Comes to Services, in: Harvard Business Review, S. 105-111.

Reiss, Carlos (1996): Geld anlegen mit Versicherungen, in: Frankfurter Allgemeine Zeitung v. 4.11.1996, S. B5.

Reittinger, Wolfgang/Stracke, Guido/Tilmes, Rolf (1997): Gewinne durch Financial Planning (I), in: Die Bank, Heft 10/1997, S. 580-585.

Richter, Rudolf (1990): Sichtweise und Fragestellungen der Neuen Institutionenökonomik, in: Zeitschrift für Wirtschafts- und Sozialwissenschaften, 110. Jg., S. 571-591.

Richter, Rudolf/Furubotn, Eirik (1999): Neue Institutionenökonomik: eine Einführung und kritische Würdigung, 2. Aufl.

Riebel, Paul (1965): Typen der Markt- und Kundenproduktion in produktions- und absatzwirtschaftlicher Sicht, in: Zeitschrift für betriebswirtschaftliche Forschung, 17. Jg., S. 663-685.

Ringelstetter, Max/Kirsch, Werner (1991): Varianten einer Differenzierungsstrategie, in: Beiträge zum Management strategischer Programme, hrsg. v. Werner Kirsch, S. 559-574.

Rolfes, Bernd (1997): Die Ertragszukunft im Privatkundengeschäft, in: Das Privatkundengeschäft - Die Achillesferse deutscher Kreditinstitute, hrsg. v. Bernd Rolfes, Henner Schierenbeck u. Stephan Schüller, S. 1-14.

Ross, Stephen A. (1973): The Economic Theory of Agency: The Principal's Problem, in: American Economic Review, vol. 63, S. 134-139.

Rottenbacher, Arndt (1994): Strategische Neuausrichtung des Privatkundengeschäfts in den Neunziger Jahren, Sparkassenheft 141.

Rudolph, Bernd (1995): Theoretische Ansätze und Umsetzung der Anlageplanung, in: Handbuch für Anlageberatung und Vermögensverwaltung, hrsg. v. Jörg-E. Cramer und Bernd Rudolph, S. 25-42.

Sauter, Werner (1991): Grundlagen des Bankgeschäfts.

Schade, Christian/Schott, Eberhard (1993a): Kontraktgüter als Produkte mit besonderen Informations- und Unsicherheitsproblemen - Überlegungen aus der Perspektive eines ökonomisch begründeten Marketing, in: Marketing - Zeitschrift für Forschung und Praxis, 15. Jg., S. 15-25.

Schade, Christian/Schott, Eberhard (1993b): Instrumente des Kontraktgütermarketing, in: Die Betriebswirtschaft, 53. Jg., S. 491-511.

Schäfer, Henry (1995a): Information und Kooperation im Absatz von Bankdienstleistungen, in: Zeitschrift für betriebswirtschaftliche Forschung, 47. Jg., S. 531-544.

Schäfer, Henry (1995b): Beziehungsmanagement durch Dialogmarketing. Bankloyalität aus institutionenökonomischer Sicht, in: Kontrakte, Geschäftsbeziehungen, Netzwerke: Marketing und Neue Institutionenökonomik (Zeitschrift für betriebswirtschaftliche Forschung, Sonderheft 35), hrsg. v. Klaus Peter Kaas, S. 119-137.

Schaperjahn, Friedhelm/Weber, Markus (1995): Vermögensverwaltung mit Investmentfonds, in: Handbuch für Anlageberatung und Vermögensverwaltung, hrsg. v. Jörg-E. Cramer und Bernd Rudolph, S. 734-745.

Scharrenberg, Wolfgang (1995): Die Dokumentation in der Anlageberatung nach den §§ 31, 34 Wertpapierhandelsgesetz, in: Sparkasse, Heft 3/1995, S. 108-112.

Schauenberg, Bernd (1991): Organisationsprobleme bei dauerhafter Kooperation, in: Betriebswirtschaftslehre und ökonomische Theorie, hrsg. v. Dieter Ordelheide et al., S. 329-356.

Scheer, Olaf (1989): Potentialorientierte Analyse und Steuerung des Privatkundengeschäfts von Banken.

Schierenbeck, Henner (1997): Qualitätsmanagement im Privatkundengeschäft, in: Das Privatkundengeschäft - Die Achillesferse deutscher Kreditinstitute, hrsg. v. Bernd Rolfes, Henner Schierenbeck u. Stephan Schüller, S. 139-172.

Schierenbeck, Henner/Hölscher, Reinhold (1993): Bank Assurance: institutionelle Grundlagen der Bank- und Versicherungsbetriebslehre, 3. Aufl.

Schierenbeck, Henner/Hölscher, Reinhold (1998): Bank Assurance: institutionelle Grundlagen der Bank- und Versicherungsbetriebslehre, 4. Aufl.

Schiller, Bettina (1995): Bankberatung, in: Handwörterbuch des Bank- und Finanzwesens, hrsg. v. Wolfgang Gerke u. Manfred Steiner, 2. Aufl., Sp. 103-114.

Schmidt, Hartmut/Schurig, Matthias/Welcker, Johannes (1981): Bank- und Börsenwesen, Band 1: Struktur und Leistungsangebot, hrsg. v. Michael Bitz.

Schmitz, Gerhard (1996): Qualitätsmanagement im Privatkundengeschäft von Banken: Konzeption und aufbauorganisatorische Verankerung.

Schneider, Dieter (1992): Investition, Finanzierung und Besteuerung.

Schneider, Dieter (1995): Betriebswirtschaftslehre, Bd. 1: Grundlagen, 2. Aufl.

Schroth, Michael (1997): Informationsinstrumente im Privatkundengeschäft, in: Die Bank, Heft 10/1997, S. 586-592.

Schüller, Stephan (1997): Beratungsintensive Produkte - Rettungsanker für das Filialsystem?, in: Das Privatkundengeschäft - Die Achillesferse deutscher Kreditinstitute, hrsg. v. Bernd Rolfes, Henner Schierenbeck u. Stephan Schüller, S. 59-71.

Schütt, Henrik (1996): Financial Consulting - Finanzberatung für private Haushalte, Sparkassenheft 160.

Schütte, Martin (1991): Anforderungen an die Entwicklung von Kundenbetreuern, in: Handbuch des Bankmarketing, hrsg. von Joachim Süchting und Eckart van Hooven, 2. Aufl., S. 211-230.

Schulte, Karl-Werner/Tilmes, Rolf (1995): Vermögensberatung und EDV, in: Handbuch für Anlageberatung und Vermögensverwaltung, hrsg. v. Jörg-E. Cramer und Bernd Rudolph, S. 409-427.

Schwaiger, Anton (1995): Vermögensverwaltung inkl. Vermögensverwaltungsgesellschaft, in: Handwörterbuch des Bank- und Finanzwesens, hrsg. v. Wolfgang Gerke u. Manfred Steiner, 2. Aufl., Sp. 1891-1899.

Schwintowski, Hans-Peter/Schäfer, Frank A. (1997): Bankrecht: Commercial Banking - Investment Banking.

Seifert, Werner G. (1987): Versicherungen und Banken als Anbieter von Financial Services, in: Bankmanagement für neue Märkte. Vorträge und Berichte der Tagung Bankmanagement für neue Märkte am 10.9.1986, hrsg. von Hans J. Krümmel u. Bernd Rudolph, S. 63-82.

Sewing, Eva (1994): Die Absatzwegewahl des Herstellers: Analyse vor dem Hintergrund der Principal-Agent-Theorie.

Shapiro, Alan C. (1983): Optimal Pricing of Experience Goods, in: Bell Journal of Economics, vol. 14, S. 497-507.

Sieweck, Jörg (1996): Vertriebswege von Finanzdienstleistungen, in: Sparkasse, 113. Jg., S. 229-232.

Simon, Hermann/Homburg, Christian (1995): Kundenzufriedenheit als strategischer Erfolgsfaktor - Einführende Überlegungen, in: Kundenzufriedenheit: Konzepte - Methoden - Erfahrungen, hrsg. v. Hermann Simon u. Christian Homburg, S. 17-27.

Specht, Günter (1998): Distributionsmanagement, 3. Aufl.

Spence, Michael (1973): Job Market Signaling, in: Quarterly Journal of Economics, vol. 88, S. 355-374.

Spremann, Klaus (1987): Agent and Principal, in: Agency Theory, Information, and Incentives, hrsg. v. Günter Bamberg und Klaus Spremann, S. 3-37.

Spremann, Klaus (1988): Reputation, Garantie und Information, in: Zeitschrift für Betriebswirtschaft, 58. Jg., S. 613-629.

Spremann, Klaus (1990): Asymmetrische Information, in: Zeitschrift für Betriebswirtschaft, 60. Jg., S. 561-586.

Spremann, Klaus (1996): Wirtschaft, Investition und Finanzierung.

Steiner, Jürgen (1993): Allfinanz-Konzepte von Banken, in: Handbuch Finanzdienstleistungen, hrsg. v. Wolfgang L. Brunner u. Johann Vollath, S. 559-572.

Steiner, Jürgen (1997): Financial Planning: Stand und Perspektiven, in: Privates Wertemanagement, Sonderveröffentlichung der Commerzbank AG, Frankfurter Allgemeine Zeitung v. 13.10.1997.

Steiner, Manfred/Bruns, Christoph (1996): Wertpapiermanagement, 5. Aufl.

Sterk, Thomas (1996): Kundenorientierung und Effizienzsteigerung, in: Sparkasse, Heft 2/1996, S. 60-64.

Stracke, Guido/Geitner, Dirk (1992): Finanzdienstleistungen: Handbuch über den Markt und die Anbieter.

Süchting, Joachim (1972): Die Bankloyalität als Grundlage zum Verständnis der Absatzbeziehung von Kreditinstituten, in: Kredit und Kapital, 19. Jg., S. 269-300.

Süchting, Joachim (1991): Die Theorie der Bankloyalität - (noch) eine Basis zum Verständnis der Absatzbeziehungen von Kreditinstituten?, in: Handbuch des Bankmarketing, hrsg. v. Joachim Süchting und Eckart van Hooven, 2. Aufl., S. 25-43.

Süchting, Joachim (1992): Bankmanagement, 3. Aufl.

Süchting, Joachim (1994): Vertrieb von Finanzdienstleistungen auf dem Markt für Privatkunden, in: Die Bank, Heft 8/1994, S. 449-457.

Süchting, Joachim (1995): Bankmarketing, in: Handwörterbuch des Bank- und Finanzwesens, hrsg. v. Wolfgang Gerke u. Manfred Steiner, 2. Aufl., Sp. 191-205.

Süchting, Joachim (1998): Die Theorie der Bankloyalität - (immer noch) eine Basis zum Verständnis der Absatzbeziehungen von Kreditinstituten?, in: Handbuch des Bankmarketing, hrsg. v. Joachim Süchting und Hans Michael Heitmüller, 3. Aufl., S. 1-25.

Süchting, Joachim/Paul, Stephan (1998): Bankmanagement, 4. Aufl.

Swoboda, Uwe (1996a): Die Bedeutung und Zukunft der modernen Konsumentenbank: Bankbetriebliche Erfolgsfaktoren mit Hilfe der Delphi-Expertenbefragung.

Swoboda, Uwe (1996b): Privatkundengeschäft der Kreditinstitute: Marketingstrategien und Managementprozesse.

Terberger, Eva (1994): Neo-institutionalistische Ansätze: Entstehung und Wandel, Anspruch und Wirklichkeit.

Thiele, Mouna (1994): Neue Institutionenökonomik, in: Das Wirtschaftsstudium, 23. Jg., S. 993-997.

Tolle, Elisabeth (1994): Informationsökonomische Erkenntnisse für das Marketing bei Qualitätsunsicherheit der Konsumenten, in: Zeitschrift für betriebswirtschaftliche Forschung, 46. Jg., S. 926-938.

Trosky, Andrea (1996): Deutsche Kreditinstitute aus institutionenökonomischer Sicht.

Ungern-Sternberg, Thomas v. (1984): Zur Analyse von Märkten mit unvollständiger Nachfragerinformation.

Ungern-Sternberg, Thomas v./Weizsäcker, Carl Christian v. (1981): Marktstruktur und Marktverhalten bei Qualitätsunsicherheit, in: Zeitschrift für Wirtschafts- und Sozialwissenschaften, 101. Jg., S. 609-626.

Vernin, Brigitte (1996): Transaktionsrisiken im Retail-Banking.

Waldeck, Werner Michael (1995): Haftung aus Anlageberatung, in: Handbuch für Anlageberatung und Vermögensverwaltung, hrsg. v. Jörg-E. Cramer und Bernd Rudolph, S. 647-667.

Williamson, Oliver E. (1983): Credible Commitments: Using Hostages to Support Exchange, in: American Economic Review, vol. 73, S. 519-540.

Williamson, Oliver E. (1985): The Economic Institutions of Capitalism.

Weiber, Rolf/Adler, Jost (1995a): Der Einsatz von Unsicherheitsreduktionsstrategien im Kaufprozeß: Eine informationsökonomische Analyse, in: Kontrakte, Geschäftsbeziehungen, Netzwerke: Marketing und Neue Institutionenökonomik (Zeitschrift für betriebswirtschaftliche Forschung, Sonderheft 35), hrsg. v. Klaus Peter Kaas, S. 61-77.

Weiber, Rolf/Adler, Jost (1995b): Informationsökonomisch begründete Typologisierung von Kaufprozessen, in: Zeitschrift für betriebswirtschaftliche Forschung, 47. Jg., S. 43-65.

Weierer, Manfred (1992): Cash Management für Privatkunden: Ein neues Dienstleistungsangebot der Banken.

Weinkauf, Walter (1997): Einlagengeschäft: Fundamentale Aufgaben für das Marketing, in: Bankinformation, Heft 6/1997, S. 6-8.

Wicke, Jan Martin (1997): Individuelle Vermögensverwaltung für Privatkunden: Konzepte für das Management von Vermögensverwaltungs-Gesellschaften.

Wieneke, Herbert et al. (1997): Kundenbindung als strategisches Ziel einer integrierten Privatkundenkonzeption, in: Sparkasse Heft 8/1997, S. 352-362.

Zimmermann, Heinz (1992): Performance-Messung im Asset-Management, in: Controlling, hrsg. v. Klaus Spremann und Eberhard Zur, S. 49-109.

Zollner, Georg (1995): Kundennähe in Dienstleistungsunternehmen: empirische Analyse von Banken.

FSC
www.fsc.org
MIX
Papier | Fördert gute Waldnutzung
FSC® C083411

Kolibri 360 GmbH
Ferdinand-Jühlke-Straße 7
99095 Erfurt, Deutschland
produktsicherheit@kolibri360.de

Druck:
CPI Druckdienstleistungen GmbH
im Auftrag der
Kolibri 360 GmbH
Ferdinand-Jühlke-Str. 7
99095 Erfurt